개정판

경제학 읽기

개정판

경제학 읽기

윤종인 지음

새문사

개정판 머리말

고도경제성장이 끝난 지는 오래되었고 이제는 잠재성장률이 2%를 넘지 못하리라는 견해가 지배적이다. 과거의 한국사회를 비판적으로 바라보는 사람도 있지만 앞으로 한국사회가 직면해야 할 도전은 무시무시하다. 이제 경제학은 경제학자만이 알아야 하는 지식이 아니다. 그렇게 하기에는 너무나 중요한 시대에 접어들고 있다.

'방 안의 코끼리'라는 말이 있다. 방 안에 코끼리가 있으니 큰 일임에 틀림없다. 하지만 코끼리를 방 밖으로 내보낼 방법도 마땅치 않으니 모든 사람들이 그냥 모른 체한다. 고령화를 포함한 인구구조의 변화야말로 그런 문제가 아닐까 생각해 본다. 세계 최저의 합계출산율을 어떻게 끌어올리겠는가? 우리 모두는 침묵하고 있다.

국제비교를 위해 2019년 통계를 인용하면, 우리나라의 합계출산율은 0.92명이다. 우리나라의 출산율이 낮다는 사실은 누구나 알고 있지만, 같은 해 일본의 합계출산율이 1.36명, 중국의 합계출산율은 1.70명이라는 사실을 아는 사람은 얼마나 될까? 우리나라의 출산율은 중국, 일본과 비교해도 너무 낮은 수준이다.

사실 인구의 변화만큼 예측하기 쉬운 변수도 없다. 우리나라의 인구는 2021년부터 감소하기 시작했으며, 통계청의 장래 인구추계에 따르면 2070년까지 1,400만 명이 감소한다. 서울, 인천, 성남, 안양의 인구만큼이 사라지는 셈이다. 고령화의 충격은 이미 시작되었다. 다만 우리가 모른

체하고 있을 뿐이다. 일본의 잃어버린 30년은 결코 남의 일이 아니다. 이러다가 일본보다 더 많은 것을 잃어버릴 수도 있다.

이 책이 모든 문제의 해법을 제시할 수 있는 것은 아니다. 그런 목적으로 쓰여진 책도 아니며 필자에게는 그럴 능력도 없다. 다만 경제학원론을 가급적 쉽게 전달하고자 할 뿐이다. 이 책을 읽은 독자들이 경제학원론을 알게 되고 일상생활에 활용할 수 있기를 바란다. 경제학원론을 이해한 독자라면, 우리가 직면한 현실의 문제를 보다 더 올바르게 바라볼 수 있지 않을까? 적어도 엉터리 주장을 분간할 수는 있지 않을까? 입문 서적이기는 하지만 이 책만으로도 경제를 바라보는 새로운 안목을 갖게 되리라고 믿는다.

경제학을 배워서 얻게 되는 가장 큰 이득은 나름대로의 합리성을 터득할 수 있게 된다는 점이다. 물론 합리성이 무엇인가에 대해 논란이 있을 것이다. 또한 합리성 이외의 다른 덕목을 중시하는 사람도 많다. 그러나 합리성이 필요없다고 생각하는 사람은 없을 것이다.

조금 과도하게 단순화시켜 정의하면, 합리성이란 '기회비용보다 편익이 큰 것을 선택'하는 덕목이다. 너무 단순화하다보니 합리성이 갖추어야 할 가장 초보적인 것만을 이야기한 것일 수도 있다. 하지만 현실을 둘러보면, 그것도 쉬운 일은 아니다. 그러니 편익과 기회비용을 비교하는 일에서 시작하는 것이 좋겠다. 그렇게 하고 나서 조금 더 고차원의 합리성 또는 다른 덕목을 추가해 보는 건 어떨까?

다시 한 번 더 학생들에게 감사한다. 학생들이 그저 쉽게 던진 질문이라도 거기에는 설명해두어야 할 그 무엇인가가 반드시 있었다. 학생들이 쉽게 이해할 수 있는 방법을 찾다보니 자연스럽게 알게 되었다. 선배 세대의 경제학자들은 이미 수없이 많은 질문을 받아왔고, 수없이 많은 답변을 해왔다는 사실이다. 그러므로 대부분의 답변은 이미 준비되어 있었다. 다만 준비된 답변을 학생들에게 잘 전달할 수 있는 장치가 필요했을 뿐이다. 이 책이 그 역할을 할 수 있었으면 좋겠다.

오늘날의 경제학원론은 그냥 만들어진 것이 아니다. 수많은 논쟁과 검증을 통해 발전해 왔고, 이제는 수많은 질문에 대해 답변할 수 있을 만큼 강해졌다. 물론 아직도 해결해야 할 문제는 많다. 게다가 새로운 문제가 계속해서 제기되고 있다. 하지만 경제학은 논쟁과 검증을 피하지 않을 것이다. 그렇게 경제학은 발전해왔다.

부디 이 책을 통해 경제학이 널리 읽혀지면 좋겠다. 경제를 잘 이해하고, 합리적인 삶을 영위하며, 올바른 판단을 내리는 데 도움이 될 수 있기를 바란다.

2022년 3월

윤종인

차례

머리말 / 4

1 시작하기 11

경제 그리고 경제학/ 12
경제학을 배우는 올바른 태도/ 16

2 시장의 수요와 공급 23

수요와 결정요인/ 24
공급과 결정요인/ 33
수요공급분석/ 38
사례연구/ 48

3 탄력성의 문제 53

탄력성의 개념/ 54
수요의 가격탄력성/ 57
수요의 소득탄력성/ 65
공급의 가격탄력성/ 68
사례연구/ 71

4 정부정책의 분석 75
가격기구/ 76
가격통제/ 80
조세귀착/ 88
사례연구/ 94

5 후생분석과 국제무역 99
후생경제학/ 100
소비자잉여와 생산자잉여/ 104
비교우위이론/ 117
국제무역의 후생효과/ 124
사례연구/ 131

6 공공경제의 문제 135
시장실패와 공공경제/ 136
외부효과/ 139
공공재/ 154
공유자원/ 159
사례연구/ 163

7 생산비용 167
기회비용/ 168
경제적 이윤/ 172
비용의 특성/ 176
규모의 경제/ 181
사례연구/ 185

8 경쟁시장 189

시장조직의 형태/ 190
경쟁시장의 조건/ 197
완전경쟁시장의 균형/ 200
보이지 않는 손/ 210
사례연구/ 214

9 독점시장 219

독점시장의 조건/ 220
독점시장의 균형/ 225
가격차별/ 231
독점에 대한 정부의 정책/ 236
사례연구/ 241

10 국민소득과 물가 247

미시경제학과 거시경제학/ 248
국민소득의 측정/ 252
물가의 측정/ 260
행복의 경제학/ 268

11 경제성장 271

경제성장과 경기변동/ 272
경제성장이론과 따라잡기효과/ 277
성장을 위한 정부정책/ 284
재정적자의 문제/ 290

12 실업과 소득분배 295

노동시장과 임금/ 296
실업의 원인/ 300
소득분배/ 308
소득분배의 정치철학/ 315

13 화폐와 인플레이션 319

화폐제도/ 320
화폐수량설/ 328
명목변수와 실질변수/ 332
인플레이션의 폐해/ 336

14 외환시장과 환율 341

외환시장/ 342
대외균형/ 346
환율/ 351
국제수지의 제문제/ 354

• 찾아보기/ 360

1

시작하기

경제 그리고 경제학

정치학이 정치현상을 연구하고 물리학이 물리현상을 연구하듯이 경제학은 경제현상을 연구한다. 하지만 경제현상이 무엇인가에 대하여 이견이 있을 수 있다. 심지어 경제학자들은 경제현상으로 분류되지 않았던 문제까지도 연구하곤 한다.

경제와 경제학

예전에는 경제economy를 재화와 서비스를 생산하고 소비하며 이를 통하여 소득이 분배되는 것과 관련된 인간행위, 사회질서와 제도를 일컫는 것으로 정의했다. 하지만 최근에는 경제를 보다 더 확대된 개념으로 이해하려 한다. 예를 들어 그레고리 맨큐G.Mankiw는 경제를 '살아가면서 상호작용하는 사람들의 집단'이라고 정의한다. 이 정의에 따르면 모든 사회현상이 경제라고 말하는 듯하다.

경제학은 스스로의 탐구대상을 보다 더 확대하여 왔다. 전통적으로 경제학의 연구대상으로 여겨졌던 생산, 소비, 분배의 문제를 넘어 경제문제라고 여겨지지 않았던 것들까지도 이제는 경제학자들의 탐구대상이 되었다. 예를 들면 가족과 성, 범죄와 인종 문제는 경제학의 한 분야가 된 지 오래이며 심지어 수량화하기 대단히 어렵다고 알려진 문화에까지도 경제학자들은 관심을 갖게 되었다.

이 책은 경제이론을 설명하는 책이다. 하지만 이 책에서 설명하게 될

원리를 굳이 전통적인 경제문제에만 가두어 둘 필요는 없다. 때로는 정치문제에 적용해 볼 수도 있으며 때로는 교육문제에 적용해 볼 수도 있다. 물론 교육문제를 경제학자만이 다루어야 한다고 말하는 것은 아니다. 경제원리가 유용하다면 교육학자들도 경제학자의 연구를 기꺼이 받아들이고 협동으로 연구하기를 바랄 뿐이다.

결국 경제학을 정의할 때 중요한 것은 '무엇을' 연구하는가가 아니라 '어떻게' 연구하는가임을 알 수 있다. 그렇다면 경제학은 어떻게 연구하는 학문인가? 답변은 다음과 같다. 경제학은 희소한 자원을 어떻게 배분할 것인가를 연구하는 학문이다.

자원의 희소성과 자원의 효율적 배분

경제학은 자원의 희소성scarcity of resources에서 출발한다. 우리가 가진 자원이 희소하다는 것인데 여기에서 희소하다는 말은 드물다는 뜻이라기보다 우리가 사용할 수 있는 자원에 제약이 있다는 뜻이다. 즉 우리는 무제한적으로 자원을 갖고 있지는 못하다. 이것이 모든 경제주체에게 주어진 근본적인 조건이다.

자원이 희소하다면 우리에게 중요한 것은 주어진 자원을 잘 배분하는 일이다. 예를 들어 개인의 경우 자신의 소득이 있을 것이다. 만약 소득이 무한대라면 아무렇게나 낭비해도 좋다. 하지만 소득이 무한대가 아니므로 개인은 자신의 소득을 합리적으로 배분하여 잘 써야 한다. 기업이 가진 자원도 유한하기는 마찬가지이다. 따라서 기업은 스스로의 생산능력을 아무렇게나 쓰지는 않을 것이다. 생산능력을 잘 배분하여 최대의 이윤을 얻으려 한다. 정부도 예외는 아니다. 정부예산을 아무데나 펑펑 써버린다면 정작 필요한 곳에는 지출하지 못하게 된다.

이처럼 자원의 효율적 배분efficient allocation이 중요한 까닭은 자원이 희소하기 때문이다. 자원이 희소하지 않다면 자원배분의 문제는 중요할 리 없다. 자원이 희소한 탓에 우리는 주어진 자원을 효율적으로 배분하지 않으면 안 되는 것이다.

우리가 직면하고 있는 문제를 희소한 자원의 효율적 배분이라는 관점에서 연구하는 것, 그것이 바로 경제학이다. 경제학을 정의할 때 '어떻게' 연구하는가가 중요하다고 말한 바 있는데 '어떻게'에 해당되는 개념이 바로 이것이다.

전통적으로 경제문제라고 여겨져 왔던 소비, 생산, 분배는 자원의 효율적 배분이 중시되는 전형적인 경제문제들이다. 하지만 자원의 효율적 배분이 필요한 분야는 널려 있다. 예를 들어 교육문제도 그러하다. 교육문제에도 자원의 희소성이 있고 자원의 효율적 배분이 필요하다면 경제학자는 마땅히 교육을 연구해야 한다.

교육학자도 교육문제를 연구해야 한다. 하지만 교육학자가 교육문제에 접근하는 방식은 경제학자와는 다를 것이다. 따라서 교육학자를 포함하여 여러 학문분야의 학자들이 서로 다른 접근방법으로 교육문제를 연구할 수 있다. 결국 여러 학문의 연구들을 종합하면 우리는 교육문제에 대하여 보다 폭넓게 이해할 수 있게 된다.

기회비용

자원이 희소할 때 모든 선택에는 반드시 대가가 따른다. 어떤 것을 선택하였다면 (모든 것을 할 수는 없으므로) 또 다른 어떤 것을 선택하지 못하였다는 뜻이다. 이와 같이 '아무런 대가없이' 무엇인가를 얻을 수는 없다는 원리를 흔히 공짜점심free lunch은 없다고 말한다. 예를 들어 보기로 하자. 내일이 시험인데 오늘 공부하지 않고 놀았다고 하자. 오늘 당장은 즐거웠을 것이다. 하지만 이에 대한 대가가 반드시 있게 마련이다. 좋은 성적을 기대하기는 어려울 것이기 때문이다.

모든 선택에 대가가 있다면 대가는 어떻게 계산하는 것이 좋을까? 경제학자들은 모든 선택에 따르는 대가를 기회비용opportunity cost이라고 부른다. 그리고 기회비용은 '무엇인가를 얻기 위해 기꺼이 포기한 다른 그 무엇'으로 정의한다. 시험 전날 공부하지 않고 놀았던 예를 보기로 하자. 오늘 놀았던 것의 기회비용은 (그것을 선택하기 위해 기꺼이 포기한) 시험공부를 하여 좋은 성적을 얻는 것이다.

기회비용을 제대로 이해하는 것은 경제학에서 매우 중요하다. 도식적이기는 하지만 다음과 같이 기억해 두면 이해하기 쉽다. A라는 선택과 B라는 선택이 있다고 하자. A의 기회비용은 A를 선택하기 위하여 포기해야 하는 B이다. 즉 A의 기회비용은 A에서 찾을 것이 아니라 B에서 찾아야 한다. 예를 들면 오늘 놀았던 것(A)의 기회비용은 시험공부를 하여 좋은 성적을 얻는 것(B)이었던 것과 같다.

경제학자는 자원의 희소성에 직면하여 효율적 자원배분을 구하려 한다. 거기에서 핵심개념은 기회비용이다. 따라서 어떤 경제적 선택을 할 때 그것으로부터 얻는 편익이 기회비용보다 크다면 그 경제적 행위는 합리적인 것으로 간주한다.

시험 전날 공부하지 않고 놀았던 예로 다시 돌아가 보자. 이 문제에서 얻게 되는 편익은 '오늘의 즐거움'이다. 그리고 기회비용은 시험공부를 하지 않음으로써 '좋은 성적을 포기'한 것이다. 따라서 이 선택이 합리적인 것이 되기 위해서는 오늘의 즐거움이 좋은 성적의 포기보다 커야 한다. 그렇다면 시험 전날 공부하지 않고 놀았던 것은 합리적인 선택이라고 볼 수 있다. 하지만 좋은 성적의 포기가 오늘의 즐거움보다 컸다면 이 선택은 합리적인 선택이라고 볼 수 없다.

경제학을 배우는 올바른 태도

우리는 매일같이 경제적 판단을 하며 산다. 생활용품의 구매에서 치열한 직장생활까지, 그리고 때로는 정부정책에 대한 판단도 내리곤 한다. 이 때 경제학은 훌륭한 길잡이가 된다. 하지만 의외로 많은 사람들이 경제학은 학문일 뿐이며 실생활에는 쓸모없다고 생각한다. 거기에도 나름대로의 설득이 필요한 모양이다.

경제학원론에 대하여

모든 과학이 그러하듯이 경제학도 현실에 대한 관찰에 근거하여 이론을 세우고 이를 다시 현실에 적용함으로써 검증하는 과정을 반복하여 왔다. 이러한 시도는 다양한 시각으로부터 다양한 방법으로 시도되어 왔고 수많은 논쟁을 거쳐 오늘날의 경제학에 이르게 되었다. 과거의 논쟁이 모두 해결되었다고 볼 수도 없으며 또한 끊임없이 새로운 쟁점이 등장하고 있지만 그래도 경제학자들은 꽤 많은 합의를 이루어 왔다. 이를 체계화된 것이 바로 경제학원론이다.

경제학원론은 여러 경제이론의 단순한 나열이 아니다. 거기에는 훌륭한 체계가 있으며 20세기 중반 이를 주도한 인물이 저명한 폴 새뮤엘슨P. Samuelson이다. 이를 신고전학파종합neoclassical synthesis이라고 불렀는데 이후 많은 수정과 보완을 거치면서 오늘날의 경제학원론에 이르게 되었다. 물론 이에 대한 비판이 없는 것은 아니다. 하지만 비판자임을 자처하는 경제학자들조차 이 체계에서 크게 벗어나지는 못하였다고 생각한다. 그들이 쓴 경제학원론 교과서를 읽어 보면 놀라울 정도로 비슷하다는 사실을 발견하는데 이것이 증거가 아닐까?

강조하고 싶은 것은 두 가지이다. 첫째, 경제학원론에 담긴 내용은 경제학자들이 가장 많이 합의하는 것이라는 점이다. 쉽게 말해 웬만한 경제학자들이라면 경제학원론에 쓰여진 내용에 대해서는 대부분 동의한다고 보아도 좋다. 때로는 경제학자들도 논쟁을 벌이곤 하는데 이 때 경제학원론은 가장 신뢰할 만한 길잡이이다.

둘째, 경제학을 배우려면 가장 먼저 읽어야 하는 책이 경제학원론이라는 점이다. 그 이유는 경제학원론이 상대적으로 쉽기 때문만은 아니다. 경제학원론에는 여러 경제이론 중에서 가장 중요한 내용이 담겨 있기 때문이다.

예컨대 어떤 경제현상을 설명하기 위해서는 경제학원론에 없는 제2, 제3의 이론이 필요할 수도 있다. 하지만 대부분의 경제문제는 경제학원론에서 다루는 제1의 이론만으로 충분한 경우가 많다. 그렇다면 우리는 다음과 같이 해야 한다. 경제현상을 분석할 때 가장 먼저 경제학원론을 적용해 본다. 그것으로 충분하지 않다면 보다 고급의 이론을 찾아 보아야 한다. 어쨌든 경제학원론이 아닌 곳에서 먼저 시작한다면 그것은 가장 중요한 이론을 놓치는 우를 범할 가능성이 높다.

경제모형과 가정

모든 과학이 그러하듯이 경제학이론도 가정assumption과 가설hypothesis로 이루어져 있다. 가정이란 가설을 세우기 위한 기초작업으로 가정은 적을수록 좋다. 하지만 가정이 없는 가설이란 생각하기 힘든데 학문연구에서 가정은 불가피한 것임을 받아들여야 한다. 가설이란 분석의 결과로부터 얻게 되는 명제를 말한다. 그리고 가정과 가설로 이루어진 것을 모형model이라 부른다.

중고등학교 때 배웠던 물리학의 기초에 다음과 같은 것이 있었다. 어떤 물체가 있는데 이 물체의 질량은 m이다. 아무런 힘이 가해지지 않으면 이 물체는 정지해 있게 되는데 그렇다면 이 물체의 속도는 0이다. 이제 이 물체에 F의 힘이 가해진다. 그렇다면 이 물체는 힘이 가해진 방향으로 a의 속도로 움직이게 된다. 만약 이 물체의 운동방향과 같은 방향으로 또 다시 F의 힘이 가해지면 이 물체의 속도는 a+a=2a가 된다. 또한 속도가 2a일 때 반대방향으로 F의 힘이 가해지면 이 물체의 속도는 2a−a=a가 된다. 이를 공식화한 것이 유명한 F=m×a이다.

이 설명에서 가설은 질량이 m인 물체에 F라는 힘이 가해지면 a라는 일정한 속도로 그리고 같은 방향으로 영원히 움직인다는 것이다. 하지만 중고등학교 시절에도 심각한 의문을 갖고 있었다. m이라는 질량을 가진 물체에 힘을 가하면 그 물체는 일정한 속도로 그리고 같은 방향으로 영원히 움직이게 될까? 아마도 그런 현상을 실제로 관찰한 사람은 없을 것이다. 최초의 속도가 a일지라도 시간이 지나면 서서히 속도가 줄어들고 언젠가는 정지하게 되기 때문이다. 물론 그 이유도 어렵지는 않다. 이 물체에는 마찰friction이 작용하기 때문이다. 그렇다면 F=m×a는 틀린 이론인가? 조금 더 심하게 말하면 갈릴레이와 뉴턴은 엉터리인가?

이 의문은 오해였음이 분명한데 그 이유는 이 모형에 가정이 있음을 간과한 것이다. 즉 F=m×a를 설명하기 위해서는 몇 가지 가정이 있었다. 예를 들면 마찰이 없다든지 하는 것 말이다. 물론 우리가 살고 있는 일상생활에서는 비현실적인 가정이다. 그러나 이러한 가정들이 충족된다면 질량이 m인 물체에 F라는 힘이 가해질 때 a라는 일정한 속도로 그리고 같은 방향으로 영원히 움직인다는 가설을 실제로 입증할 수 있다.

예를 들어 달에서 실험하면 그렇다고 한다.

왜 이런 예를 드는가라고 반문할지 모르겠다. 다음의 질문을 하고 싶었기 때문이다. 비현실적인 가정으로부터 도출된 F=m×a라는 가설은 현실을 설명하는데 쓸모있을까? 마찰이 실제로 있다는 점을 감안하면 현실에 부합하지도 않는 가정하에 도출된 가설이 무슨 도움이 되겠는가? 이렇게 생각하고 물리학책을 덮어버리면 더 이상 물리학을 배울 수 없다. 우리가 흔히 범하는 일상적인 잘못이다.

물리학자들이 하는 일은 다음과 같을 것이다. 우선 특정의 가정하에 F=m×a를 도출한다. 물론 물리학자들은 여기에 그치지 않는다. 다음으로 해야 할 일은 가정을 완화하는 것이다. 예를 들면 마찰이 없다는 가정을 완화하여 마찰이 있다고 보는 것이다. 마찰력을 계산하는 공식을 찾아낼 것이고 이를 F=m×a에 반영할 것이다. 훨씬 더 복잡한 형태가 되겠지만 실제에 가까운 응용가설을 얻게 된다.

이런 점에서는 경제학도 물리학과 크게 다르지 않다. 가장 먼저 비현실적일지도 모르는 가정에 근거하여 기초이론을 세운다. 그 다음에는 비현실적인 가정을 완화함으로써 보다 더 실제 세계에 가까운, 그러나 복잡한 모형을 얻으려 한다.

경제학을 많이 공부하다 보면 저절로 알게 되는 것이 있다. 경제학원론이 얼마나 훌륭한 가설들로 이루어져 있는가를… 현실에 가까워지기 위해서 우리가 해야 할 일은 경제학원론에서 출발하는 것이다. 그것으로 부족하다면 경제학을 더 많이 공부하면 된다. 하지만 경제학원론에서 시작하지 않는 것은 결코 옳지 않다.

실증경제학과 규범경제학

경제학자들은 가격, 경제성장률, 이자율 등 다양한 경제문제에 관심을 갖는다. 하지만 어떤 사람들은 소득분배에만 관심을 갖는다. 그런 사람들은 경제학자들이 쓸데없는 문제나 연구한다고 말하곤 한다. 하지만 사실은 그게 아니다.

실증경제학positive economics은 경제현실을 '있는 그대로' 연구하고 규범경제학normative economics은 '어떤 것이 바람직한가'를 연구한다. 예를 들어 "최저임금제는 실업을 얼마나 증가시키는가"는 실증경제학의 관심사이고 "최저임금을 얼마나 인상해야 하는가"는 규범경제학의 관심사이다. 즉 서로 다른 문제를 다룬다.

많은 경제학자들은 주로 실증경제학을 연구한다. 그리고 이 책에서 설명할 내용의 대부분도 실증경제학적 접근에 의한 것이다. 하지만 규범경제학의 중요성도 간과할 수는 없다. 특히 경제정책에 관한 논의에서 규범적 접근의 중요성은 충분히 강조되어야 한다. 다만 규범경제학적 접근은 윤리학이나 정치학 등 많은 학문과의 소통이 필요하므로 경제학이 홀로 다루기 어려운 경우가 많다.

경제학자들이 실증경제학적 접근을 중시하는 이유는 실증경제학이 규범경제학적 논의에서 중요하게 고려되어야 하기 때문이다. 예를 들어 최저임금의 10% 인상이라는 규범경제학적 문제를 다루려고 한다. 이 정책이 실업률을 1% 올린다는 실증경제학적 판단이 있을 때와 실업률을 0.1% 올린다는 실증경제학적 판단이 있을 때 어느 경우에 최저임금의 10% 인상이 더 설득력이 있을까? 당연히 후자일 때가 아닐까? 이처럼 실증경제학은 규범경제학에 영향을 미칠 수밖에 없다.

물론 경제학자들도 규범경제학적 접근의 중요성을 인식하고 있다. 과학적 판단에만 치중하다보니 실증경제학이 윤리적 측면을 도외시한다는 주장은 경제학계 내부에서도 끊이지 않고 제기되는 문제이다. 윤리학이나 심리학을 포함한 타학문과의 소통을 통해 규범경제학을 보다 풍부하게 만드는 일이 향후의 과제가 될 것임은 분명하다. 하지만 아무리 규범경제학적 접근을 중시하더라도 실증경제학을 무시해선 안 된다. 규범경제학은 실증경제학의 도움을 받아야 하며, 그럴 경우에만 규범경제학은 책임있는 정책적 판단을 내릴 수 있을 것이다.

2

시장의 수요와 공급

COST
+
%
PRICE
TO
KOSPI
SNS
A
COST
MONEY
TO
TO
SUPPLY
BASKET
ECONOMY

수요와 결정요인

수요공급분석을 설명하는 순서는 다음과 같다. 우선 수요와 공급 각각에 대하여 설명한다. 다음으로 수요와 공급을 결합하고 수요공급분석을 완성한다. 일단 수요부터 시작하기로 하자. 수요만으로도 배울 것이 꽤 많음을 알게 될 것이다.

수요와 수요의 결정요인

수요demand란 어떤 상품을 구매할 의사가 있고 구매할 능력이 있는 것을 말한다. 구매할 의사가 있어야 할 뿐만 아니라 구매할 능력도 있을 때 수요자가 된다는 뜻이다. 예를 들면 페라리의 스포츠카 판매업자가 보건대 페라리를 구매할 의사는 있지만 구매할 능력이 없는 사람은 페라리의 수요자가 아니다.

수요는 어떻게 결정될까? 수요란 수요자의 행위이므로 수요의 결정요인이란 수요자의 행위에 영향을 미치는 요인이다. 모두 열거하려 보니 끝이 없을 것같다. 자동차수요에 영향을 미치는 요인도 많고 사과수요에 영향을 미치는 요인도 많으며 그들은 다르기까지 하다. 그 중에서도 중요하고 많은 상품에 대해 공통적인 요인만을 설명하기로 한다. 이 요인들은 거의 모든 상품의 수요에 영향을 미친다.

수요의 결정요인 중 중요한 것으로는 가격, 소득, 연관재의 가격, 취향, 미래에 대한 기대, 수요자의 수 등이 있다. 이하에서 순서대로 각 요인들과 수요의 관계를 살펴 보기로 하자.

가격

수요에 영향을 미치는 요인으로 가장 먼저 언급해야 하는 것은 가격price이다. 잘 알려진 바와 같이, 가격이 상승하면 수요량은 감소하고 가격이 하락하면 수요량은 증가한다. 즉 수요량의 움직임은 가격의 움직임에 반비례한다.

〈그림 2.1〉 수요곡선

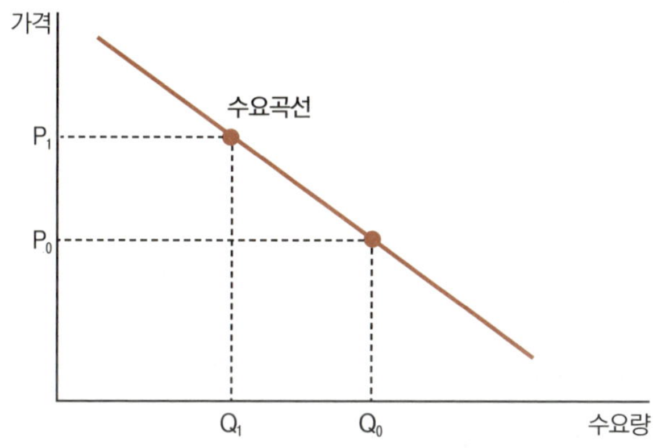

수요량과 가격의 관계를 그림으로 나타낸 것이 수요곡선이다. 수요곡선은 〈그림 2.1〉과 같이 우하향하며 이 그림에는 가격이 수요량에 대해 (−)의 영향을 미치고 있음이 잘 드러나 있다. 즉 가격이 P_0일 때 수요량은 Q_0이고, 가격이 P_1으로 상승할 때 수요량은 Q_1으로 감소한다. 즉 수요량은 가격에 반비례한다.

수요량이 가격에 반비례하는 관계를 수요의 법칙law of demand이라 부른다. 그렇다면 수요의 법칙은 항상 성립할까? 물론 수요의 법칙에도 예외는 있다. 하지만 예외가 매우 드물기 때문에 수요의 법칙은 '거의 항상 성립한다'고 생각해도 좋다.

또 하나 더 알아 둘 것이 있다. 수요곡선을 가만히 보면 조금 이상하다. 보통의 함수를 그릴 때는 가로축에 원인에 해당하는 변수를 표시하고 세로축에는 결과에 해당하는 변수를 표시한다. 하지만 수요곡선의 경우에는 세로축에 원인에 해당하는 가격을 표시하고 가로축에 결과에 해당하는 수요량을 표시한다.

어쨌든 혼동하지 말아야 할 것은 다음과 같다. 가격이 원인이고 수요량은 결과라는 점이다. 따라서 가격이 상승하면 수요량이 감소한다고 말할 수는 있지만 수요량이 감소하면 가격이 상승한다고 말해서는 안 된다. 그건 다른 이야기이다.

소득

소비자의 구매력은 소득income에 의해 제약되므로 소득은 수요의 주요 결정요인이다. 그런 맥락에서 보면 소득이 증가할 때 수요가 증가하고 소득이 감소할 때 수요가 감소할 것 같다. 즉 수요는 소득과 (+)의 관계를 갖는가? 그렇다고 대답하기 쉽지만 항상 그런 것은 아니다. 예외가 있기 때문이다.

소득이 증가할 때 수요가 증가하는 재화를 정상재normal goods라고 하며, 소득이 증가할 때 수요가 감소하는 재화를 열등재inferior goods라고 한다.

정상재란 명칭이 붙여진 것을 보면 많은 재화들이 정상재일 것이다. 따라서 정상재의 예를 찾기보다는 열등재의 예를 찾는 편이 좋을 듯한데, 열등재란 주로 저소득층이 많이 소비하는 상품이다. 흔히 연탄을 예로 들곤 한다. 또한 불황에 잘 팔리는 컵라면과 삼각김밥도 열등재의 성격을 갖고 있다. 불황에는 사람들의 소득이 감소하게 되는데 소득이 감소할 때 열등재는 더 많이 팔린다.

연관재의 가격

두 가지 재화의 수요가 연관되어 있을 때 두 가지 재화를 연관재라고 부른다. 연관재에는 두 가지 유형이 있는데 하나는 대체재이고 다른 하나는 보완재이다.

A와 B라는 재화가 있다고 하자. A재화의 가격이 상승할 때 B재화의 수요가 증가하면 A와 B는 대체재substitute goods라고 말한다. A재화의 가격이 상승할 때 B재화의 수요가 감소하면 A와 B는 보완재complementary goods라고 말한다.

얼핏 보면 복잡해 보이지만, 예를 들면 쉽게 이해할 수 있다. 대체재의 대표적인 예로는 커피와 녹차가 있다. 우선 커피가격이 상승하면 커피수요량은 감소한다. 이건 수요의 법칙 때문이다. 그 다음이 중요한데 커피수요량이 감소하면 커피의 대체재인 녹차의 수요는 증가한다. 녹차란 커피 대신 소비하는 상품이기 때문이다. 따라서 커피가격이 상승하면 커피의 대체재인 녹차의 수요는 증가한다.

보완재의 대표적인 예로는 커피와 프림이 있다. 커피가격이 상승하면 커피수요량은 감소할 것이다. 이것도 수요의 법칙 때문이다. 그 다음이 보완재에 관한 이야기인데, 커피수요량이 감소하면 커피의 보완재인 프림의 수요도 감소한다. 프림이 커피와 함께 소비하는 상품이기 때문이다. 이 경우에도 정리하면 다음과 같다. 커피가격이 상승하면 커피의 보완재인 프림의 수요는 감소한다.

간단하게 말하면 대체재는 대신 소비할 수 있는 상품이고 보완재는 함께 소비하게 되는 상품이다. 우리 실생활을 보면 대체재와 보완재의 예는 쉽게 찾을 수 있다. 이를 활용한 흥미로운 경제현상도 많은데 몇 가지 예를 들어 보기로 한다.

맥주집에서 땅콩은 공짜로 주면서 물은 돈을 받고 파는 이유는 무엇일까? 땅콩이 물보다 비쌀 것 같지만 여기에는 대체재와 보완재를 활용한 영리한 상술이 반영되어 있다. 즉 맥주와 땅콩은 보완재이지만 맥주와 물은 대체재라는 것이다. 따라서 땅콩을 공짜로 주면 맥주판매량이 늘지만 물을 공짜로 주면 맥주판매량은 감소한다. 그러므로 땅콩은 공짜로 주지만 물은 돈을 받고 팔아야 한다.

PC를 사면 프린터를 공짜로 주는 경우도 비슷한 예이다. 프린터가 공짜라고 좋아할지 모르지만 이 고객에게도 프린터의 토너는 공짜가 아니다. 물론 프린터와 토너는 완벽한 보완재이다. 따라서 어떤 회사의 프린터를 구매한 고객은 반드시 같은 회사의 토너를 구매할 수밖에 없다. 잘 생각해 보면 이런 식이다. 프린터를 공짜로 줄테니 프린터의 토너는 돈을 내고 사라! 실제로 프린터의 토너는 꽤 비싼 편이다. 하지만 보완재이므로 어쩔 수 없이 같은 회사의 토너를 구매해야 한다.

취향

취향tastes 또는 기호에 따라 수요가 증가하거나 감소한다. 즉 취향이 개선되면 수요는 증가하고 취향이 악화되면 수요는 감소한다.

복잡한 설명을 하지 않더라도 쉽게 이해할 수 있을 것이다. 한국인이 김치를 좋아하는 현상 그리고 중국인이 기름기가 많은 음식을 좋아하는 현상, 모두 다 한국인과 중국인의 취향 때문이다. 물론 취향이 변하기도 한다. 국내 주류시장에서 독한 소주는 거의 사라지고 순한 소주가 잘 팔리는 현상도 취향의 변화 때문이다. 또한 스테이크보다는 야채를 판매하는 외식업체의 인기가 높은 것도 비슷한 이유 때문이다. 건강에 대한 관심이 높아졌기 때문인데 취향이 바뀌었던 것이다.

미래에 대한 예상

미래에 대한 예상이 현재의 수요에 영향을 미치기도 한다. 예를 들어 미래에 석유가격이 상승할 것으로 예상된다면 석유수요는 미래가 아닌 지금 당장 증가한다. '미래에' 대한 예상 때문에 '현재의' 석유수요가 증가한 것이다.

이러한 현상은 금융시장에서 흔하다. 예를 들어 어떤 회사의 순이익 전망이 개선된다면 그 회사의 주식가격은 상승할 것이다. 중요한 것은 미래가 되어 주식가격이 상승하는 것이 아니라 지금 당장 상승한다는 사실이다. 그 이유는 미래의 순이익증가가 예상될 때 이 회사 주식의 수요가 현재에 증가하기 때문이다.

수요자의 수

수요자가 많아지면 상품의 수요는 증가할 것이다. 예를 들어 어떤 지역에 신도시 건설로 인구가 증가하였다고 하자. 그렇다면 그 지역에서 식료품의 수요도 증가할 것이다. 수요자가 많을 때 수요가 많은 것은 당연한 일이다.

고령화aging는 향후 한국경제에서 엄청나게 중요한 문제라고 말한다. 고령화가 각 상품의 수요에 미치는 영향은 어떠할까? 고령화란 인구 중에 청년층의 비중이 감소하고 노년층이 증가하는 현상이므로 청년이 주로 구매하는 상품의 수요는 감소할 것이고 노인이 주로 구매하는 상품의 수요는 증가할 것이다.

수요곡선상의 이동과 수요곡선 자체의 이동

많은 사람들이 잘 알고 있다고 생각하지만 의외로 쉽지 않은 것이 수요곡선이다. 하지만 다음의 두 가지는 반드시 구분할 수 있어야 한다.

첫째, 가격이 변동하면 수요곡선 자체는 움직이지 않고 수요량만 수요곡선 위에서 바뀐다. 이를 그림으로 나타낸 것이 〈그림 2.2〉의 (a)이다. (a)의 경우 가격이 하락하였으므로 수요량은 Q_0에서 Q_1으로 증가할 뿐이다.

〈그림 2.2〉 수요곡선상의 이동과 수요곡선의 이동

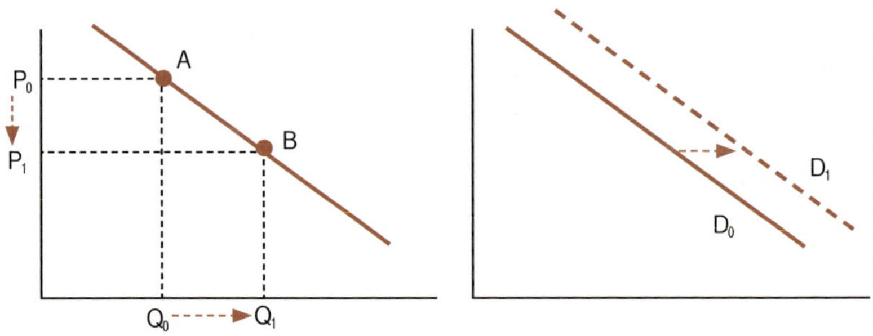

(a) 가격이 변동할 때 (b) 가격 이외의 요인이 변동할 때

둘째, 가격 이외의 요인이 변동하면 수요곡선 자체가 이동한다. 예를 들어 대체재의 가격이 상승하면 수요는 증가하게 되는데 이 경우에는 〈그림 2.2〉의 (b)와 같이 수요곡선 자체가 D_0에서 D_1으로 움직이게 된다. 소비자의 취향이 개선될 때에도 마찬가지이다. 이 때에도 수요곡선 자체가 D_0에서 D_1으로 움직이게 된다.

조금 어려울지 모르지만 그 이유를 설명하면 다음과 같다.

수요가 함수임을 이해하는 것이 중요하다. 수요란 수요량과 가격의 관계를 나타내는 함수이므로 수요함수와 같은 표현이다. 같다고 생각하기 쉽지만, 수요와 수요량은 엄격히 구분해야 하는 개념이다. 수요는 '함수'이고 수요량은 수요가 취하는 '하나의 값'이다. 즉 수요와 수요량의 관계는 함수와 함수값의 관계와 같다.

수요(수요함수)를 그림으로 그린 것이 수요곡선이다. 즉 수요는 수요곡선 자체를 말한다. 반면에 수요량은 수요곡선 중의 한 점을 말한다. 〈그림 2.2〉의 (a)를 보면 수요곡선 자체를 부를 때 수요라는 표현을 쓰고, A점에서 Q_0 또는 B점에서 Q_1과 같이 하나의 값을 말할 때 수요량이라는 표현을 쓴다.

정리하면 이렇다. (a)에서는 수요(수요함수)의 변화가 없고 수요량만 바뀐 것이다. 그래서 수요곡선이 움직이지 않는다. 하지만 (b)에서는 수요(수요함수) 자체가 바뀐 것이다. 그래서 수요곡선 자체가 움직인다.

수요의 법칙은 정말로 옳은가

수요의 법칙이 옳다면 가격이 상승할 때 수요량은 감소하고 가격이 하락할 때 수요량은 증가해야 한다. 물론 예외가 있을 가능성은 있다. 기펜재Giffen goods가 예외로 제시된 바 있지만 실제로 존재했다는 근거는 없는 것으로 알려져 있다.

그럼에도 불구하고 사람들은 수요의 법칙에 의문을 제기하곤 한다. 예를 들어 라면가격이 상승한다고 해서 라면구매량을 줄인 경험이 있는가? 심지어는 라면가격이 상승했는지조차 모르고 살아가는 사람이 많다. 그렇다면 수요의 법칙은 정말로 타당한가? 이런 식으로 질문한다면 수요의 법칙에 대해서 오해한 것이다.

수요의 법칙을 정확하게 표현하면 다음과 같다. 가격 이외의 요인들이 불변이라면ceteris paribus, 영어로는 other things being equal 수요량은 가격에 반비례하여 움직인다는 것이다. 보통 가정을 생략하고 말하지만 사실은 가격 이외의 요인들이 불변이라는 가정이 전제되어 있다. 그런데 다른 요인이 불변이면 라면가격이 상승할 때 라면수요량이 감소한다는 사실을 부정하기는 어려울 것이다.

라면가격이 상승할 때 라면수요량이 감소하지 않았던 실제의 예를 드는 사람들이 있다. 이것이야말로 수요의 법칙이 틀렸다는 증거라는 것이다. 하지만 라면가격이 상승할 때 라면수요량이 감소하지 않았다면 그 이유는 다른 요인의 변화가 있었기 때문이다. 예를 들어 취향이 개선되었을 것이다. 따라서 이 경우에는 두 가지 요인의 변화가 동시에 나타난 것이다. 첫째, 라면가격 상승으로 수요량이 감소하고, 둘째, 취향의 개선으로 수요가 증가한 것이다. 그런데 취향개선의 효과가 가격상승의 효과보다 크면 실제의 예처럼 라면수요량은 감소하지 않을 수 있다.

수요의 법칙은 첫째 효과, 즉 라면가격 상승으로 수요량이 감소하는 것을 말할 뿐이다. 다른 요인의 변화가 없다는 가정하에 제시된 가설이므로 둘째 효과는 논외로 해야 한다. 취향개선의 효과를 제거한다면 수요의 법칙은 거의 완벽하게 성립한다. 곰곰히 생각해 보면 수요의 법칙은 틀리기 어려운 가설이다. 이렇게 생각해 보자. 수요의 법칙이 틀리다면 공급자는 무한히 가격을 인상하려 할 것이다. 가격을 올려도 수요량이 줄지 않기 때문이다. 과연 그런 현상이 있을 수 있는가?

공급과 결정요인

수요공급분석을 능숙하게 활용하기 위해서는 수요와 공급을 구분할 줄 알아야 한다. 쉬울 것 같지만 어떤 경제현상이 수요의 변화를 초래하는 것인가 아니면 공급의 변화를 초래하는 것인가를 구분하는 일이 꽤 어렵다.

공급과 공급의 결정요인

공급supply이란 어떤 상품을 판매할 의사가 있고 판매할 능력이 있는 것을 말한다. 수요를 정의할 때 이미 언급한 바 있지만 판매할 의사만으로는 공급자가 될 수 없다. 공급자가 되기 위해서는 판매할 능력도 갖추어야 한다.

공급 역시 공급자의 행위이므로 공급의 결정요인이란 공급자의 행위에 영향을 미치는 요인이다. 엄청나게 많겠지만 그 중에서도 중요한 것만 설명하기로 한다. 중요한 것으로는 가격, 생산요소의 가격, 생산기술, 미래에 대한 기대, 공급자의 수 등이 있다. 이하에서 순서대로 각 요인들과 공급의 관계를 살펴 보기로 하자.

가격

공급량에 영향을 미치는 요인으로 가장 중요한 것은 역시 가격이다.

가격이 상승하면 공급량은 증가하고 가격이 하락하면 공급량은 감소한다. 즉 공급량의 움직임은 가격의 움직임에 비례한다.

공급량과 가격의 관계를 그림으로 나타낸 것이 공급곡선이다. 공급곡선은 〈그림 2.3〉과 같이 우상향하며 가격이 공급량에 대해 (+)의 영향을 미치고 있음이 잘 나타나 있다. 가격이 P_0일 때 공급량이 Q_0라고 하자. 이 때 가격이 P_1으로 상승하면 공급량은 Q_1으로 증가한다. 즉 공급량은 가격에 비례하여 변동한다.

〈그림 2.3〉 공급곡선

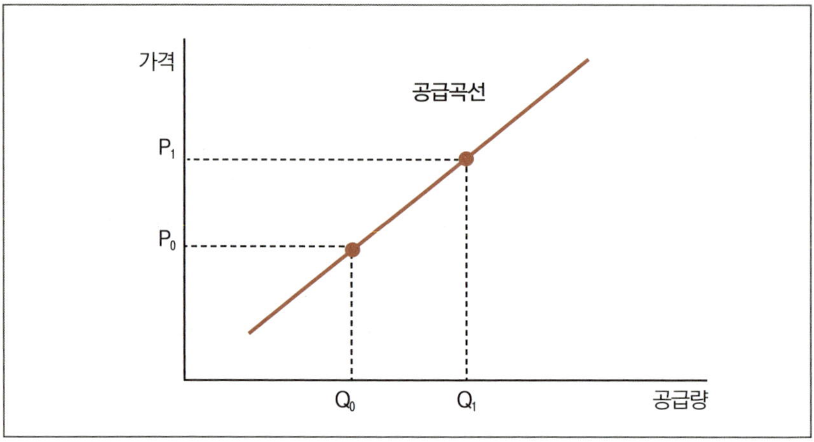

이 관계를 공급의 법칙law of supply이라고 부른다. 예외가 있기는 하지만 공급의 법칙도 '거의 항상 성립한다'고 생각해도 좋다. 예외가 매우 드물기 때문이다.

공급곡선을 그릴 때에도 가로축이 공급량이고 세로축이 가격임에 주의하기 바란다. 즉 원인에 해당하는 가격을 세로축에 표시하고 결과에 해당하는 공급량을 가로축에 표시한다. 어쨌든 다시 한 번 더 강조하고 싶은 것은 가격이 원인이고 공급량이 결과라는 점이다. 따라서 가격이 상승하면 공급량이 증가한다고 말할 수는 있지만 공급량이 증가하면 가격이 상승한다는 뜻은 아니다.

생산요소의 가격

생산요소production factor란 생산과정에 투입되는 모든 요소를 말한다. 예를 들어 자동차를 생산하기 위해서는 수만 가지의 부품, 공장과 기계설비 등이 필요한데 이 모두가 생산요소이다. 생산요소가격은 공급에 큰 영향을 미친다. 생산요소가격이 상승하면 공급은 감소하고 생산요소가격이 하락하면 공급은 증가한다.

생산기술

생산기술production technology이란 생산요소의 투입에서 생산물의 산출에 이르는 전과정에서 투입input과 산출output의 관계를 말한다. 보다 더 적은 생산요소의 투입으로 동일한 양의 생산물을 생산한다면 생산기술이 향상되었다고 말한다. 물론 동일한 양의 생산요소의 투입으로 보다 많은 생산물을 생산하더라도 생산기술이 향상되었다고 말한다. 생산기술이 향상되면 공급은 증가한다.

미래에 대한 예상

미래에 대한 예상은 수요뿐만 아니라 공급에도 영향을 미친다. 흥미로운 것은 '미래에' 대한 예상 때문에 '현재의' 공급이 영향을 받는다는 점이다.

예상의 영향을 가장 쉽게 관찰할 수 있는 곳은 역시 금융시장이다. 예를 들어 어떤 회사의 순이익 전망이 악화된다고 하자. 그 회사의 주식가격은 시간이 흐른 후에 하락하는 것이 아니라 지금 당장 하락하기 시작한다. 미래에 순이익이 악화될 것으로 예상하여 현재에 투자자들이 이 회사의 주식을 팔아치우려 하기 때문이다. 즉 주식시장에서 이 회사 주식의 공급이 현재에 증가한다는 뜻이다.

공급자의 수

공급자의 수가 증가한다면 개별 공급을 더한 시장공급은 증가하게 될 것이다. 예를 들어 어떤 지역에 신도시가 생겼다고 하자. 그렇다면 인구가 유입될 것이고 식료품의 수요도 증가할 것이다. 처음에는 식료품가게가 1~2개밖에 없겠지만 이들이 충분한 이윤을 얻고 있다고 판단되면 식료품가게는 보다 더 유입될 것이다. 이처럼 공급자가 많아지면 이 지역에서 식료품공급은 증가하기 마련이다.

〈그림 2.4〉 공급곡선상의 이동과 공급곡선의 이동

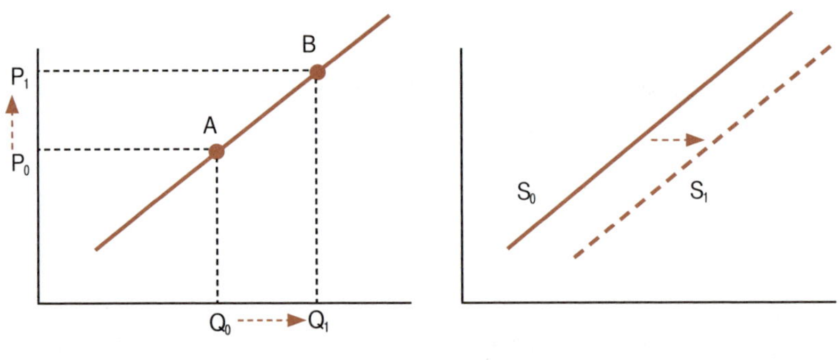

(a) 가격이 변동할 때

(b) 가격 이외의 요인이 변동할 때

공급곡선상의 이동과 공급곡선 자체의 이동

공급에 영향을 미치는 요인으로 가격, 생산요소가격, 생산기술, 미래에 대한 예상, 공급자의 수를 설명하였다. 이 요인들은 공급의 변화를 초래하는 원인으로 각 요인이 바뀌면 공급량 또는 공급에 변화가 나타나게 된다.

수요에 대한 설명에서와 같이, 이 변화에도 크게 두 가지가 있다. 하나는 공급곡선상의 이동이고 다른 하나는 공급곡선 자체가 이동하는 것이다.

첫째, 가격이 변동하면 공급곡선은 움직이지 않고 공급량만 공급곡선 위에서 바뀐다. 이를 그림으로 나타낸 것이 〈그림 2.4〉의 (a)이다. 가격이 상승하였으므로 공급량은 Q_0에서 Q_1으로 증가하지만 공급곡선은 움직이지 않는다.

둘째, 가격 이외의 요인이 변동하면 공급곡선 자체가 이동한다. 예를 들어 생산기술이 향상될 때 공급은 증가하게 되는데 이 경우에는 〈그림 2.4〉의 (b)와 같이 공급곡선 자체가 S_0에서 S_1으로 움직이게 된다. 생산요소가격이 하락할 때에도 마찬가지이다. 이 때에도 공급곡선 자체가 S_0에서 S_1으로 움직이게 된다.

수요공급분석

수요공급분석은 경제학자들이 가장 많이 이용하는 분석도구이다. 과장인지는 모르지만 수요공급분석만 제대로 알아도 경제학자들이 하는 말을 상당부분 이해할 수 있다. 그러니 수요공급분석의 이해는 경제학을 배우는 가장 중요한 관문이다.

균형

어떤 교수님은 이렇게 말씀하셨다. "경제학이 어렵다고 생각하는 사람이 많지만 경제학은 하나도 어렵지 않아. 균형만 찾으면 되는 거야." 균형은 그렇게 중요한 개념이다. 사실 경제모형을 완성하는 일이란 균형을 찾는 작업과 같다.

균형equilibrium은 수요량과 공급량을 일치시키는 시장가격에 도달한 상태를 말한다. 이 때 수요량과 공급량을 일치시키는 가격이 균형가격equilibrium price이며 이 가격에서 같아진 수요량과 공급량이 균형거래량equilibrium quantity이다.

〈그림 2.5〉에는 수요곡선과 공급곡선이 그려져 있다. 균형은 두 곡선이 만나는 점에서 달성되는데 이 점에서 수요량과 공급량이 같아지기 때문이다. 사실 우리는 균형에서 결정되는 가격과 거래량에 관심을 갖는다. 〈그림 2.5〉를 보면 균형으로부터 균형가격과 균형거래량이 얼마인지 쉽게 알 수 있다.

수요공급의 법칙

앞에서 수요의 법칙과 공급의 법칙에 대해 설명한 바 있다. 수요량은 가격에 반비례하고 공급량은 가격에 비례한다는 것이다. 이 두 법칙으로부터 수요공급의 법칙을 도출할 수 있다. 수요공급의 법칙이란 어떤 상품의 시장가격은 수요량과 공급량이 같아지도록 조정된다는 것이다. 수요량과 공급량이 같지 않으면 시장가격이 조정되어 결국은 수요량과 공급량이 같아지도록 만든다는 뜻이다.

〈그림 2.5〉 시장의 균형

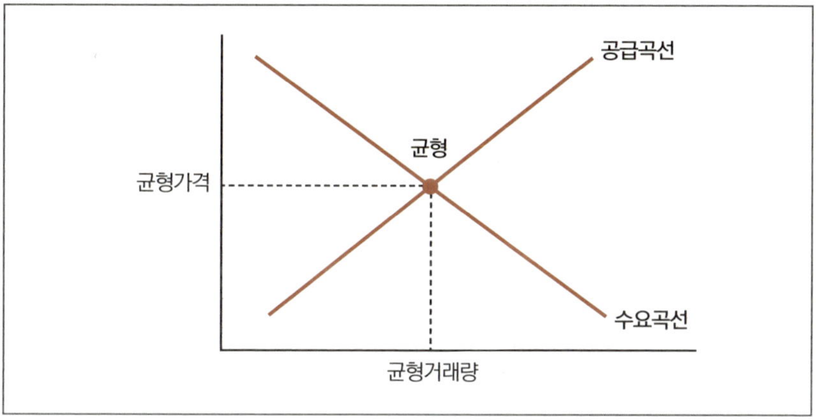

〈그림 2.6〉에는 균형이 달성되지 않는 두 가지 예가 나타나 있다. (a)는 시장가격이 P_1으로 균형가격인 P^*보다 높을 때이다. 시장가격이 균형가격보다 높으므로 수요량에 비해 공급량이 많다. 따라서 공급과잉의 상태가 되는데 이를 초과공급excess supply이라고 부른다. 한편 (b)는 시장가격이 P_1으로 균형가격인 P^*보다 낮을 때이다. 시장가격이 균형가격보다 낮으므로 공급량에 비해 수요량이 많다. 따라서 공급부족의 상태가 되는데 이를 초과수요excess demand라고 부른다.

초과공급이 있거나 초과수요가 있으면 균형은 달성되지 않는다. 수요량과 공급량이 다르기 때문이다. 하지만 초과공급과 초과수요는 해소되기 마련이다.

우선 초과공급이 해소되는 과정을 살펴 보기로 하자. 〈그림 2.6〉의 (a)와 같이 공급이 과잉인 상태에서는 팔리지 못하는 상품이 있을 것이다. 그렇다면 가격을 낮추려는 공급자가 나타나지 않을까? 팔지 못하고 쌓아두는 것보다는 낫기 때문이다. 흥미로운 것은 시장가격이 하락할 때 공급의 법칙에 의해 공급량은 줄고 수요의 법칙에 의해 수요량은 늘어난다는 점이다. 물론 공급량이 줄고 수요량이 늘어나면 공급과잉은 줄어든다. 이처럼 공급과잉이 줄어드는 이유는 시장가격이 하락함에 따라 공급의 법칙과 수요의 법칙이 동시에 작용하기 때문이다.

〈그림 2.6〉 공급과잉과 공급부족

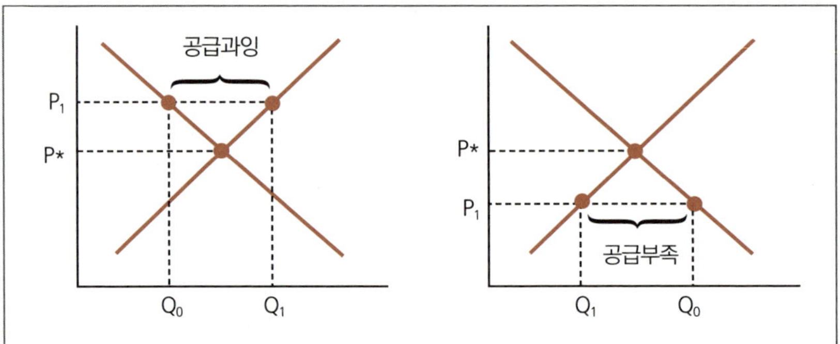

(a) 시장가격 > 균형가격일 때　　(b) 시장가격 < 균형가격일 때

시장가격은 공급과잉이 해소될 때까지 계속 하락한다. 시장가격이 충분히 하락하여 시장가격이 균형가격에 도달하게 되면 수요량은 충분히 증가하고 공급량은 충분히 감소할 것이므로 결국 수요량과 공급량은 같아진다. 이처럼 시장가격의 움직임에 의해 수요량과 공급량이 같아진다

는 것이 수요공급의 법칙이다.

초과수요가 해소되는 과정도 마찬가지이다. 〈그림 2.6〉의 (b)와 같이 공급이 부족한 상태에서는 원하는 만큼 구매하지 못하는 수요자가 있을 것이다. 그렇다면 원하는 만큼 구매하기 위해 비싼 가격이라도 기꺼이 지불하려는 수요자가 나타나지 않을까? 그렇다면 시장가격은 상승하게 된다. 그런데 시장가격이 상승하면 공급의 법칙에 의해 공급량은 늘고 수요의 법칙에 의해 수요량은 줄어든다. 그렇다면 공급부족은 당연히 감소한다. 그리고 그 이유는 시장가격의 상승에 따라 공급의 법칙과 수요의 법칙이 동시에 작용하기 때문이다.

시장가격은 공급부족이 해소될 때까지 계속 상승한다. 시장가격이 충분히 상승하여 시장가격이 균형가격에 도달하게 되면 수요량은 충분히 감소하고 공급량은 충분히 증가할 것이므로 결국 수요량과 공급량은 같아진다. 이처럼 시장가격의 움직임에 의해 수요량과 공급량이 같아진다는 것이 수요공급의 법칙이다.

보이지 않는 손

경제현상을 관찰하다보면 초과수요나 초과공급이 나타날 때가 있다. 하지만 이런 현상은 대부분 일시적인 것이다. 시장기능이 제대로 작동한다면 수요공급의 법칙이 작용하여 초과수요나 초과공급은 사라지게 마련이다. 이를 두고 아담 스미스Adam Smith는 '보이지 않는 손Invisible Hand'이라는 유명한 말을 한 바 있다.

보이지 않는 손의 작동과정에서 중요한 역할을 하는 건 가격의 움직임이다. 즉 수요공급의 법칙이 작동하기 위해서는 시장가격이 자유롭게 움직일 수 있어야 한다. 따라서 시장가격이 자유롭게 결정되지 않는다면 초과수요나 초과공급은 해소되지 않을 수 있다. 이에 관한 문제는 4장가격통제에서 다루기로 한다.

수요공급분석의 3단계

만약 어떤 경제적 사건이 발생하였다고 하자. 이 사건은 시장에 어떤 영향을 미칠 것인가? 가격은 상승할 것인가 아니면 하락할 것인가? 거래량은 증가할 것인가 아니면 감소할 것인가? 이런 문제를 분석할 때 수요공급분석을 이용한다.

수요공급분석은 3단계로 나누어 진행한다고 보는 것이 좋다.

① **1단계** : 어떤 사건이 수요곡선을 이동시키는가 아니면 공급곡선을 이동시키는가를 판단한다

② **2단계** : 수요곡선 또는 공급곡선이 어느 방향으로, 그리고 얼마나 이동하는가를 판단한다

③ **3단계** : 균형이 어떻게 바뀌는가를 통해 균형가격과 균형거래량의 변화를 분석한다

수요공급분석이란 최초의 균형과 사건발생으로 인해 달성되는 새로운 균형을 분석하는 일이다. 이하에서는 3단계 분석을 이용하는 예를 살펴 보기로 한다.

〈그림 2.7〉 수요공급분석의 간단한 예

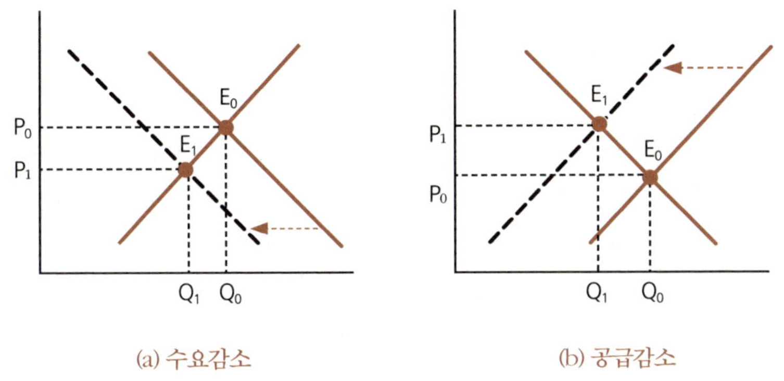

수요공급분석의 간단한 예

수요공급분석을 이용하는 간단한 예부터 설명하기로 한다. 첫째 예는 다음과 같다. 자동차의 보완재가격이 상승하면 자동차시장에 어떤 결과가 초래될까?

수요공급분석의 3단계 절차를 따르면 다음과 같다.

① **1단계** : 수요에만 영향이 있다. 자동차의 보완재가격이 상승하였는데 이는 수요의 결정요인이므로 자동차수요만이 감소할 것이다.

② **2단계** : 수요곡선만 좌측으로 이동한다. 보완재가격의 상승으로 자동차 수요의 감소가 초래될 것이므로 수요곡선만 좌측으로 이동한다.

③ **3단계** : 균형거래량은 감소하고 균형가격도 하락한다. 그 이유는 〈그림 2.7〉의 (a)를 보면 쉽게 알 수 있다. 균형이 E_0에서 E_1으로 바뀌면서 거래량은 Q_0에서 Q_1으로 감소하고 가격은 P_0에서 P_1으로 하락한다.

이와 비슷하지만 둘째 예는 다음과 같다. 자동차생산에 투입되는 생산요소의 가격이 상승하면 자동차시장에 어떤 결과가 초래될까?

수요공급분석의 3단계 절차를 따르면 다음과 같다.

① **1단계** : 공급에만 영향이 있다. 생산요소가격이 상승하였고 이는 공급의 결정요인이므로 자동차공급만이 감소할 것이다.
② **2단계** : 공급곡선만 좌측으로 이동한다. 생산요소가격의 상승으로 자동차공급의 감소가 초래될 것이므로 공급곡선만 좌측으로 이동한다.
③ **3단계** : 균형거래량은 감소하지만 균형가격은 상승한다. 그 이유는 〈그림 2.7〉의 (b)를 보면 쉽게 알 수 있다. 균형이 E_0에서 E_1으로 바뀌면서 거래량은 Q_0에서 Q_1으로 감소하지만 가격은 P_0에서 P_1으로 상승한다.

간단한 것이기는 하지만 첫째 예를 설명할 때 많은 질문을 받곤 한다. 보완재가격이 상승하면 결국 공급량도 감소하는 게 아닌가? 답변은 yes이다. 보완재가격이 상승하면 결과적으로 공급량도 감소한다. 그런데 질문자가 정말로 궁금해 하는 것은 다음과 같다. 공급량이 감소하면 공급곡선도 이동해야 하는 것이 아닌가?

이런 질문을 한다면 아직 수요공급분석을 정확히 이해한 것이 아니다. 첫째 예에서 공급곡선은 이동하지 않는다. 〈그림 2.7〉의 (a)와 같이 공급곡선은 그대로이다. 그럼에도 불구하고 공급량이 감소하는 이유는 균형이 E_0에서 E_1으로 바뀌는 과정에서 가격이 하락하였기 때문이다. 가격이 하락하므로 공급곡선위에서 이동하였고 이로 인해 공급량이 감소하였던 것이다. 앞에서 강조한 바 있듯이 공급곡선은 움직이지 않고 '공급곡선상의 이동'만이 나타난다는 것이 바로 이것이다.

이와 비슷한 질문은 둘째 예에서도 이어진다. 생산요소가격이 상승하면 결국 수요량도 감소하는 게 아닌가? 이 질문에 대한 답변 역시 yes이다. 하지만 이 경우에도 수요곡선은 좌측으로 이동하지 않는다. 수요량이 감소하는 이유는 (수요곡선은 그대로 있지만) 균형이 E_0에서 E_1으로 바꾸면서 가격이 상승하였기 때문이다. 가격이 상승하면 수요곡선은 움직이지 않고 '수요곡선상의 이동'이 나타난다고 말한 바 있는데 둘째 예가 바로 그것이다. 조금 멋있게 표현한다면 다음과 같다. 수요곡선이 움직이지 않아도 수요량은 변동할 수 있다!

〈그림 2.8〉 수요공급분석의 복잡한 예

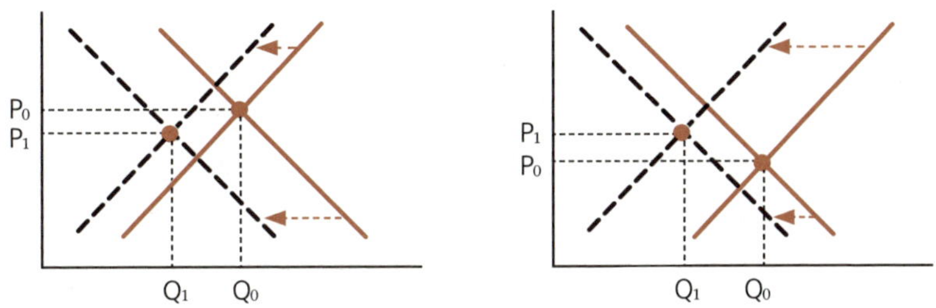

(a) 큰 수요감소, 적은 공급감소

(b) 적은 수요감소, 큰 공급감소

수요공급분석의 복잡한 예

수요공급분석을 조금 복잡한 예에 적용해 보기로 하자. 복잡하다는 말은 수요와 공급에 모두 영향을 미치는 경제적 사건이 발생했음을 의미한다. 예를 들어 석유가격이 상승하면 자동차시장에는 어떤 변화가 초래될까?

이 예는 앞에서 설명한 바 있는 간단한 두 가지의 예가 모두 일어났음을 의미한다. 수요측면에서 보면 석유는 자동차의 보완재이다. 공급측면에서 보면 석유는 자동차생산의 생산요소이기도 하다. 따라서 보완재가격도 상승하고 생산요소가격도 상승한 셈이다. 그렇다면 앞의 간단한 두 가지의 예를 결합하면 될 것이다.

수요공급분석의 3단계 절차를 따르면 다음과 같다.

① **1단계** : 수요와 공급에 모두 영향이 있다. 그 이유는 다음과 같다. 수요측면에서 석유는 자동차와 보완재의 관계에 있다. 보완재인 석유의 가격이 상승하므로 자동차수요는 감소할 것이다. 또한 공급측면에서 석유는 자동차생산을 위한 생산요소이다. 석유가격의 상승이란 생산요소가격의 상승이므로 공급은 감소할 것이다. 따라서 수요와 공급이 모두 감소한다.

② **2단계** : 수요곡선과 공급곡선이 모두 좌측으로 이동한다. 보완재가격의 상승과 생산요소가격의 상승은 각각 수요감소와 공급감소를 초래한다. 따라서 수요곡선과 공급곡선은 모두 좌측으로 이동한다.

③ **3단계** : 균형거래량은 감소하지만 균형가격의 움직임은 수요감소와 공급감소의 크기에 달려 있다. 그 이유는 〈그림 2.8〉을 보면 쉽게 알 수 있다. (a)의 경우 수요는 크게 감소하고 공급은 적게 감소한다. 따라서 수요곡선은 좌측으로 많이 이동하고 공급곡선은 좌측으로 조금 이동한다. 균형의 변화를 보면 균형거래량은 크게 감소하지만 균형가격은 조금 하락할 뿐이다. 반면에 (b)의 경우 수요는 적게 감소하고 공급은 많이 감소한다. 따라서 수요곡선은 좌측으로 조금 이동하고 공급곡선은 좌측으로 많이 이동한다. 균형의 변화를 보면 균형거래량은 크게 감소하지만 균형가격은 오히려 상승하게 된다.

이 예가 흥미로운 이유는 크게 두 가지이다. 첫째, 석유가격의 상승이 수요와 공급에 모두 영향을 미치기 때문이다. 따라서 자동차시장에서 수요곡선과 공급곡선이 모두 이동한다. 둘째, 자동차의 거래량은 크게 감소하지만 자동차가격은 상승할 수도 있고 하락할 수도 있기 때문이다. 거래량이 크게 감소하는 이유는 수요와 공급이 모두 감소하기 때문이다. 그럼에도 불구하고 가격은 상승할 수도 있고 하락할 수도 있다. 가격의 움직임은 수요감소와 공급감소 중 어느 것이 더 큰가에 달려 있다. 수요감소가 크다면 가격은 하락하고 공급감소가 크다면 가격은 상승한다.

경제학을 처음 접하는 독자들을 위하여 복잡한 예라고 불렀지만 알고 보면 이 예도 간단한 경우에 속한다. 설명변수를 보완재가격과 생산요소 가격이라는 두 가지 요인으로 국한하였기 때문이다. 하지만 실제 경제현상을 접하다보면 훨씬 더 많은 요인들이 발생하곤 한다. 그렇다면 많은 요인들을 고려해야 할 것이다. 하지만 그 경우에도 중요한 것은 각 요인의 변동이 수요곡선과 공급곡선을 어떤 방향으로, 그리고 얼마나 움직이는가에 있다. 이것만 정확히 알아낸다면 아무리 복잡한 사건이 발생하더라도 수요공급분석을 이용하여 시장의 동향을 분석할 수 있다.

사례연구

수요공급분석은 고등학생들도 알고 있는 평이한 것이라고 생각하기 쉽다. 하지만 수요공급분석에는 매우 풍부한 지식이 포함되어 있다. 차차 배우기로 하자.

소비자주권

소비자주권consumer sovereignty이란 소비자가 재화의 생산을 결정한다는 원리를 말한다. 즉 어떤 재화를 어느 정도의 품질로 얼마나 생산할 것인가를 결정하는 주체는 생산자가 아니라 소비자라는 것이다.

예를 들어 보기로 하자. 어떤 식당주인이 각고의 노력 끝에 뽕잎냉면과 칡냉면을 개발하였다. 그런데 두 가지 신제품 중 뽕잎냉면을 찾는 손님은 거의 없었고 칡냉면은 인기를 얻으면서 판매량이 부쩍 늘었다고 하자. 이에 식당주인은 뽕잎냉면의 판매를 중단하고 칡냉면의 판매에 전념하기로 하였다. 그렇다면 뽕잎냉면의 판매를 중단시키고 칡냉면만 판매되도록 한 사람은 소비자가 아니었던가?

오스트리아학파의 저명한 경제학자 루드비히 폰 미제스L.von Mises는 소비자주권을 열렬히 지지하였다. 미제스는 소비자주권이 재화의 생산에만 영향을 주는 것이 아니라 경제 전체를 책임지고 있는 지배적인 경제원리라고 생각하였다.

그의 설명을 조금 더 인용하기로 한다. 그는 경제를 배에 비유하면서 기업가와 농부 등이 배를 조종하기는 하지만 배의 선장은 기업가와 농부가 아니라 소비자라고 말하였다. 소비자는 무엇이 생산되어야 하는가, 품질은 어떠해야 하는가, 그리고 얼마나 생산되어야 하는가를 결정한다. 따라서 소비자는 누가 자본을 소유하고 누구에게 이윤과 손실이 발생하는가를 결정한다. 결과적으로 소비자는 가난한 사람을 부자로 만들 수도 있으며 반대로 부자를 가난하게 만들 수도 있다.

모든 경제학자들이 미제스처럼 생각하는 것은 아니다. 소비자주권을 전적으로 신뢰하는 사람들은 대체로 보수적인 편이다. 하지만 생각해 볼 만한 문제는 많다.

〈그림 2.9〉 공급감소가 가격에 영향을 미치는 3가지 경우

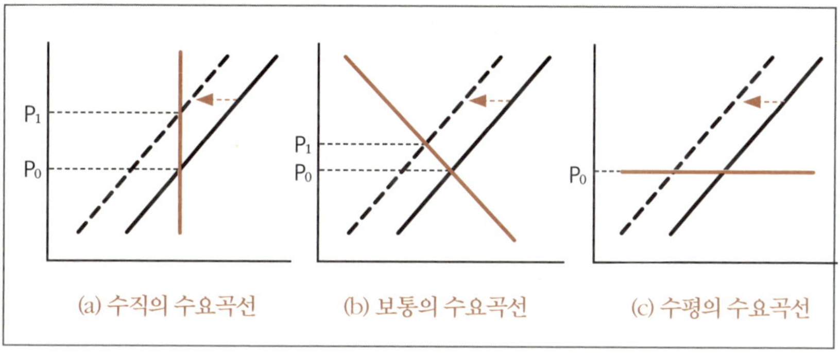

사람들은 상품의 가격을 공급자가 일방적으로 정한다고 생각하곤 한다. 하지만 공급자는 자기 마음대로 가격을 인상할 수 있을까? 공급자가 가격을 인상하려 한다고 생각해 보자. 그렇다면 방법은 단 한가지이다. 공급을 줄이는 것이다.

〈그림 2.9〉에는 보통의 공급곡선과 함께 세 가지 다른 형태의 수요곡선이 제시되어 있다. (b)는 보통의 수요곡선이고 (a)와 (c)는 매우 극단적인 형태의 수요곡선이다. (a)의 경우 공급을 줄이면 가격은 상승한다.

하지만 (c)의 경우 공급을 아무리 줄이더라도 가격은 상승하지 않는다. 그렇다면 가격을 정하는 것은 공급자가 아니라 수요자인 셈이다. (c)는 소비자주권이 성립하는 극단적인 예이다.

간단한 예를 들어 보기로 하자. 어떤 식당주인이 김치찌개를 팔고 있다. 그런데 식재료의 가격이 올랐다고 하자. 그렇다면 이 식당주인은 김치찌개의 가격을 인상할 수 있을까? 아마 쉽지는 않을 것이다. 경쟁이 치열한 탓에 가격을 올리면 다른 식당에 손님을 빼앗길 수도 있기 때문이다. 그래서 식당주인이 가격을 올리지 못한다면 (c)의 예에 해당된다고 볼 수 있다. 사실 이런 예는 드물지 않다.

물론 (c)의 경우 수요곡선이 이상하다고 생각할지도 모르겠다. 하지만 김치찌개가격을 인상하지 못하는 식당주인의 수요곡선은 (c)와 같다. 이에 대한 자세한 내용은 3장에서 배우게 되고 8장에서 이를 시장조직에 적용하게 된다.

왜 아이리버는 아이팟에게 패배하였는가?

아이리버iriver가 mp3플레이어를 세계시장에 처음 출시했을 때 우리는 소니의 워크맨 신화를 떠올렸다. 우리나라의 벤처기업이 소니와 같은 세계적인 전자회사가 되기를 기대했다. 아이리버는 신기술개발로 mp3플레이어시장을 주도하였고 세계시장을 석권하였다. 하지만 2003년 등장한 애플의 아이팟iPod과의 경쟁에서 주도적 지위를 내어 주고 말았다. 왜 아이리버는 애플에게 패배하였는가?

2011년 애플의 최고경영자 스티브 잡스가 타계했을 때 추모열기는 놀라왔다. 그의 탁월함은 곳곳에서 찾아볼 수 있지만 경제학자들은 스티브 잡스가 보완재를 탁월하게 활용한 경영자라고 평가한다. 그 시작은 아이리버와 아이팟의 경쟁에서 찾아볼 수 있는데 이 과정에서 보완재는 매우 중요한 역할을 하였다.

애플의 아이팟은 단순히 mp3플레이어가 아니다. 아이팟의 위력은 플레이어 그 자체에 있다기보다 음원제공서비스인 아이튠즈iTunes에 있었다. 애플은 아이팟을 구매하면 아이튠즈로부터 곡당 99센트의 가격에 음원을 합법적으로 다운로드할 수 있도록 하였다. 아이팟과 아이튠즈는 보완재관계에 있는데 이를 활용하여 하나의 산업생태계를 형성하였던 것이다. 하지만 아이리버에게는 아이튠즈와 같은 음원제공서비스가 없었다. 그런 의미에서 아이리버는 그냥 mp3플레이어일 뿐이었다.

스마트폰과 태블릿PC의 지평을 열었던 아이폰iPhone과 아이패드iPad의 성공도 같은 맥락에서 설명할 수 있다. 스티브 잡스는 아이폰과 아이패드를 출시하면서 동시에 이 제품들을 위한 보완재로 앱스토어AppStore도 함께 만들었다. 현재 애플의 제품들은 앱스토어를 중심으로 편제되어 있다고 볼 수 있는데 그 결정판은 아이클라우드iCloud가 될 것으로 보인다. 하드웨어가 중심이 아니라 이와 보완재를 이루는 소프트웨어 또는 컨텐츠서비스가 중심이 되는 산업생태계가 형성되고 있는 셈이다. 이를 두고 산업생태계를 장악하는 기업이 현재 진행되고 있는 치열한 경쟁에서 승자가 될 것이라고 말하는 사람들이 많다. 스티브 잡스는 보완재가 얼마나 강력한 것인가를 여실히 보여 준 경영자였다.

3 탄력성의 문제

탄력성의 개념

탄력성은 수요공급분석에서 대단히 유용한 개념이다. 하지만 이 개념이 수요공급분석에서만 활용되는 것은 아니다. 우리는 여러 곳에서 탄력성에 해당되는 개념을 접하게 된다. 그러므로 이번 기회에 충분히 공부해 두는 것이 좋다.

탄력성의 개념

우리는 2장에서 수요의 결정요인으로 6가지를 배운 바 있다. 즉 가격, 소득, 연관재의 가격, 취향, 미래에 대한 기대, 수요자의 수이다. 그리고 각 요인이 변화할 때 수요에 어떤 영향을 미치는가도 설명하였다. 예를 들어 A상품의 대체재가격이 상승하면 A상품의 수요는 증가한다. 수요가 증가하므로 방향은 (+)로 나타낸다.

탄력성elasticity은 방향을 설명하는 것이 아니라 크기를 설명하는 개념이다. 예를 들었듯이 A상품의 대체재가격이 상승하면 A상품의 수요는 증가한다. 그런데 탄력성은 이 사실이 아니라 수요가 '얼마나 많이' 증가하는가에 관심을 갖는다. 즉 탄력성은 변화의 방향이 아니라 변화의 크기를 다루는 개념이다.

탄력성이 크다는 말은 원인이 결과에 미치는 영향력이 큼을 의미한다. 이하에서 다시 설명하겠지만 탄력성은 원인이 1% 변화할 때 결과가 몇 % 변화하는가로 정의한다. 이처럼 탄력성은 원인의 영향력을 측정하기에 적합한 개념이다.

탄력성의 종류

수요에 영향을 미치는 요인이 많기 때문에 수요의 탄력성에도 여러 가지가 있을 수 있다. 대표적인 것으로는 수요의 가격탄력성, 수요의 소득탄력성 그리고 수요의 교차탄력성 등이 있다. 수요의 가격탄력성은 가격이 1% 변화할 때 수요량이 몇 % 변화하는가를 나타내고, 수요의 소득탄력성은 소득이 1% 변화할 때 수요가 몇 % 변화하는가를 나타내며, 수요의 교차탄력성은 연관재가격이 1% 변화할 때 수요가 몇 % 변화하는가를 나타낸다.

탄력성은 한결같이 원인이 결과에 미치는 영향을 나타낸다. 가격(원인)이 수요량(결과)에 미치는 영향이 크다면 수요의 가격탄력성은 크다. 또한 소득(원인)이 수요(결과)에 미치는 영향이 크다면 수요의 소득탄력성은 크다. 마찬가지로 연관재의 가격(원인)이 수요(결과)에 미치는 영향이 크다면 수요의 교차탄력성은 크다.

공급의 탄력성도 마찬가지이다. 공급에 영향을 미치는 요인으로 가격, 생산요소가격, 생산기술, 미래에 대한 기대, 공급자의 수를 배운 바 있다. 각 요인별로 모두 탄력성을 정의할 수 있지만 많이 활용되는 것은 공급의 가격탄력성이다. 공급의 가격탄력성은 가격이 1% 변화할 때 공급량이 몇 % 변화하는가를 측정한다.

담배가격을 올리면 흡연은 얼마나 감소할까?

이처럼 탄력성은 자연스러운 개념이다. 휴대전화수요의 가격탄력성이 크다는 말은 수요자가 수요량을 결정할 때 가격을 중시한다는 뜻이고,

휴대전화수요의 소득탄력성이 크다는 말은 수요자가 수요량을 결정할 때 소득을 중시한다는 뜻이다.

금연은 어느 나라에서나 중요한 관심사이다. 최근 우리나라에서도 정부가 보다 강력한 정책을 도입하고 있는데, 어떤 정책은 비교적 쉽게 시행되지만 어떤 정책은 많은 저항에 직면하여 왔다. 그 중에서도 담배가격의 인상이 가장 논쟁적인 문제이다. 담배가격인상을 반대하는 사람은 담배가격을 인상하여도 흡연은 그다지 감소하지 않을 것이라고 주장한다. 그렇다면 그는 담배수요의 가격탄력성이 작다고 주장하는 것과 같다. 담배수요의 가격탄력성은 얼마나 될까?

담배수요의 가격탄력성은 해외연구의 경우 0.3~0.5, 국내연구의 경우 0.2~0.6이라고 알려져 있다. 국내연구결과는 담배가격을 1% 인상할 때 담배수요량이 0.2%~0.6% 감소함을 의미한다. 정부는 한 때 담배가격의 2배 인상, 즉 100% 인상을 검토한 바 있는데 이 경우 담배수요량은 20%~60% 감소하리라고 예상할 수 있다. 수요의 가격탄력성이란 이런 문제를 다룰 때 이용하는 개념이다.

수요의 가격탄력성

수요의 가격탄력성은 수요량이 가격에 얼마나 민감한가를 나타낸다. 탄력성 중에서 가장 많이 이용되는 개념이고, 이를 잘 이해한다면 다른 탄력성도 쉽게 이해할 수 있으므로 수요의 가격탄력성에 대해서는 자세하게 설명하기로 한다.

정의

수요의 가격탄력성price elasticity of demand은 가격이 1% 변동할 때 수요량이 몇 % 변동하는가를 나타낸다. 수요의 가격탄력성은 보통 ε_p로 나타내는데 이를 계산하는 공식은 다음과 같다.

$$\text{수요의 가격탄력성} = \left| \frac{\Delta Q/Q}{\Delta P/P} \right|$$

여기에서 Q는 수요량이고 ΔQ는 수요량의 변화분이다. 또한 P는 가격이고 ΔP는 가격의 변화분이다. 수요의 가격탄력성을 계산할 때에는 반드시 절대값을 취해야 한다. 그렇지 않으면 수요의 법칙으로 인해 항상 (-)가 되는데 굳이 (-)의 부호를 붙여 불편함을 느낄 이유가 없기 때문이다. (+)의 부호가 익숙하지 않은가?

가격을 1% 인상했더니 수요량이 0.7% 감소하였다고 하자. 위 공식에 따라 계산된 수요의 가격탄력성은 0.7이 된다. 따라서 수요의 가격탄력성이 0.7이라는 말은 다음과 같은 뜻이다. 가격이 1% 상승하면 수요량이 0.7% 감소하고 가격이 1% 하락하면 수요량이 0.7% 증가한다. 이를 확장하는 것도 쉬운 일이다. 예를 들어 가격이 2% 상승할 때 수요량은 얼마나 변화할까? 가격이 2% 상승하면 수요량은 0.7×2% = 1.4% 감소한다. 또한 가격이 5% 하락할 때 수요량은 얼마나 변화할까? 가격이 5% 하락하면 수요량은 0.7×5% = 3.5% 증가한다.

〈그림 3.1〉 수요의 가격탄력성 계산

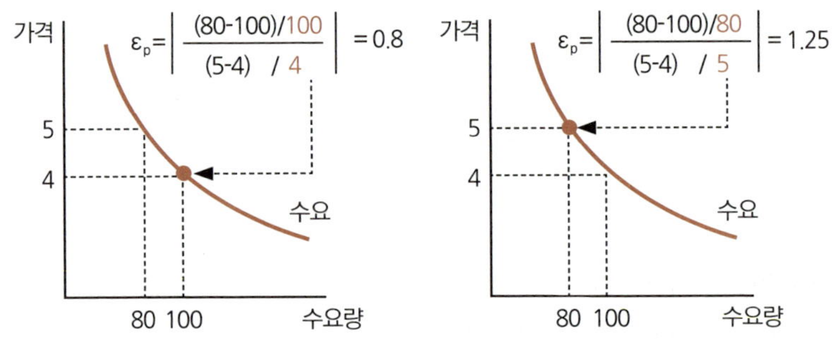

(a) 처음의 점을 이용한 방법 (b) 나중의 점을 이용한 방법

계산방법

〈그림 3.1〉에는 수요의 가격탄력성 구하는 방법이 예시되어 있다. 가격이 4원일 때 수요량이 100개였지만 가격이 5원으로 상승하면 수요량이 80개로 감소하는 경우이다. 이 수치들을 공식에 대입하면 수요의 가격탄력성을 구할 수 있다.

(a)는 Q=100, P=4 그리고 ΔQ=−20, ΔP=1을 이용하여 구한 것이며 결과에 따르면 수요의 가격탄력성은 0.8이 된다. 한편 (b)는 Q=80, P=5와 ΔQ=−20, ΔP=1을 이용하여 구한 것이다. 결과에 따르면 수요의 가

격탄력성은 1.25가 된다.

같은 예를 이용하였음에도 불구하고 계산결과에는 큰 차이가 있다. 그 차이는 (a)의 경우 처음의 점을 이용하고 (b)는 나중의 점을 이용하였다는 데 있다. 즉 (a)는 Q=100과 P=4를 이용한 것이고 (b)는 Q=80과 P=5를 이용한 것이다. 물론 ΔQ=−20과 ΔP=1은 (a)와 (b)에서 같다. (a)와 (b) 중 어떤 방식이 더 좋을까?

처음의 점을 이용하거나 나중의 점을 이용하거나 어느 것이 더 좋다고 말할 수는 없다. 그렇다면 대안은 당연히 중간점을 이용하는 것이다.

〈그림 3.2〉 수요의 가격탄력성 계산

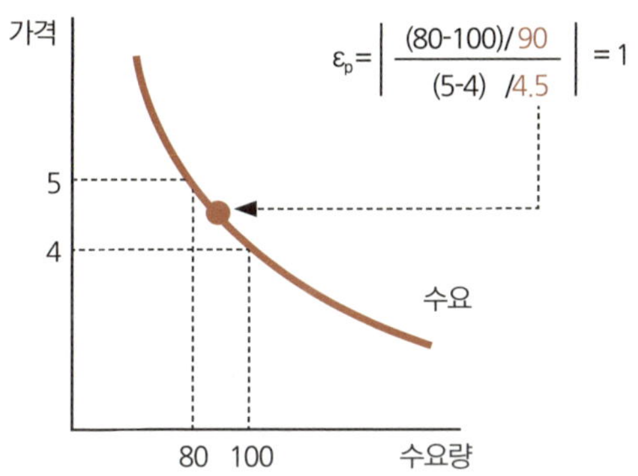

(c) 탄력성=1일 때

즉 Q로는 100과 80의 중간값인 90을 이용하고 P로는 4와 5의 중간값인 4.5를 이용한다. 즉 Q=90과 P=4.5를 이용하면 된다. 물론 ΔQ=−20과 ΔP=1은 그대로 이용한다. 〈그림 3.2〉에는 이 수치를 이용하여 계산한 수요의 가격탄력성이 제시되어 있다. 결과에 따르면 수요의 가격탄력성은 1이다. 이를 중간점을 이용하는 방식이라고 말하는데 〈그림 3.1〉의 방식보다는 좋다고 볼 수 있다.

〈그림 3.3〉에는 다른 수요곡선의 경우 예가 제시되어 있다. (b)는 가격이 4원일 때 수요량이 100개였지만 가격이 5원으로 상승하여 수요량이 90개로 감소하는 경우이다. 반면에 (d)는 가격이 4원일 때 수요량이 100개였지만 가격이 5원으로 상승하여 수요량이 50개로 감소하는 경우이다. 각 수치를 공식에 대입하면 (b)의 가격탄력성은 0.5, (d)의 가격탄력성은 3을 얻게 된다.

〈그림 3.2〉와 같이 수요의 가격탄력성이 1일 때 수요량이 가격에 대해 단위탄력적unit elastic이라고 말한다. 또한 〈그림 3.3〉의 (b)와 같이 가격탄력성이 1보다 작을 때 수요량이 가격에 대해 비탄력적inelastic이라고 말하며, (d)와 같이 가격탄력성이 1보다 클 때 수요량이 가격에 대해 탄력적elastic이라고 말한다.

〈그림 3.3〉 수요의 가격탄력성 계산

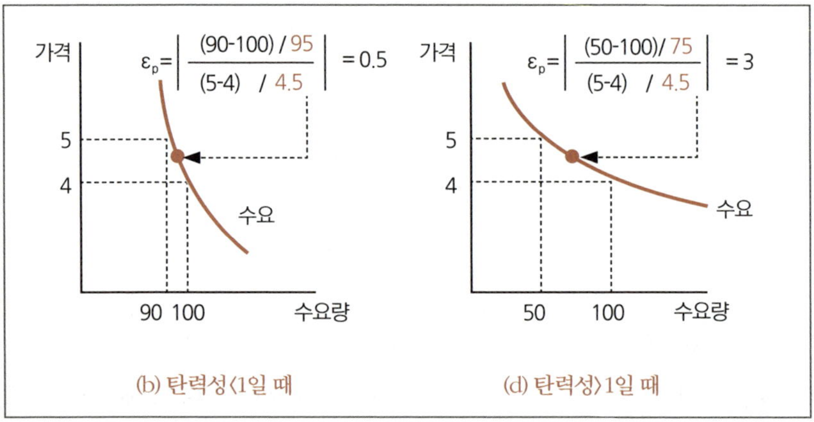

가격탄력성과 수요곡선의 형태

가격탄력성의 크기를 판단할 때 1을 기준으로 삼곤 한다. 수요의 가격탄력성이 1보다 크면(탄력적이면) 수요의 가격탄력성이 크다고 말하고, 수요의 가격탄력성이 1보다 작으면(비탄력적이면) 수요의 가격탄력성이 작다고 말한다.

〈그림 3.4〉는 수요의 가격탄력성에 따라 5가지 종류의 수요곡선을 분류하여 정리한 것이다. (a)의 가격탄력성이 가장 작고, (b), (c), (d)의 순서대로 가격탄력성이 크며, (e)의 가격탄력성이 가장 크다. (a)의 경우 완전비탄력적perfectly inelastic이라고 부르고 (e)의 경우 완전탄력적perfectly elastic이라고 부른다.

〈그림 3.4〉에서 흥미로운 것은 수요곡선의 형태와 가격탄력성이 밀접한 관련을 갖는다는 점이다. (a)의 경우 수요곡선은 수직선이며 (b), (c), (d)의 순서대로 점차 수평선에 가까워진다. 그리고 (e)의 경우 수요곡선은 수평선이다. 이와 같이 수요의 가격탄력성은 수요곡선이 수평선에 가까울수록 크고 수직선에 가까울수록 작다. 이 결과는 매우 중요한 사실이므로 반드시 암기해 두도록 하자.

〈그림 3.4〉 수요곡선의 형태에 따른 가격탄력성

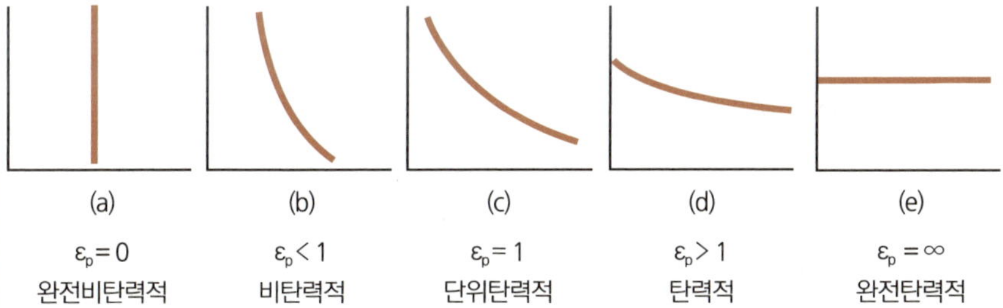

가격탄력성의 의미

수요의 가격탄력성이 크다는 말은 수요량에 대한 가격의 영향력이 크다는 뜻이다. 이 말의 의미를 수입과 관련하여 조금 더 실감나게 설명하기로 한다.

가격탄력성이 1인 〈그림 3.2〉의 예를 보기로 하자. 가격이 4원일 때 수입(매출액)은 4×100 = 400원이고 가격이 5원일 때 수입도 5×80 = 400원이다. 즉 가격이 변동하더라도 수입은 불변이다. 가격이 수입에 영향을 미치지 않는 경우이다.

가격탄력성이 0.5인 〈그림 3.3〉의 (b)를 보기로 하자. 가격이 4원일 때 수입은 4×100 = 400원이고 가격이 5원일 때 수입은 5×90 = 450원이다. 가격이 상승할 때 수요량은 감소하겠지만 수요량의 변동이 크지 않으므로 수입이 증가한 것이다. 이처럼 가격이 상승하되 수요량감소가 크지 않아서 오히려 수입이 증가하는 것, 그것이 바로 수요량에 대한 가격의 영향이 크지 않다는 말의 의미이다.

가격탄력성이 3인 〈그림 3.3〉의 (d)를 보기로 하자. 가격이 4원일 때 수입은 4×100 = 400원이고 가격이 5원일 때 수입은 5×50 = 250원이다. 가격이 상승할 때 수요량 감소가 너무 커서 수입이 오히려 감소한다. 가격상승으로 수입이 감소한다는 사실이 수요량에 대한 가격의 영향이 큼을 의미하는 것이다.

가격탄력성의 결정요인

수요곡선이 수평선에 가까울수록 수요의 가격탄력성이 크다고 설명한 바 있다(이 책에서 설명을 생략하겠지만 수요의 가격탄력성은 수요곡선상의 위치에도 의존한다). 그렇다면 어떤 경우에 수요곡선은 수평선에 가까울까? 바꾸어 말하면 어떤 요인이 수요의 가격탄력성에 영향을 미칠까? 크게 3

가지 요인을 들 수 있다.

첫째, 밀접한 대체재가 많을수록 가격탄력성은 크다.

예를 들어 보기로 하자. 지리산을 며칠씩 등반하다 보면 산꼭대기에서 아이스크림을 파는 사람을 만날 수 있다. 물론 아이스크림가격은 엄청나게 비싸다. 5백원의 정가표가 붙어있음에도 불구하고 몇천 원에 팔기도 한다. 그래도 사먹는 사람들은 있다. 사먹는 사람이 있으니까 비싸게 팔 수 있는 것이다. 그렇다면 이들이 아이스크림을 비싸게 팔 수 있는 이유는 무엇일까? 대답은 간단하다. 지리산 꼭대기에서는 아이스크림 구하기가 쉽지 않기 때문이다. 경제학적으로 말하면, 밀접한 대체재가 없다는 뜻이다. 따라서 이들은 별 것 아닌 아이스크림도 비싼 값에 팔 수 있다. 비싸게 팔아도 수요량에 미치는 영향이 크지 않다는 뜻이므로 지리산에서 파는 아이스크림 수요의 가격탄력성은 작다고 볼 수 있다.

반면에 아파트단지에서 아이스크림을 파는 상인을 생각해 보자. 이들은 5백원의 정가표가 붙어있는 아이스크림을 30~40%씩 할인하여 팔곤 한다. 그렇게 하지 않으면 팔리지 않기 때문이다. 그렇다면 이들이 아이스크림을 싸게 팔아야 하는 이유는 무엇일까? 대답은 간단하다. 아파트단지에는 아이스크림 판매점이 많기 때문이다. 즉 밀접한 대체재가 많다는 뜻이다. 이 경우 비싸게 팔면 수요량이 크게 줄어들 것이므로 아파트단지에서 파는 아이스크림 수요의 가격탄력성은 크다고 볼 수 있다. 결론적으로 밀접한 대체재가 많으면 수요의 가격탄력성은 크다.

둘째, 사치재일수록 가격탄력성은 크다.

이른 바 명품의 가격은 대단히 비싸다. 만약 명품의 가격을 1/2로 낮추었다고 하자. 그렇다면 명품의 수요량은 크게 증가할 것이다. 이처럼 사치재수요는 가격에 꽤 민감하다. 반면에 쌀의 경우 가격이 변동한다고 해서 수요량이 크게 변동하는 것은 아니다. 쌀가격이 1/2로 하락한다고 한들 한끼 한그릇 먹던 밥을 한끼에 두그릇 먹지는 않을 것이기 때문이다. 쌀은 가격이 어떠하든 한 끼 한 그릇 먹게 마련이다. 이처럼 사치재의 수요는 가격변동에 민감하지만 필수재의 수요는 가격변동에 민감하지 않은 편이다. 즉 사치재일수록 수요의 가격탄력성은 크다.

셋째, 장기long-term일수록 가격탄력성은 크다.

휘발유가격이 상승하였다고 하자. 그렇다면 1주일 후의 휘발유 수요량이나 1년 후의 휘발유 수요량은 모두 감소한다. 수요의 법칙 때문이다. 흥미로운 질문은 다음과 같다. 1주일 후의 휘발유 수요량과 1년 후의 휘발유 수요량 중 어느 것이 더 많이 감소할까? 1주일 후에 소비자가 휘발유 수요량을 줄이기 위해 사용할 수 있는 방법에는 여러가지가 있을 것이다. 예를 들어 대중교통을 이용하여 출퇴근하거나 승용차를 이용한 외출을 자제하거나 등등이다.

1년 후 소비자가 휘발유 수요량을 줄이기 위해 사용할 수 있는 방법에는 어떤 것이 있을까? 물론 1주일 후에 사용할 수 있는 방법은 1년 후에도 사용할 수 있다. 게다가 1년 후에는 추가적으로 동원할 수 있는 방법이 더 있다. 예를 들어 승용차를 교체할 때가 되었을 때 이전에 타고 다니던 것과 같은 중대형 승용차를 다시 구매하는 것이 아니라 소형 승용차로 교체하는 것이다. 그렇다면 1년 후에는 휘발유소비를 더 많이 줄일 수 있다. 이처럼 시간이 지날수록 가격상승에 대처할 수 있는 수단이 더 많아진다. 따라서 시간이 지날수록 가격변동에 따른 수요량의 변동은 커지므로 단기일 때보다 장기일 때 수요의 가격탄력성은 크다.

수요의 가격탄력성에 영향을 미치는 요인을 정리하면 다음과 같다. 밀접한 대체재가 많을수록, 사치재일수록, 그리고 시간이 지나 장기가 될수록 수요의 가격탄력성은 크고 수요곡선은 보다 더 수평에 가까워진다.

수요의 소득탄력성

수요의 소득탄력성은 소득이 수요에 미치는 영향력을 측정한다. 즉 수요의 소득탄력성이 클수록 소득이 수요에 미치는 영향이 크다. 바꾸어 말하면 수요가 소득에 민감하게 반응한다는 뜻이다.

정의

수요의 소득탄력성income elasticity of demand은 소득이 1% 변동할 때 수요가 몇 % 변동하는가를 나타낸다. 수요의 소득탄력성은 보통 ε_I로 나타내는데 이를 계산하는 공식은 다음과 같다.

$$\text{수요의 소득탄력성} = \frac{\Delta Q/Q}{\Delta I/I}$$

여기에서 Q는 수요량이고 ΔQ는 수요량의 변화분이다. 또한 I는 소득이고 ΔI는 소득의 변화분이다. 수요의 소득탄력성을 계산할 때에는 절대값을 취하지 않는데 그 이유는 부호가 (+)가 될 수도 있고 (-)가 될 수도 있기 때문이다.

예를 들어 수요의 소득탄력성이 0.7이라고 하자. 소득이 1% 증가하면 수요량이 0.7% 증가하고 소득이 1% 감소하면 수요량이 0.7% 감소한다는 뜻이다. 소득이 2% 증가할 때에도 마찬가지이다. 소득이 2% 증가하면 수요량은 0.7×2% = 1.4% 증가하고 소득이 2% 감소하면 수요량은 0.7×2% = 1.4% 감소한다는 뜻이다.

반면에 수요의 소득탄력성이 -0.7이라고 하자. 소득이 1% 증가하면 수요량이 0.7% 감소하고 소득이 1% 감소하면 수요량이 0.7% 증가한다는 뜻이다. 소득이 2% 증가할 때에도 마찬가지이다. 소득이 2% 증가하면 수요량은 0.7×2% = 1.4% 감소하고 소득이 2% 감소하면 수요량은 0.7×2% = 1.4% 증가한다는 뜻이다.

수요의 소득탄력성 계산하는 방법은 수요의 가격탄력성 계산하는 방법과 정확히 같다. 따라서 자세한 설명은 생략하고 두 가지만 언급해 두기로 한다. 첫째, 수요의 소득탄력성을 계산할 때에도 반드시 중간점을 이용해야 한다. 둘째, 다른 점이 있다면 절대값을 취하지 않는다는 점이다.

소득탄력성에 따른 상품의 구분

수요의 소득탄력성을 계산할 때 절대값을 취하지 않는 이유는 수요의 소득탄력성이 (+)가 될 수도 있고 (-)가 될 수도 있기 때문이다.

우선 수요의 소득탄력성이 (+)이면 정상재이고 수요의 소득탄력성이 (-)이면 열등재라고 분류한다. 정상재와 열등재에 대해서는 이미 2장에서 배운 바 있다. 정상재는 소득이 증가할 때 수요가 증가하는 재화이고 열등재는 소득이 증가할 때 수요가 감소하는 재화이다. 앞의 공식을 보면 정상재의 경우 수요의 소득탄력성이 (+)이고 열등재의 경우 수요의 소득탄력성이 (-)인 것을 쉽게 알 수 있다.

또한 정상재는 소득탄력성에 따라 사치재와 필수재로 구분된다. 사치재는 수요의 소득탄력성이 1보다 큰 재화이고 필수재는 수요의 소득탄력성이 1보다 작은 재화이다. 정상재의 경우 수요의 소득탄력성은 0보다 크므로 필수재는 수요의 소득탄력성이 0보다 크고 1보다 작은 재화인 셈이다.

수요의 소득탄력성이 클 때 소득이 수요에 미치는 영향이 크다고 말한 바 있다. 따라서 필수재는 수요가 소득에 덜 민감한 재화라고 볼 수 있으며 사치재는 수요가 소득에 민감한 재화라고 볼 수 있다. 흔히 비싼 재화를 사치재라고 생각하는 경향이 있는데 이는 잘못된 상식이다. 50만원짜리 볼펜은 사치재라고 보아야겠지만 100만원 짜리 PC는 사치재라고 생각하기 어렵다. 이처럼 사치재는 가격을 기준으로 판단할 것이 아니라 수요의 소득탄력성을 기준으로 판단해야 한다.

공급의 가격탄력성

공급의 결정요인에는 가격, 생산요소의 가격, 생산기술, 미래에 대한 기대, 공급자의 수 등이 있다. 각 요인들 모두에 대해 공급의 탄력성을 정의할 수 있지만 그 중에서 가장 많이 이용되는 것은 공급의 가격탄력성이다.

정의

공급의 가격탄력성price elasticity of supply은 가격이 1% 변동할 때 공급량이 몇 % 변동하는가를 나타낸다. 공급의 가격탄력성도 보통 ε_p로 나타내는데 이를 계산하는 공식은 다음과 같다.

$$\text{공급의 가격탄력성} = \frac{\Delta Q/Q}{\Delta P/P}$$

수요의 가격탄력성 계산하는 공식과 같아 보이지만 여기에서 Q는 공급량이고 ΔQ는 공급량의 변화분이다. 또한 P는 가격이고 ΔP는 가격의 변화분이다. 공급의 가격탄력성을 계산할 때에는 굳이 절대값을 취하지 않아도 되는데, 공급의 법칙으로 인해 항상 (+)가 되기 때문이다.

공급의 가격탄력성도 수요의 가격탄력성과 같이 해석하면 된다. 공급의 가격탄력성이 0.7이라는 말은 가격이 1% 상승하면 공급량이 0.7% 증가하고 가격이 1% 하락하면 공급량이 0.7% 감소한다는 뜻이다. 가격이 2% 변동할 때에도 마찬가지이다. 가격이 2% 상승하면 공급량은 0.7×2% = 1.4% 증가하고 가격이 2% 하락하면 공급량은 0.7×2% = 1.4% 감소한다.

공급의 가격탄력성 계산하는 방법도 수요의 가격탄력성 계산하는 방법과 정확히 같다. 자세한 설명은 생략하고 중간점을 이용한다는 점만 언급해 두기로 한다.

〈그림 3.5〉 공급곡선의 형태에 따른 가격탄력성

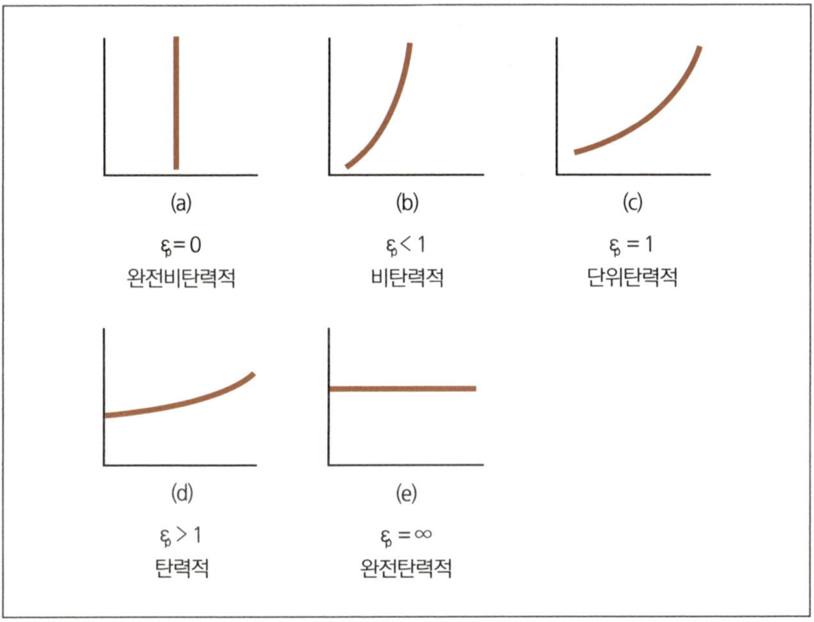

공급곡선의 형태와 가격탄력성

〈그림 3.5〉는 공급의 가격탄력성에 따라 5가지 종류의 공급곡선을 분류하여 정리한 것이다. (a)의 가격탄력성이 가장 작고, (b), (c), (d)의 순서대로 가격탄력성이 크며, (e)의 가격탄력성이 가장 크다. (c)가 기준이

라고 볼 수 있는데 가격탄력성이 1이므로 단위탄력적이라고 한다. (b)의 경우 가격탄력성이 1보다 작으므로 비탄력적이라 부르고, (a)의 경우 가격탄력성이 가장 작은 값인 0이므로 완전비탄력적이라 부른다. (d)의 경우 가격탄력성이 1보다 크므로 탄력적이라 부르고, (e)의 경우 가격탄력성이 가장 큰 값인 무한대이므로 완전탄력적이라 부른다.

〈그림 3.5〉에서도 공급곡선의 형태와 가격탄력성의 관련을 찾을 수 있다. (a)의 경우 공급곡선은 수직선이며 (b), (c), (d)의 순서대로 점차 수평선에 가까워진다. 그리고 (e)의 경우 공급곡선은 수평선이다. 이와 같이 공급의 가격탄력성도 공급곡선이 수평선에 가까울수록 크고 수직선에 가까울수록 작다는 점을 알 수 있다. 이 결과는 수요의 가격탄력성을 설명할 때 언급한 바와 같다. 정리하면 수요곡선과 공급곡선이 수평선에 가까우면 가격탄력성이 크고 수직선에 가까우면 가격탄력성이 작다. 이 사실은 수요곡선과 공급곡선 모두에서 성립함을 알 수 있다.

사례연구

가격탄력성을 고려하면 수요공급분석이 얼마나 강력한 분석도구인가를 알게 된다. 여기에서는 가격탄력성만을 이용하더라도 꽤 어려운 경제문제를 설명할 수 있음을 보이고자 한다.

왜 시간이 지나면서 석유가격은 하락했을까

전세계 석유의 61.9%는 중동에 매장되어 있다고 한다. 이에 중동국가를 중심으로 석유수출국기구OPEC가 결성되었고 이 기구는 석유가격에 막강한 영향력을 행사하여 왔다. 대표적인 예가 1970년대에 있었던 오일쇼크Oil Shock이다.

오일쇼크는 두 번에 걸쳐 발생하였는데 1973~1974년의 1차 오일 쇼크 때는 국제석유가격이 50% 이상 상승하였다. 몇 년 지나지 않아 2차 오일 쇼크가 다시 발생하였다. 1979년에는 14%, 1980년과 1981년에는 34%나 상승하였다. 두 차례의 오일쇼크는 OPEC의 공급감소 때문에 초래되었으며 이로 인한 충격은 대단히 컸다. 세계경제는 1970년대와 1980년대 초반까지 동시 불황을 겪어야 했다.

하지만 이 와중에 흥미로운 현상이 관찰되었다. 당시 OPEC는 언제까지나 고유가를 유지할 수 있으리라고 판단했을지 모른다. 하지만 시간이 지나면서 고유가체제가 의외로 쉽게 붕괴되었다. 1982~1985년에는 매년 10%씩 꾸준히 하락하였고 1986년에는 45%나 폭락하였다. 결국 1990년 국제석유가격은 1970년대 수준으로 복귀하여 상당히 오랜 기간 동안 저유가가 유지되었다.

이 현상은 OPEC의 독점력이 시간이 지날수록 약화됨을 의미한다. 꽤 어려운 문제처럼 보이지만 가격탄력성만으로 쉽게 설명할 수 있는 현상이다.

OPEC가 가격을 인상하는 방법은 공급을 줄이는 것이었다. 알려진 바에 따르면 오일쇼크 당시 OPEC는 5~6% 가량 감산조치를 취하였다고 한다. 석유의 공급이 감소하였으므로 석유가격이 상승하는 것은 당연하다.

〈그림 3.6〉 석유시장의 장단기 움직임

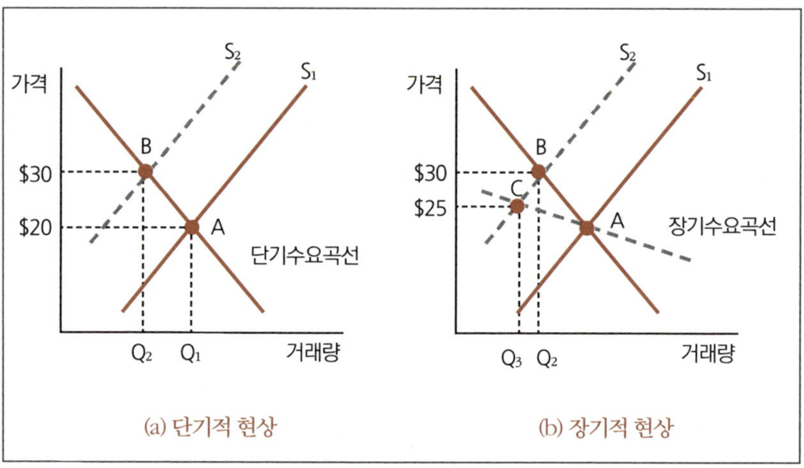

이것이 〈그림 3.6〉의 (a)에 설명되어 있다. 공급이 감소하므로 공급곡선은 S_1에서 S_2로 움직일 것이다. 그렇다면 균형은 A에서 B로 이동하고 거래량은 Q_1에서 Q_2로 감소하며 가격은 $20에서 $30으로 상승하게 된다. 이것이 OPEC가 의도하였던 것으로 석유가격은 단기적으로 상승할 수밖에 없다.

하지만 장기적인 결과는 매우 다를 수 있다. 그 이유는 시간이 지나면서 수요곡선의 형태가 달라지기 때문이다. 앞에서 수요의 가격탄력성은 단기일 때보다 장기일 때 더 크다고 말한 바 있는데, 시간이 지나면 수요의 가격탄력성이 커지고 수요곡선은 보다 더 수평선에 가까워짐을 의미한다. 따라서 〈그림 3.6〉의 (b)에 나타난 바와 같이 장기수요곡선은 단기수요곡선보다 더 수평선에 가깝다.

이제 장기수요곡선과 공급곡선 S_2를 이용하면 장기균형을 찾을 수 있다. 즉 단기에는 B가 균형이지만 장기에는 C가 균형이다. 거래량은 Q_2에서 Q_3로 감소하며 가격은 $30에서 $25으로 하락하게 된다. 이것이 바로 1980년대 이후에 나타났던 현상이다. 석유가격은 OPEC의 감산조치 때문에 단기적으로 상승하였지만 단지 시간이 지났다는 이유만으로 석유가격은 다시 하락하게 된 것이다.

이 설명은 중요한 시사점을 지닌다. 앞에서 장기일수록 수요의 가격탄력성이 큰 이유를 설명할 때 시간이 지남에 따라 가격이 상승한 상품의 소비를 줄일 수 있는 방법이 많기 때문이라고 말한 바 있다. 이것이 현실로 나타난 좋은 예이다.

OPEC가 석유가격을 인상하자 전세계 모든 나라들은 석유소비를 줄이려 애썼다. 하지만 단기에는 석유소비절감이 그렇게 쉽지 않았다. 그래서 균형은 A에서 B로 이동하였던 것이다. 하지만 시간이 흐를수록 각국은 적극적인 에너지절감정책을 시행하였고 이에 따라 석유소비를 보다 효과적으로 줄일 수 있었다. 따라서 석유수요곡선은 보다 수평선에 가까워졌고 균형은 B에서 C로 이동한 것이다. 석유수요가 감소하자 OPEC의 감산조치도 힘을 잃을 수밖에 없었다.

왜 최신전자제품의 가격은 곧바로 하락하는 걸까

장단기의 가격탄력성 차이로 설명할 수 있는 예는 많다. 왜 전자제품은 개발 초기에 비싸다가 시간이 지나면 현저하게 가격이 하락하는 것일까? 예를 들어 최신의 USB메모리는 처음 출시되었을 때 꽤 비싼 가격에 판매되었다. 하지만 불과 1~2년만에 가격은 급락하였다. 어떻게 설명할 수 있을까?

USB메모리의 경우에도 단기의 가격탄력성은 작고 장기의 가격탄력성이 크기 때문이다. 그렇다면 단기적으로 높은 가격에 판매할 수 있지만 장기적으로 가격은 하락할 수밖에 없다. 석유가격의 움직임과 똑같지 않은가?

전자제품의 경우 단기의 가격탄력성이 작고 장기의 가격탄력성이 큰 이유는 쉽게 이해할 수 있다. 최신의 USB메모리는 처음 출시되었을 때 대체재가 많지 않았을 것이다. 밀접한 대체재가 없으므로 단기의 가격탄력성은 작다. 하지만 전자산업의 기술개발은 매우 빠르게 이루어진다. 불과 1~2년만 지나도 경쟁업체들이 대거 등장하여 같은 제품을 출시할 것이므로 장기에는 대체재가 매우 많아진다. 대체재가 많으므로 장기의 가격탄력성은 클 수밖에 없다.

4

정부정책의 분석

가격기구

가격은 수요자와 공급자의 행위에 의해 결정된다. 하지만 가격은 결과물에 그치지 않는다. 가격은 수요자와 공급자의 행위에 영향을 미치는 원인이기도 하다. 이처럼 '보이지 않는 손'은 가격을 통해 시장경제를 움직인다. 그렇다면 가격이 하는 일은 무엇이고, 그것은 왜 바람직하며 함부로 왜곡시키면 안 되는가?

가격의 두 가지 기능

시장경제에서 가격의 역할은 매우 중요하다. 하나는 가격의 할당기능 rationing function이고 다른 하나는 가격의 배분기능 allocative function이다. 할당기능이란 어떤 자원이 어떤 소비자에게 할당되어야 하는가의 문제를 말하고, 배분기능이란 어떤 자원이 어떤 생산자에게 배분되어야 하는가의 문제를 말한다.

할당기능과 배분기능이 올바르게 작동한다는 것은 무슨 뜻일까? 어떤 자원에 대해 가장 높은 가치를 부여하는 사람에게 그 자원이 우선적으로 주어질 때 할당기능이 올바르게 작동한다고 말한다. 쉽게 말하면 가장 필요로 하는 사람이 그 자원을 소비할 수 있도록 하는 것이 바람직하다는 것이다. 한편 어떤 자원을 가장 효율적으로 이용할 수 있는 사람에게 그 자원이 우선적으로 주어질 때 배분기능이 올바르게 작동한다고 말한다. 쉽게 말하면 낭비하는 사람보다는 효율적으로 이용하는 사람에게 그 자원이 배분되도록 하는 것이 바람직하다는 것이다.

시장경제에서는 가격이 자원의 할당기능과 배분기능을 담당한다. 중요한 것은 가격의 할당기능과 가격의 배분기능이 매우 탁월하다는 점이다. 즉 가격의 할당기능으로 인해 어떤 자원은 그 자원에 가장 높은 가치를 부여하는 사람에게 우선적으로 할당된다. 또한 가격의 배분기능으로 인해 어떤 자원이든 그 자원을 가장 효율적으로 이용할 수 있는 사람에게 우선적으로 배분된다. 이처럼 가격은 자원의 할당과 배분에 있어 그 어느 방식보다 탁월하다고 볼 수 있다.

가격은 정보의 보물창고이다

가격이 아닌 방식에 의해 자원의 할당과 배분을 수행하자고 주장하는 사람들도 있었다. 예를 들면 정부가 계획을 세워 자원의 할당과 배분을 담당하자는 것이다. 이것이 바로 사회주의국가에서 시도했던 계획경제이다. 하지만 이 시도는 실패로 끝났다. 계획경제에서는 자원의 할당과 배분이 제대로 이루어지 않았던 것이다.

물론 사회주의 계획경제의 실패에는 여러 요인이 작용하였다. 우선 경제활동에 대한 인센티브가 없었다는 점을 실패요인으로 지적할 수 있다. 이에 더하여 가격기구를 타파하려 했던 점도 중요한 실패요인이었다. 시장경제에서 그토록 중요한 역할을 하는 가격을 없애려 했던 것인데, 가격이 지닌 자원의 할당기능과 배분기능이 제거되었고 정부가 그 역할을 대신할 수 있다고 생각했다.

정부가 자원의 할당과 배분을 수행하려면 매우 많은 정보를 가지고 있어야 한다. 즉 정부는 모든 경제주체들이 모든 상품에 대해 어느 정도의 가치를 부여하고 있는가를 알아야 한다. 또한 정부는 모든 경제주체들이 모든 자원을 얼마나 효율적으로 이용할 수 있는가를 알아야 한다.

도대체 이것이 가능한 일일까?

계획경제에 의한 자원의 할당과 배분은 참담한 결과를 초래했다. 거의 모든 상품의 생산이 부족하였고 소비자가 원하는 생산량을 도저히 공급하지 못하였다. 물론 부족했던 생산물조차 소비자에게 제대로 할당할 수 없었다. 누구에게 배급하는 것이 가장 좋을까? 균등하게 배분하면 된다고 주장할지 모르지만 소비자에게 소총을 배급하는 것은 쓸데없는 짓이다. 물론 공급이 부족했던 이유도 간단하다. 자원이 비효율적인 생산자에게 배분되어 낭비되기 일쑤였기 때문이다.

시장경제에서 가격이 자원의 할당과 배분을 탁월하게 수행하는 이유는 경제주체들이 자유롭게 선택할 수 있기 때문이다. 따라서 모든 소비자가 모든 상품에 대해 부여하는 가치에 관한 정보와 모든 생산자가 모든 자원을 이용하는 효율성에 관한 정보가 자유로운 거래를 통하여 가격에 반영된다. 물론 시장경제를 채택한 국가의 정부도 이 모든 정보를 알 수 없다. 이런 의미에서 가격은 정보의 보고(寶庫)이고, 가격에는 자원의 할당과 배분을 수행하기 위한 최선의 정보가 담겨 있다.

가격의 왜곡은 비효율을 초래한다

어떤 상품의 가격이 예년보다 비쌀 때 사람들은 정부가 나서서 그 상품의 가격을 낮추어야 한다고 주장한다. 심지어 인위적인 가격의 조작도 불사해야 한다고 생각한다. 하지만 경제학자들은 이런 식으로 행해지는 가격의 인위적 조작에 대해 매우 민감하게 반응한다. 가격의 왜곡은 근본적인 문제이기 때문이다.

정부가 어떤 상품의 가격을 인위적으로 통제하였다고 하자. 그렇다면 수요자와 공급자의 행위에 의해 가격이 결정되지 못하고 가격체계가 왜곡된다고 말한다. 왜곡된 가격은 할당기능과 배분기능을 왜곡시키기 마련이다. 즉 소비자가 원하는 적절한 자원을 소비하지 못하고, 생산자가 필요로 하는 적절한 자원을 생산에 이용하지 못하게 된다. 심지어는 엉뚱한 소비자에게 할당되거나 엉뚱한 생산자에게 배분되기도 한다. 이처럼 가격의 왜곡은 심각한 결과를 초래한다.

이 장에서는 정부의 경제정책에 대해 분석한다. 정부가 하는 일은 많지만 그 중에서도 가격통제와 조세를 다루려 한다. 두 가지의 효과를 분석해 보면 정부의 경제정책이 시장의 움직임에 대한 분석에 기초해야 한다는 사실을 알 수 있다. 아무리 좋은 목적으로 시도되었다고 하더라도 시장에 대한 그릇된 이해에 근거한 정부정책은 실패할 가능성이 높다. 게다가 때로는 오히려 부작용이 더 클 수도 있다. 이런 경우라면 경제정책을 실시하지 않은 것이 더 좋았을 것이다.

이 즈음 되면 성급한 독자들은 다음과 같은 질문을 던질 것이다. 수요자와 공급자의 자유로운 거래는 항상 바람직한 가격체계를 형성하는가? 즉 모든 소비자가 모든 상품에 대해 부여하는 가치에 관한 정보와 모든 생산자가 모든 자원을 이용하는 효율성에 관한 정보가 "자유로운 거래에 의해 항상 가격에 반영되는가"라는 질문이다. 물론 그렇지는 않다. 이에 대한 내용은 6장에서 배우게 될 것이다.

가격통제

가격통제는 정부가 꽤 많이 활용하는 정책이다. 정부는 물가관리를 위해 공공요금을 통제하곤 하는데 이런 정책들이 모두 가격통제에 속한다. 가격통제와 비슷한 것으로 수량통제도 있다. 이 절에서는 가격통제를 중심으로 설명한다.

가격통제와 수량통제

가격통제price control는 정부가 가격을 정하는 정책이다. 가격이 통제되면 수요자와 공급자의 자유로운 거래에 의해 균형가격이 결정되지 못하기 때문에 수요공급의 법칙이 작동하지 않는다. 즉 초과수요나 초과공급이 해소되지 않는다.

가격통제에는 두 가지가 있다. 하나는 가격상한제price ceiling인데 가격의 상한을 정하는 것이다. 시장의 균형가격이 지나치게 높다고 판단하여 이를 억제하기 위하여 취하는 정책이다. 대표적인 예는 아파트 분양가 상한제이며, 공공요금으로 특별히 관리되는 전기요금과 상수도요금의 규제도 가격상한제에 해당된다.

다른 하나는 가격하한제price floor이며 가격의 하한을 정하는 것이다. 시장의 균형가격이 지나치게 낮아지는 것을 막기 위한 정책으로 대표적인 예는 최저임금제이다. 방식이 조금 다르기는 하지만 우리나라의 양곡관리제도도 일종의 가격하한제이다. 정부는 양곡관리제도를 이용하여 쌀가격의 하한을 정한 셈이다.

가격통제와 비슷한 것으로 수량통제quantity control도 정부가 취하는 규제 중 하나이다. 여러 형태가 있지만 거래량이 너무 많다고 판단하여 공급량을 일정 수준 이하로 제한하는 정책이 많이 이용된다. 일정 수준으로 제한된 공급량을 쿼터quota라고 부르는데 쌀수입쿼터제도는 전형적인 수량통제에 해당된다.

가격통제와 수량통제는 정치적인 이유로 선택하곤 한다. 때로는 좋은 목적을 위해 선택하지만 그렇다고 해서 결과까지도 바람직한 것은 아니다. 목적의 달성에 실패할 뿐만 아니라 부작용이 나타나는 경우도 흔히 볼 수 있기 때문이다.

〈그림 4.1〉 가격하한제와 가격상한제

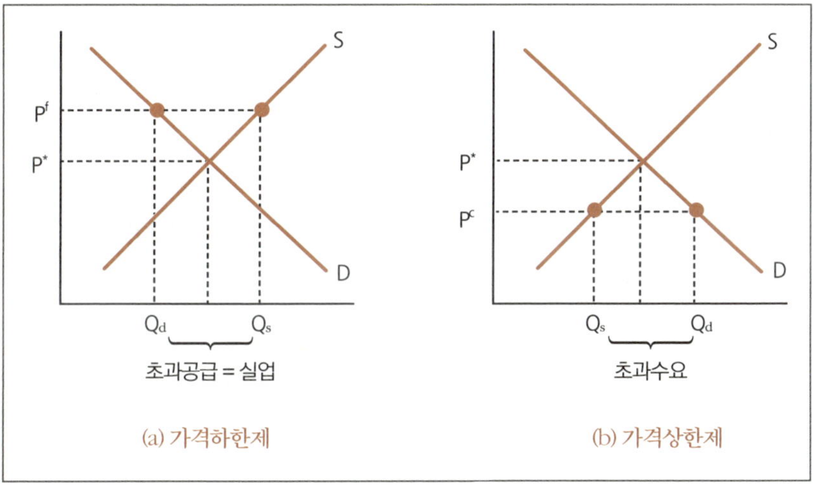

가격하한제의 효과 : 최저임금제

가격하한제의 목표는 가격이 지나치게 낮아지는 것을 막으려는 것이다. 대표적인 예는 최저임금제인데 임금이 지나치게 낮아질 것을 우려하여 실시한다.

정부가 정한 최저임금은 가격의 하한이므로 기업이 최저임금보다 낮은 임금을 지불하는 행위는 법적으로 금지된다. 우리나라의 경우 정부와 노사대표들로 구성된 최저임금위원회에서 최저임금을 정하며 시간당 임금이 9,160원이라는 식이다.

〈그림 4.1〉의 (a)는 가격하한제인 최저임금제의 효과를 보여 준다. 우선 이 그림이 노동시장에 대한 것임을 알아야 한다. 노동시장이란 노동력이 거래되는 시장으로 노동력의 수요자는 기업이며 노동력의 공급자는 근로자이다. 그리고 노동시장에서 가격은 임금wage이고 거래량은 고용employment이다.

최저임금제가 실시되지 않는다면 균형임금은 P^*이고 균형임금에서 노동수요량과 노동공급량이 같으므로 노동시장의 초과공급이나 초과수요는 있을 수 없다.

최저임금제가 실시되면 임금은 상승한다. 최저임금이 P^f이면 기업은 균형임금 P^*보다 많은 임금 P^f를 지불해야 한다. 그렇다면 노동수요량은 Q_d이고 노동공급량은 Q_s가 된다. 최저임금제가 없을 때와 비교하면 노동수요량은 줄고 노동공급량은 늘어난다. 공급량이 수요량보다 많으므로 초과공급이 발생하는데, 노동시장에서 초과공급은 다름 아닌 실업unemployment이다.

저임금 근로자를 위한 정책이지만 이로 인해 실업이 초래된다면 전체 근로자에게 이익인지는 의문이다. 취업에 성공한 근로자의 임금은 P^f로 높지만 취업에 실패한 실업자의 임금은 없기 때문이다. 이처럼 고임금근로자와 실업자를 동시에 만들어 내는 제도라면 최저임금제는 전체 근로자 입장에서 바람직한 것일까?

최저임금제의 효과는 최저임금이 균형임금보다 높을 때에만 나타난다. 〈그림 4.1〉의 (a)에서 최저임금 P^f가 균형임금 P^*보다 낮다면 최저임금제는 있으나마나이다. 즉 최저임금제를 실시해도 임금 또는 실업에 아무런 영향이 없다.

최저임금제가 실업의 원인인 것은 분명하지만 그 효과는 최저임금이 균형임금보다 얼마나 높은가에 달려 있다. 최저임금과 균형임금의 차이가 작다면 이로 인해 발생하는 실업은 많지 않을 것이다. 그래서인지 경제학자들은 최저임금제로 인한 실업의 예로 유럽의 높은 청년실업률 정도를 들곤 한다.

가격상한제의 효과 : 아파트분양가규제

아파트분양가규제는 가격상한제 중의 하나이다. 가격상한제이므로 아파트분양가규제의 효과는 〈그림 4.1〉의 (b)와 같이 나타낼 수 있다. 아파트분양시장에서 거래되는 상품은 신규분양되는 아파트이며 이에 대한 수요와 공급이 그려져 있다. 이 시장에서 가격은 분양가이며 거래량은 신규분양되는 아파트의 양이다.

분양가규제가 없다면 분양가는 P^*이고 균형분양가에서 분양수요량과 분양공급량이 같을 것이다. 즉 분양시장에서 초과공급이나 초과수요는 있을 수 없다.

분양가규제가 있다면 신규아파트의 분양가는 낮아지고 수요량과 공급량이 영향을 받는다. 즉 분양가가 P^c이면 분양수요량은 Q_d이고 분양공급량은 Q_s가 된다. 분양가규제가 없을 때와 비교하면 분양수요량은 늘고 분양공급량은 줄어든다. 수요량이 공급량보다 많아지므로 초과수요가 발생한다.

초과수요가 나타나면 분양받고자 하는 수요자 중에 분양받지 못하는 사람들이 나타나게 된다. 이를 해결하는 방법으로 선착순 또는 추첨이 이용되곤 한다. 아파트분양의 경우 추첨을 이용하는데 분양 여부는 그야말로 운에 달려 있는 셈이다. 결국 실수요자가 분양받지 못하고 투기꾼이 분양받는 경우도 허다하였다.

아파트분양가규제의 장기적 효과

그래도 아파트분양가를 낮출 수 있지 않느냐고 반문할지 모르겠다. 물론 정부의 규제가 제대로 작동한다면 분양가 하락의 효과는 있다. 하지만 이 정책이 성공적이라고 평가하기 위해서는 분양 이후에도 아파트가격이 하락해야 한다.

〈그림 4.2〉 분양시장과 분양 이후의 시장

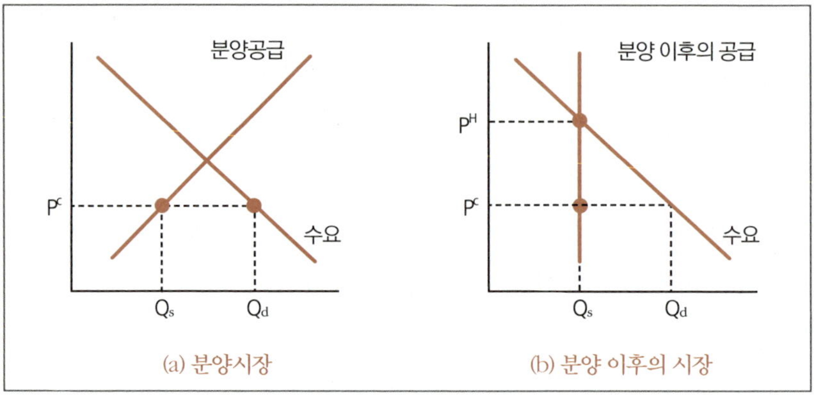

이제 논의의 초점은 분양 이후 시장에서 결정되는 아파트가격이다. 〈그림 4.2〉의 (a)에는 아파트의 분양시장 그리고 (b)에는 분양 이후의 시장이 그려져 있다. 간략한 논의를 위하여 분양 이후 시장에는 기존 아파트가 없다고 가정한다. 그렇다면 분양 이후 시장에서도 신규공급된 아파트만이 거래된다.

분양 이후 시장에서 주목할 것은 아파트의 공급곡선이 (b)에 제시된 것과 같이 수직이라는 점이다. 아무리 가격이 변동하더라도 아파트 공급량이 정해져 있기 때문이다. 그리고 그 공급량은 분양시장에서 공급된 Q_s이다. 또한 수요곡선은 같다고 하자. 분양 이후 시장이라고 해서 수요곡선이 다를 이유는 없기 때문이다.

분양 이후 시장에서 아파트가격은 P^H가 된다. 즉 분양가인 P^c보다 높다. 그 이유는 간단하다. 분양 이후 시장에서는 아파트가격이 규제되지 못할 것이고 균형가격은 수요량과 공급량이 같아지도록 결정될 것이기 때문이다. 정리하면 신규아파트의 분양가는 P^c가 되겠지만 분양 이후에는 P^H로 상승하게 마련이다. 결국 아파트분양가규제는 아파트가격을 P^c로 억제하는데 실패한다.

흥미로운 것은 아파트분양가규제가 있을 때 분양 이후 시장의 가격 P^H가 아파트분양가규제가 없을 때 분양 이후 시장의 가격 P^c보다도 높다는 사실이다.

그 이유는 〈그림 4.3〉을 보면 쉽게 알 수 있다. (a)에는 아파트분양가규제가 없을 때를 보여 준다. 분양시장에서 가격은 P^*이고 분양되는 아파트의 양은 Q^*가 된다. 한편 (b)는 아파트분양가규제가 있을 때를 다시 그린 것이다.

(a)와 (b)에서 결정적인 차이는 공급곡선의 위치에 있다. 즉 아파트분양가규제가 없을 때 공급곡선은 Q^*에서 수직이지만 아파트분양가규제가 있을 때 공급곡선은 Q^s에서 수직이다. 쉽게 말하면 아파트분양가규제가 있을 때 아파트의 신규분양은 더 적다. 분양시장에서 신규분양이 적으므로 분양 이후 시장에서도 아파트의 공급이 적은 것은 당연한 결과이다.

분양 이후 시장에서 이 차이가 초래하는 결과는 엄청나다. 즉 분양가규제가 없을 때 아파트가격은 P^*이지만 분양가규제가 있을 때 아파트가격은 P^*보다 높은 P^H가 된다. 쉽게 말하면 분양 이후 아파트가격은 분양가규제가 없을 때보다 분양가규제가 있을 때 오히려 더 높다. 도대체 분양가규제는 무슨 짓을 한 것인가?

〈그림 4.3〉 분양가규제의 효과

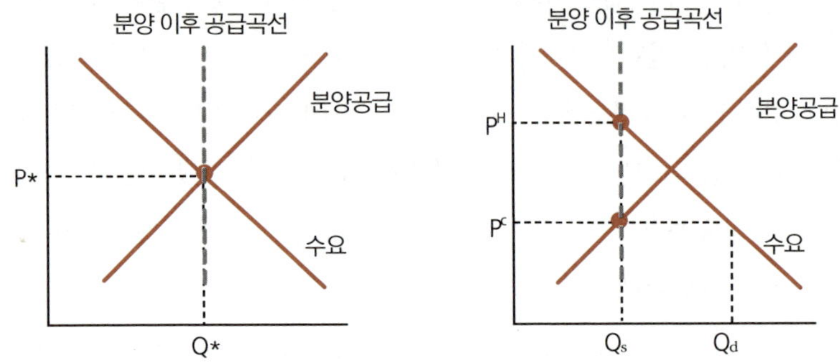

(a) 분양가규제가 없을 때

(b) 분양가규제가 있을 때

수량통제의 효과

아파트분양가규제는 장기적으로 수량통제를 초래한다. 분양가규제로 인해 분양 이후 시장에서 아파트공급량이 Q^s로 제한되기 때문이다. 쉽게 말하면 아파트분양가규제란 분양시장에서는 가격통제이지만 분양 이후 시장에서는 수량통제이다.

물론 분양가규제로 이익을 얻는 사람도 있다. 분양시장에서 분양을 받는 사람들이다. 이런 경우 아파트 분양의 경쟁률은 높기 마련인데 어떻게 해서든 분양을 받기만 하면 된다. 분양받을 때 아파트의 가격은 P^c이겠지만 분양 이후에는 P^H로 상승할 것이 뻔하기 때문이다. 이처럼 분양가규제는 투기열풍을 조장한다.

아파트분양가규제의 목표는 아파트가격의 안정이다. 즉 아파트가격이 너무 높아지지 않도록 하는 것이다. 하지만 정책목표가 좋다고 하더라도 문제는 아파트분양가규제가 이 목표를 달성하는가에 있다. 분양가규제와 같은 정책은 애초의 목표를 달성하지 못할 뿐만 아니라 장기적으로 심각한 역효과를 낳을 수 있다.

조세귀착

조세귀착을 아는 것과 모르는 것의 차이는 하늘과 땅의 차이에 비유할 만하다. 조세귀착을 이해한다면 수요공급분석, 즉 시장의 작동원리에 대해 많은 것을 알게 되었다고 생각해도 좋다. 하지만 시작은 엉뚱할지 모르겠다.

조세귀착

질문은 이렇다. 우리가 주유소에서 휘발유를 넣을 때 휘발유에 부과되는 세금은 누가 내는 것일까? 아마도 대부분의 사람은 소비자가 부담한다고 생각할 것이다. 하지만 경제학자들은 그렇게 생각하지 않는다. 경제학자들은 수요자와 공급자가 나누어서 휘발유에 부과되는 세금을 부담한다고 생각한다.

이를 조세귀착tax incidence의 문제라고 한다. 즉 조세는 구매자와 판매자가 모두 부담하며 구매자에게 귀착되는 조세와 판매자에게 귀착되는 조세를 합하면 조세의 총액이 된다는 것이다. 왜 그럴까? 일단 그 이유부터 알아보기로 하자.

간단한 예를 들면 다음과 같다. 어떤 상품에 조세가 부과되지 않았다고 하자. 그리고 조세가 부과되기 전에는 가격이 4원이었다. 이 때 조세가 2원 부과되었다고 하자. 그렇다면 2원이라는 조세는 누가 부담하는가?

이 문제를 분석하는 방법은 다음과 같아야 한다. 조세를 부과하기 이전과 조세를 부과한 이후를 비교하는 것이다. 즉 조세부과로 인해 수요자와 공급자의 부담이 얼마나 증가하였는가를 비교하면 된다. 그것이 바로 조세부담이기 때문이다.

〈표 4.1〉에 조세 2원이 부과될 때 효과가 정리되어 있다. 일단 조세가 부과되기 전의 상태를 보기로 하자. 가격이 4원이었으므로 구매자는 4원을 지불해야 하고 판매자는 4원을 벌어들인다. 조세가 없으므로 구매자가 지불한 금액은 모두 판매자에게 돌아간다. 하지만 조세가 부과되면 이야기는 달라진다. 구매자가 지불한 금액 모두를 판매자가 취할 수 있는 것이 아니기 때문이다.

〈표 4.1〉 조세 2원 부과의 효과

	구매자가 지불한 가격	판매자가 벌어들인 가격
조세가 없을 때	4	4
조세가 있을 때	5	3
조세부담	1	1

이제 조세 부과 이후 상품의 가격이 5원으로 상승하였다고 하자. 또한 이 예에서는 조세당국에 조세를 납부할 책임이 판매자에게 있다고 하자. 그렇다면 구매자는 5원을 지불하고 판매자는 5원을 받는다. 하지만 판매자는 조세 2원을 납부해야 한다. 따라서 판매자가 벌어들인 금액은 5원에서 2원을 뺀 3원이다.

조세부과로 인해 달라진 점을 정리해 보자. 구매자는 조세부과 전 4원에 구매하였지만 조세부과 후 5원에 구매해야 하므로 1원을 추가적으로 지불해야 한다. 판매자는 조세부과 전 4원을 벌었지만 조세부과 후 3원을 벌게 되므로 1원 적은 금액을 벌게 된다. 그렇다면 구매자도 1원의 조세를 부담한 것이고 판매자도 1원의 조세를 부담한 것이 아닌가? 이것이 바로 조세귀착이다. 2원의 조세 중 1원은 수요자에게 귀착되었고 나머지 1원은 공급자에게 귀착되었다고 말한다.

조세의 효과

이 내용을 그림으로 정리하면 〈그림 4.4〉와 같다. 우선 (a)에는 조세부과 전의 수요곡선 D와 공급곡선 S_1이 제시되어 있다. E에서 균형이 달성되며 균형가격은 4원이고 균형거래량은 Q_1이다. 한편 조세부과 후의 수요곡선은 D로 같지만 공급곡선은 S_2가 된다. 즉 공급곡선만 S_1에서 S_2로 2원만큼 위로 움직인다.

〈그림 4.4〉 조세부과의 효과

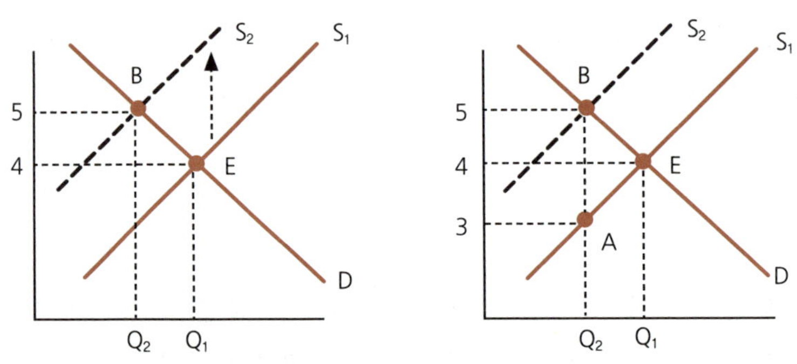

(a) 조세부과에 따른 공급곡선 이동　　(b) 조세부담의 발생

조세부과 후의 균형이 B가 되었다고 하자. 그렇다면 균형가격은 5원으로 상승하고 균형거래량은 Q_2로 감소한다. 따라서 조세의 효과는 두 가지로 요약할 수 있다. 첫째, 조세가 부과되면 가격이 상승할 가능성이

높다. 둘째, 거래량이 감소할 가능성도 높다. 즉 거래량은 조세부과 전 Q_1에서 조세부과 후 Q_2로 감소한다. 따라서 조세는 민간의 경제활동을 위축시키는 효과를 지님을 알 수 있다.

조세부담은 어떠한가? 구매자는 조세부과 전 4원을 지불했지만 조세부과 후 5원을 지불해야 하므로 1원의 조세를 부담하는 셈이다. 판매자는 조세부과 전 4원을 벌었지만 2원의 조세납부 후 3원을 벌게 되므로 1원의 조세를 부담하는 셈이다. 〈표 4.1〉과 같이 구매자와 판매자가 각각 1원의 조세를 부담함을 알 수 있다.

조세귀착이 발생하는 이유는 수요공급분석으로부터 자명하다. 물론 공급자는 2원의 조세 전부를 수요자에게 전가하기 위해 가격을 6원으로 올리려 한다. 하지만 〈그림 4.4〉의 경우 가격은 6원보다 낮은 5원까지 올릴 수 있을 뿐이다. 가격을 6원으로 올리지 못한다면 공급자가 조세부담을 피할 수는 없다.

〈그림 4.5〉 조세귀착

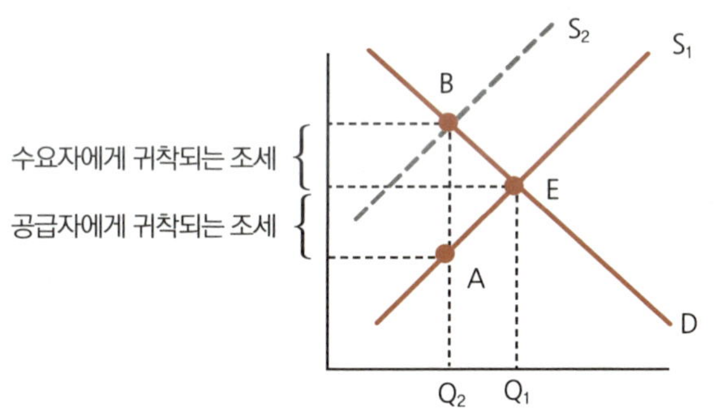

누가 더 많은 조세를 부담할까?

〈그림 4.5〉는 조세가 부과될 때 수요자와 공급자에게 각각 귀착되는

조세의 크기를 보여 준다. 그림에서 윗부분이 수요자에게 귀착되는 것이고 아랫부분이 공급자에게 귀착되는 조세이다. 어쨌든 두 부분을 더하면 조세의 총액이 된다.

그렇다면 구매자와 판매자 중 누가 더 많은 조세를 부담할까?

수요자와 공급자 중 누구에게 더 많은 조세가 귀착되는가는 수요의 가격탄력성과 공급의 가격탄력성의 상대적인 크기에 달려 있다. 수요자와 공급자 중 가격탄력성이 작은 측이 더 많은 조세를 부담한다.

이해를 돕기 위해 두 가지 극단적인 경우를 비교해 보기로 하자.

첫째의 극단적인 예는 〈그림 4.6〉의 (a)이다. 수요곡선이 수직이므로 조세가 2원 부과될 때 판매자가 가격을 4원에서 6원으로 올릴 수 있는 경우이다. 판매자는 6원을 받아서 2원의 조세를 납부하고도 4원을 벌 수 있으므로 조세부과로 달라지는 것이 없다. 따라서 판매자는 조세를 전혀 부담하지 않는다. 하지만 구매자는 2원 인상된 가격 6원에 구매해야 하므로 2원의 조세를 모두 부담하게 된다.

〈그림 4.6〉 가격탄력성에 따른 조세귀착

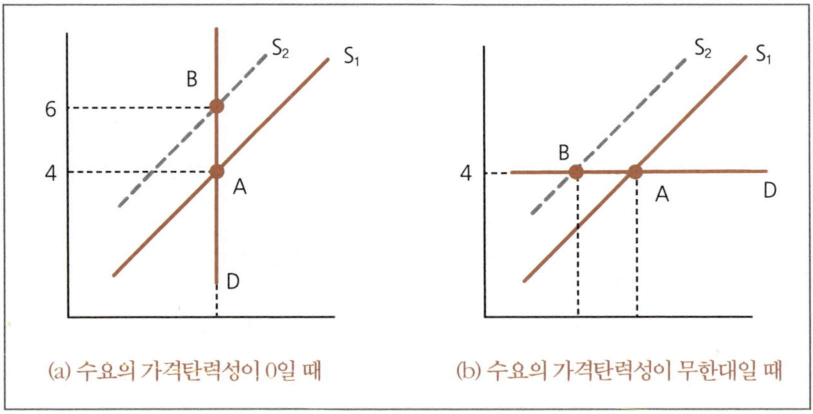

둘째의 극단적인 예는 〈그림 4.6〉의 (b)이다. 수요곡선이 수평이어서 조세가 2원 부과되어도 판매자가 가격을 전혀 올릴 수 없는 경우이다. 조세부과 후에도 가격은 여전히 4원이다. 그래도 판매자는 2원의 조세를 납부해야 하므로 결과적으로 판매자는 2원을 벌게 될 뿐이다. 조세부과로 인해 벌게 되는 금액이 2원 줄었으므로 판매자는 2원의 조세를 모두 부담한다. 하지만 구매자에게는 달라지는 것이 없다. 조세부과 이전에 4원을 지불했듯이 조세부과 이후에도 4원을 지불하면 되기 때문이다. 따라서 구매자는 조세를 전혀 부담하지 않는다.

물론 〈그림 4.6〉의 예는 극단적인 경우이다. 하지만 가격탄력성이 조세귀착에 미치는 영향을 쉽게 파악할 수 있다. (a)의 경우 수요자에게 100% 조세가 귀착된 이유는 수요자의 가격탄력성이 0이기 때문이고 (b)의 경우 수요자에게 전혀 조세가 귀착되지 않은 이유는 수요자의 가격탄력성이 무한대이기 때문이다.

일반적으로 다음과 같이 말할 수 있다. 수요의 가격탄력성이 공급의 가격탄력성에 비해 클수록 더 많은 조세가 공급자에게 귀착되고, 수요의 가격탄력성이 공급의 가격탄력성에 비해 작을수록 더 많은 조세가 수요자에게 귀착된다.

사례연구

정부정책에 대한 논쟁은 오랜 역사를 지니고 있다. 그 중에는 우리가 배운 수요공급분석만으로 그 효과를 분석할 수 있는 예가 적지 않다. 이 장에서 배운 가격통제와 조세귀착의 문제를 이용하여 몇 가지 사례를 살펴 보기로 하자.

베네수엘라의 가격통제

베네수엘라 대통령 차베스H.Chavez는 2003년 식료품에 대한 가격상한제를 도입하였다. 그러자 식료품에 대한 초과수요, 바꾸어 말하면 공급부족이 발생하였다. 가격통제의 문제점을 한꺼번에 관찰할 수 있는 좋은 예이다.

첫째, 자원이 비효율적으로 할당, 배분되어 극심한 공급부족이 초래되었다. 가격이 억제되자 농민들은 생산량을 줄였고 정부는 2009년 군대를 동원하여 농장경영에 간섭하기까지 하였다. 하지만 소비자들은 여전히 식료품을 구하기 어려웠다.

둘째, 자원이 낭비되었다. 소비자들은 식료품 구매를 위하여 이른 아침부터 식료품상점에 줄서는 불편을 감수해야 했다. 2008년에는 식료품 부족분 75억 달러어치를 수입하였는데 석유생산으로 벌어들인 돈을 식료품수입에 낭비한 셈이다.

셋째, 지나치게 낮은 품질의 상품이 거래되었다. 가격이 억제되자 생산자들은 굳이 많은 비용을 들여 양질의 식료품을 생산하려 하지 않았다. 2008년에 해외에서 수입한 식료품조차 운송과정이 부실하여 상당량의 식료품이 썩고 말았다.

넷째, 암시장 또는 불법행위가 나타났다. 가격상한제 실시 이후 생산자들은 식료품을 매점hoarding하기에 이르렀고 이로 인해 암시장이 성행하였다. 2008년 정부는 750톤의 식량을 농민들로부터 압류하였지만 암시장은 사라지지 않았다.

차베스는 식료품가격의 하락을 공언했지만 2011년 물가는 가격상한제 실시 이전보다 9배나 올랐다고 한다. 하지만 베네수엘라정부는 물가상승을 억제하기 위해 또 다시 가격상한제를 확대하였다. 불난 집에 휘발유를 부은 셈이다.

뉴욕시의 임대료통제

어느 나라든지 부동산가격은 예민한 문제이다. 그래서 부동산가격이 통제되었던 사례가 꽤 많은데, 그때마다 이에 대한 비판도 거세게 이루어졌다.

부동산가격통제의 경제적 효과를 분석하는 좋은 방법은 같은 시기에 가격통제를 실시했던 곳과 실시하지 않았던 곳을 비교해 보는 것이다. 그 좋은 예가 바로 미국의 뉴욕시이다. 다른 지역과 달리 뉴욕시는 2차 세계대전 이후 오랫 동안 주택임대료를 통제하였다고 한다. 그런 탓에 많은 문제가 나타났다. 임대료가 낮았기 때문에 신규주택의 건설이 부족하여 초과수요는 심화되었고, 기존 주택의 소유자들조차 주택을 수리하지 않아 도심은 슬럼화될 수밖에 없었다. 폭격 다음으로 도시를 파괴하는 좋은 방법이 임대료통제라는 지적이 나오게 된 것이다.

초과수요가 있을 때 가장 고생하는 사람들은 실수요자들이다. 게다가 이런 때에는 부패도 증가한다. 맨하탄 주상복합지구에 입주한 어떤 사람은 방 1칸짜리 아파트를 월 1,500달러에 임대하였던 반면에 어떤 주 상원의원은 맨하탄의 센트럴파크가 내려다보이는 방 10칸짜리 아파트를 월 1,500달러에 임대하였다고 한다. 심지어 임대료통제 관련 소송을 담당하는 판사는 방 1칸짜리 아파트의 월임대료가 1,200달러일 때 방 2칸짜리 아파트를 월 93달러에 임대하기도 했다.

소비자의 유류세부담 줄이는 방법

유류세를 인하해야 한다는 주장이 제기되어 왔다. 이 주장을 지지하는 사람들은 유류세가 매우 높다고 말한다. 하지만 유류세가 높아야 할 이유는 충분한데, 그 이유는 6장에서 외부효과와 함께 설명하기로 한다. 어쨌든 유류세 인하의 문제는 보다 많은 사항을 고려해서 판단되어야 할 문제이다.

관심사는 생산자가 아니라 소비자의 유류세부담을 줄이는 방법이다. 조세귀착에 따르면 유류세는 소비자와 공급자가 함께 부담하며 누가 더 많이 부담하는가는 수요의 가격탄력성과 공급의 가격탄력성 중 어느 것이 큰가에 달려 있다.

국내의 연구에 따르면 석유수요의 가격탄력성은 대략 0.167~0.209라고 한다. 석유수요의 가격탄력성이 작은 편이므로 석유공급의 가격탄력성이 이보다 작지 않다면 유류세의 많은 부분은 수요자에게 귀착되었을 가능성이 높다. 이처럼 소비자의 유류세부담이 크다면 그 이유는 수요의 가격탄력성이 크지 않기 때문이다.

물론 석유수요의 가격탄력성에 영향을 미치는 요인은 꽤 많다. 하지만 간단히 생각해 보기로 하자. 석유수요의 가격탄력성이 작다는 말은 석유가격이 상승했음에도 불구하고 소비자가 석유소비를 줄이지 못한다는 뜻이다. 그렇다면 소비자의 유류세부담은 줄어들기 어렵다. 따라서 소비자의 유류세부담을 줄이기 위해서는 석유가격이 상승할 때 석유소비를 '많이' 줄이는 현명한 소비행태가 필요하다.

미국의 사치세 논쟁

미국의회는 부유층에게 많은 세금을 걷기 위하여 1990년 사치세를 도입하였다고 한다. 하지만 이 목표는 실패로 돌아갔음이 밝혀졌고 사치세는 1993년 대부분 폐지되었다고 한다. 사치세는 왜 실패하였을까? 조세귀착의 좋은 예이다.

사치세가 부과된 상품은 요트, 유람선, 개인비행기, 고급차, 보석과 같은 사치재였다고 한다. 부유층이 소비하는 상품이므로 이 상품에 10%의 사치세를 부과하면 부유층이 많은 조세를 부담하리라는 판단에 따라 도입되었다.

하지만 결과는 크게 달랐다. 사치재산업만 타격을 입었고 사치세도 많이 걷히지 않았다. 예를 들면 플로리다의 유람선 판매는 90%나 감소하였고 이들을 구매했던 부유층은 미국이 아닌 바하마의 유람선을 대신 구매하였다. 따라서 사치세가 많이 걷힐 리 없었고 미국의 유람선산업만 심각한 타격을 받았을 뿐이다.

그 이유는 다음과 같다. 3장에서 배운 바 있지만 사치재의 경우 수요의 가격탄력성은 크다. 수요의 가격탄력성이 크므로 조세가 부과될 때 수요자에게 귀착되는 조세는 적고 대부분의 조세는 공급자에게 귀착된다. 따라서 부유층의 사치세부담은 증가하지 않았고 대부분의 사치세는 공급자에게 귀착되었던 것이다. 사치재산업만 타격을 입게 되었는데 이 산업의 근로자들이 진정한 피해자가 되었다.

5

후생분석과 국제무역

후생경제학

후생경제학(welfare economics)은 경제학의 한 분야로 자원의 배분이 경제적 후생에 미치는 영향을 연구한다. 예를 들어 자유무역이 경제적 후생에 어떤 영향을 미치는가를 분석하는 데 후생경제학을 이용할 수 있다.

효율성과 공평성

후생경제학은 경제적 후생의 극대화를 추구한다. 그리고 경제적 후생이 극대화될 때 자원배분의 효율성efficiency이 달성된다고 말한다. 그런 의미에서 보면 후생경제학의 1차적인 목표는 효율성이라고 볼 수 있다.

물론 공평성equity도 후생경제학의 중요한 목표이다. 사회구성원들간에 경제적 후생이 공정하게 배분되면 공평성이 달성되었다고 말한다.

효율성과 공평성을 설명할 때 흔히 파이pie를 예로 들곤 한다. 효율성의 문제란 어떻게 하면 파이를 크게 만들 수 있는가를 다루는 것이고 공평성은 어떻게 하면 주어진 파이를 공정하게 나눌 수 있는가를 다루는 것에 비유한다.

효율성과 공평성은 둘 다 후생경제학의 중요한 목표이다. 다만 효율성이 매우 잘 정의된 개념인 반면 공평성은 정의하는 일조차 쉽지 않은 개념이다. 예를 들어 모든 사람에게 동일한 결과가 주어지는 것을 공평한 것이라고 생각하는 사람이 많지만 거기에는 큰 문제점이 있다. 열심히 일한 사람과 그렇지 않은 사람에게 동일한 소득이 주어진다면 그 누구도 공평하다고 생각하지는 않을 것이다.

1장에서 실증경제학과 규범경제학의 차이에 대하여 논의한 바 있는데, 효율성의 문제는 실증경제학이 다루는 주제이고 공평성의 문제는 규범경제학이 다루는 주제이다. 규범경제학은 윤리학 또는 정치철학과 관심사를 공유하는 분야이므로 공평성의 문제도 다학문적 접근을 통해 다루어지는 것이 바람직할 것이다. 이에 대해서는 12장에서 소득분배의 문제를 다룰 때 다시 설명하도록 한다.

효율성이 유일한 목표는 아니지만 최우선의 목표이다

효율성이 매우 중요한 목표인 것은 옳지만 그렇다고 해서 경제학이 효율성만을 추구하는 것은 아니다. 예를 들어 공공요금인상과 관련된 논의를 살펴 보자. 우리나라의 경우 전기요금은 매우 싼 편이어서 전기가 낭비되고 있다는 지적이 많다. 따라서 전기요금인상은 효율성을 높이는 정책이 될 수 있다. 하지만 아무런 대책없이 저소득층이 추운 겨울을 보내게 된다면 이 정책이 바람직한 것이라고 보기는 어렵다. 이처럼 효율성은 매우 중요한 목표이지만 유일한 목표는 아니다.

그럼에도 불구하고 경제학자들은 효율성이 최우선순위의 목표가 되어야 한다고 생각한다. 그 이유는 효율성이 달성되지 못하면 공평성을 달성하기 훨씬 더 어려워지기 때문이다. 이런 의미에서 효율성은 공평성의 선행조건이다.

예를 들어 보자. 2명이 빵 5개를 나눌 때와 2명이 빵 1개를 나눌 때를 상상해 보자. 2명이 빵 1개를 나눌 때 양보의 미덕을 기대하기란 쉽지 않은 일이다. 즉 파이가 작으면 공평하든 공평하지 않든 파이를 나누는 문제 자체가 매우 어려워진다. 따라서 파이를 공평하게 분배하기 위해서라도 파이는 일단 커야 한다.

북한과 남한의 국민소득 격차는 계속 커져서 최근에는 북한 국민소득이 남한 국민소득의 1/40에 불과하다. 북한의 경제가 비효율적이기 때문이다. 그런데 사회주의나라임에도 불구하고 북한의 소득분배는 남한과 큰 차이가 없다고 한다. 이처럼 효율성이 훼손되면 공평성을 달성하기도 어렵다. 따라서 공평성을 높이기 위해서라도 효율성을 높이려는 노력은 포기할 수 없다.

전기요금인상과 관련된 논의로 돌아가 보자. 지나치게 싼 전기요금은 낭비를 초래할 것이 분명하다. 따라서 전기요금인상을 통하여 낭비를 줄이고 효율성을 높여야 한다. 하지만 이로 인해 저소득층에게 타격이 있을 것도 분명하다. 하지만 그 해결책이 전기요금의 억제는 아니다. 효율성을 침해할 것이기 때문이다. 이 경우 바람직한 정책은 전기요금을 인상하되 저소득층에 대한 소득재분배를 확대하는 것이다. 즉 전력낭비를 줄여 얻은 사회적 이익을 저소득층에게 재분배함으로써 공평성도 높여야 한다. 그렇다면 우리는 효율성과 공평성을 모두 달성할 수 있다. 요컨대 효율성을 포기하지 않을 때 효율성과 공평성은 함께 달성될 수 있다.

파레토효율

사람들은 효율적이라는 용어를 잘 알고 있다고 생각한다. 물론 공평성에 비해서는 그럴지도 모르겠다. 하지만 효율성에 대한 경제학적 정의는 매우 엄밀하다.

경제학에는 여러 가지 개념의 효율성이 있다. 여기에서는 자원배분의 효율성을 다루는데, 경제적 후생이 극대화될 때 자원배분의 효율성이 달성된다고 말한다. 쉽게 말하면 파이가 가장 커질 때 자원배분의 효율성이 달성된다는 뜻이다.

어떤 경우에 자원배분이 효율적이라고 볼 수 있을까? 경제학자들은 파레토효율Pareto efficiency이라는 멋진 개념에 의해 자원배분의 효율성을 정의한다.

기본 개념부터 살펴 보기로 하자. 다른 사람의 경제적 후생을 줄이지 않으면서 어떤 사람의 경제적 후생을 증가시킬 수 있다면 이 선택은 파레토우월Pareto superior하다고 말한다. 따라서 어떤 선택이 파레토우월한 선택이면 어느 누구에게도 손해가 되어서는 안되고 누군가에게는 반드시 이익이 되어야 한다.

예를 들어 정부가 어떤 정책을 시행하였다고 하자. 그런데 이 정책으로 인해 소비자의 경제적 후생에는 변화가 없었지만 생산자의 경제적 후생은 증가하였다고 하자. 그렇다면 이 정책은 파레토우월한 정책이다. 하지만 이 정책으로 인해 소비자의 경제적 후생은 감소하고 생산자의 경제적 후생만 증가하였다고 하자. 그렇다면 이 정책은 파레토우월한 정책인가? 아니다. 이처럼 누군가에게는 이익이고 다른 누군가에게는 손해가 되는 선택은 파레토우월하지 않다.

더 이상 파레토우월한 선택이 없을 때 파레토효율적Pareto efficient이라고 한다. 쉽게 말하면 우리가 이미 가장 파레토우월한 선택을 했다는 뜻이다.

경제학자들이 말하는 효율성이란 파레토효율이다. 즉 자원배분이 파레토효율적일 때 자원배분이 효율적이라고 말하고 이 때 경제적 후생이 가장 크다. 후생경제학이 추구하는 최우선의 목표란 다름아닌 파레토효율적인 자원배분이다.

이하에서 소비자잉여와 생산자잉여를 설명하고 이어서 수출과 수입의 후생효과를 분석하게 될 것이다. 수출과 수입이 과연 파레토효율적인가를 논하기로 하자.

소비자잉여와 생산자잉여

경제적 후생은 어떻게 측정할 수 있을까? 후생경제학에서는 경제적 후생의 측정치로 총잉여(total surplus)라는 개념을 이용한다. 총잉여는 소비자잉여(consumer surplus)와 생산자잉여(producer surplus)의 합이다.

소비자잉여, 생산자잉여 그리고 총잉여

소비자잉여는 소비자의 지불용의에서 실제로 지불한 금액을 뺀 나머지이다. 김씨는 라면을 먹기 위해 5천원까지 지불할 용의가 있었다. 그런데 실제 라면의 가격은 3천원이었다. 그렇다면 김씨는 2천원의 소비자잉여를 얻은 셈이다.

생산자잉여는 생산자가 실제로 받은 금액에서 그 상품을 제공하는 데 든 비용을 뺀 나머지이다. 박씨는 라면을 3천원에 판매하였다. 하지만 이를 공급하는데 든 비용은 2천원이었다. 그렇다면 박씨는 1천원의 생산자잉여를 얻은 셈이다.

소비자잉여가 증가하면 소비자의 이익이 증가하고, 생산자잉여가 증가하면 생산자의 이익이 증가한다. 끝으로 총잉여가 증가하면 사회 전체의 경제적 후생이 증가한다. 경제적 후생이 극대화될 때 자원배분의 효율성이 달성된다고 말한 바 있으므로, 총잉여가 증가하기만 하면 자원배분의 효율성은 달성된다고 볼 수 있다.

여기에는 꽤 난처한 문제가 있다. 우선 소비자잉여와 생산자잉여가 모두 증가하는 경우부터 생각해보자. 총잉여가 증가할 것이므로 자원배분은 더 효율적이라고 말한다. 물론 모든 사람들이 이에 대해 쉽게 동의할 것이다. 하지만 애매한 경우도 있다. 소비자잉여가 감소하되 생산자잉여가 더 많이 증가할 때이다. 이 경우에도 총잉여가 증가하므로 자원배분은 더 효율적이라고 말한다. 하지만 이즈음에서 이상하다고 생각하는 사람이 있을 것이다. 총잉여는 증가해도 소비자잉여는 감소하지 않았는가? 이와 비슷한 경우가 생산자잉여가 감소하되 소비자잉여가 더 많이 증가할 때이다. 예사롭지 않은 문제이므로 뒤에서 다시 논의하기로 한다.

〈표 5.1〉 소비자잉여의 계산

수요자	지불용의	가격	지불용의-가격
갑	100	50	50
을	80	50	30
병	70	50	20
정	50	50	0
무	40	50	-
소비자잉여			100

소비자잉여의 측정

이제 소비자잉여를 측정하는 방법에 대해 배우기로 하자. 소비자잉여는 소비자의 지불용의에서 소비자가 실제로 지불한 가격을 뺀 금액으로 정의하므로 각 소비자에 대해 이 값을 계산한 후 모든 소비자에 대해 합산하면 소비자잉여가 된다.

〈표 5.1〉의 예로 보기로 하자. 가격은 50원으로 주어져 있고 갑, 을, 병, 정, 무의 5명의 소비자가 있다고 하자. 이 상품에 가장 큰 가치를 부

여한 사람은 갑이다. 지불용의가 100원이므로 가격이 100원이어도 구매할 의사가 있다는 뜻이다. 반면에 무는 이 상품에 가장 작은 가치를 부여한 사람이다. 지불용의가 40원에 불과하므로 가격이 40원보다 높으면 구매하지 않겠다는 뜻이다. 가격이 50원으로 주어졌으므로 5명 중 갑, 을, 병, 정만이 구매하게 될 것이다.

갑의 경우 지불용의는 100원이었는데 실제로 지불한 가격은 50원이므로 갑의 잉여는 50원이 된다. 을과 병의 경우 각각의 지불용의는 80원과 70원이었는데 가격은 50원이므로 그 차이인 30원과 20원이 잉여이다. 끝으로 정의 경우 이 상품을 구매할 것이다. 하지만 잉여는 없다. 지불용의와 가격이 50원으로 같기 때문이다. 그렇다면 이 시장에서 소비자 잉여는 50+30+20=100원이 된다.

〈그림 5.1〉 소비자잉여

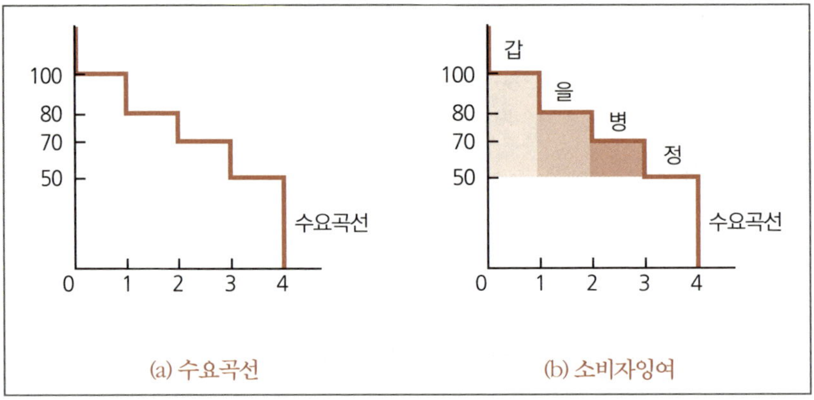

〈표 5.1〉의 지불용의를 이용하면 수요곡선을 그릴 수 있다. 가격이 100원일 때 수요량은 1개이고 가격이 80원, 70원, 50원으로 하락할 때마다 수요량은 1개씩 늘어나므로 수요량은 2, 3, 4개가 된다. 이를 그림으로 나타내면 〈그림 5.1〉의 (a)와 같다. 즉 수요곡선은 수요자의 지불

용의를 반영하는 그림임을 알 수 있다.

한편 〈그림 5.1〉의 (b)에는 수요곡선으로부터 소비자잉여 계산하는 방법이 그려져 있다. 우선 지불용의가 가장 큰 갑이 첫째 소비자가 될 것이다. 그렇다면 이미 설명한 바와 같이 갑의 잉여는 100원과 50원의 차이인 50원이다. 다음으로 지불용의가 큰 소비자는 을이고 그의 잉여는 80원과 50원의 차이인 30원이다. 병과 정의 잉여도 마찬가지로 계산할 수 있다. 물론 정의 경우 지불용의와 가격이 같으므로 잉여는 없다. 어쨌든 소비자잉여는 앞에서 계산한 바와 같이 100원이다.

〈그림 5.1〉의 (b)에서 흥미로운 것은 가격이 주어지면 소비자잉여는 가격보다 높고 수요곡선보다 아래에 있는 부분과 같다는 점이다.

〈그림 5.2〉 수요곡선과 소비자잉여

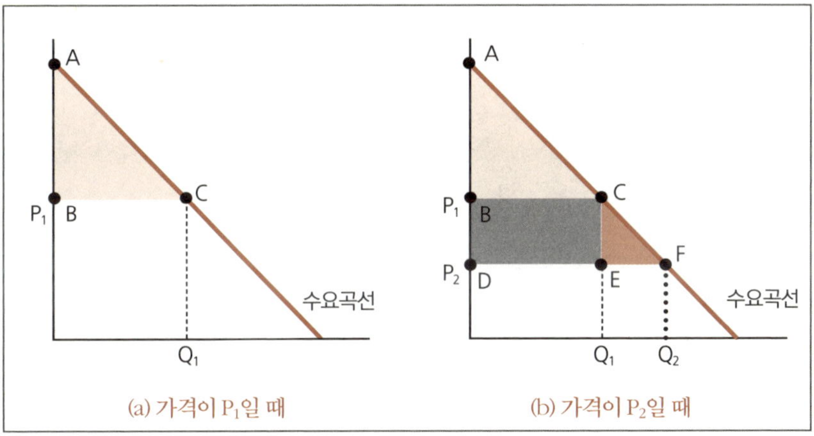

이를 일반화한 것이 〈그림 5.2〉이다. 즉 소비자가 대단히 많은 경우 수요곡선은 〈그림 5.1〉의 (a)와 같이 계단식이 아니라 〈그림 5.2〉처럼 부드러운 형태를 가질 것이다. 우리가 이미 알고 있는 수요곡선과 같은데, 알고 보니 수요곡선이란 소비자의 지불용의로부터 도출되었던 것이다. 수요곡선이 주어지면 〈그림 5.2〉에서와 같이 소비자잉여는 가격보다 높고 수요곡선보다 아래에 있는 부분이다.

소비자잉여는 소비자의 경제적 후생을 측정하는 개념이므로 소비자의 후생이 증가할 때 소비자잉여는 커져야 한다. 예를 들어 가격이 하락할 때 소비자의 후생은 증가한다. 그렇다면 소비자잉여도 증가해야 할 것이다. 정말로 그럴까?

〈그림 5.2〉의 (a)는 가격이 P_1일 때 소비자잉여를 나타낸다. 즉 소비자잉여는 가격보다 높고 수요곡선보다 아래에 있는 부분, 즉 삼각형 ABC이다. 가격이 하락한다면 어떨까? 〈그림 5.2〉의 (b)는 가격이 P_2로 하락할 때 소비자잉여를 보여 준다. 가격이 하락하면 소비자잉여는 삼각형 ADF로 커진다. 가격하락은 소비자의 후생을 증가시키는데 이는 소비자잉여의 증가로 나타남을 알 수 있다.

〈표 5.2〉 생산자잉여의 계산

공급자	가격	공급자의 비용	가격-공급자의 비용
갑	50	60	-
을	50	50	0
병	50	40	10
정	50	20	30
무	50	10	40
생산자잉여			80

생산자잉여의 측정

생산자잉여도 비슷한 방법으로 계산한다. 생산자잉여는 생산자가 실제로 받은 가격에서 공급자의 비용을 뺀 금액으로 정의하므로 각 생산자에 대해 이 값을 계산한 후 모든 생산자에 대해 합산하면 생산자잉여가 된다.

〈표 5.2〉를 보기로 하자. 가격은 50원으로 주어져 있으며 생산자는 갑, 을, 병, 정, 무의 5명이 있다고 하자. 공급자로서 가장 우선순위를 갖는 사람은 무이다. 공급자비용이 10원이므로 5명 중에는 가장 낮은 가격에 공급할 수 있는 사람이다. 반면에 갑은 5명 중 우선순위가 가장 낮은 사람이다. 공급자비용이 60원이므로 가격이 적어도 60원은 되어야 판매하려 할 것이다. 따라서 주어진 가격이 50원일 때 갑은 판매하지 않을 것이다. 을, 병, 정, 무의 4명이 판매자가 된다.

을의 경우 공급자비용이 50원인데 실제로 받는 가격은 50원이므로 판매는 하겠지만 잉여는 없다. 병의 경우 공급자비용이 40원이므로 판매하려 할 것이고 잉여는 가격 50원과 공급자비용 40원의 차이인 10원이다. 정과 무도 마찬가지이다. 각각의 공급자비용은 20원과 10원인데 가격은 50원이므로 그 차이인 30원과 40원이 잉여이다. 그렇다면 이 시장에서 생산자잉여는 10+30+40=80원이 된다.

〈그림 5.3〉 생산자잉여

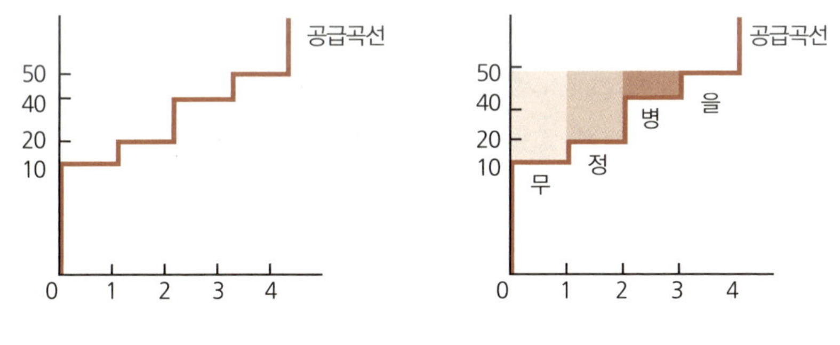

(a) 공급곡선 (b) 생산자잉여

〈표 5.2〉의 공급자비용을 이용하면 공급곡선을 그릴 수 있다. 가격이 10원일 때 공급량은 1개이고 가격이 20원, 40원, 50원으로 상승할 때마다 공급량은 1개씩 늘어서 공급량은 2, 3, 4개가 된다. 이를 그림으로 나타내면 〈그림 5.3〉의 (a)와 같다. 즉 공급곡선은 공급자의 비용을 반영하는 그림임을 알 수 있다.

〈그림 5.3〉의 (b)에는 공급곡선으로부터 생산자잉여 계산하는 방법이 그려져 있다. 우선 공급자비용이 가장 작은 무가 첫째 공급자가 될 것이다. 그렇다면 이미 설명한 바와 같이 무의 잉여는 50원과 10원의 차이인 40원이다. 다음으로 공급자비용이 작은 생산자는 정이고 그의 잉여는 50원과 20원의 차이인 30원이다. 병과 을의 잉여도 마찬가지로 계산할 수 있다. 을의 경우 공급자비용과 가격이 같으므로 잉여는 없다. 어쨌든 생산자잉여는 앞에서 계산한 바와 같이 80원이다.

〈그림 5.3〉의 (b)에서도 흥미로운 것은 가격이 주어지면 생산자잉여는 가격보다 낮고 공급곡선의 위에 있는 부분과 같다는 점이다.

〈그림 5.4〉 공급곡선과 생산자잉여

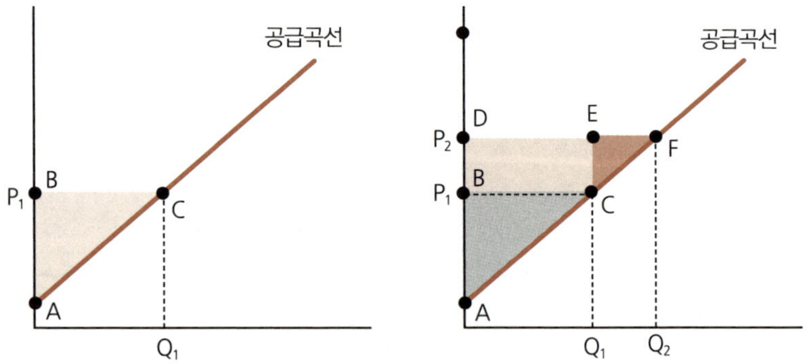

(a) 가격이 P_1일 때 (b) 가격이 P_2일 때

이를 일반화한 것이 〈그림 5.4〉이다. 즉 공급자가 대단히 많은 경우 공급곡선은 〈그림 5.4〉처럼 부드러운 형태를 가질 것이다. 우리가 이미 알고 있는 공급곡선과 같은데, 알고 보면 공급곡선도 공급자의 비용으로부터 도출되었던 셈이다. 어쨌든 이 경우에도 가격보다 낮고 공급곡선보다 높은 부분이 생산자잉여이다.

생산자잉여는 생산자의 경제적 후생을 측정하는 개념이다. 따라서 생산자의 후생이 증가할 때 생산자잉여는 커져야 한다. 예를 들어 가격이 상승할 때 생산자의 후생은 증가하므로 생산자잉여도 증가해야 할 것이다. 이를 확인해 보기로 하자.

〈그림 5.4〉의 (a)는 가격이 P_1일 때 생산자잉여를 나타낸다. 즉 생산자잉여는 가격보다 낮고 공급곡선보다 높은 부분, 즉 삼각형 ABC이다. 한편 〈그림 5.4〉의 (b)는 가격이 P_2로 상승할 때 생산자잉여를 보여 준다. 가격이 상승하면 생산자잉여는 삼각형 ADF로 증가한다. 즉 가격상승은 생산자의 후생을 증가시키는데 이는 생산자잉여의 증가로 나타남을 알 수 있다.

〈그림 5.5〉 수요곡선과 소비자잉여

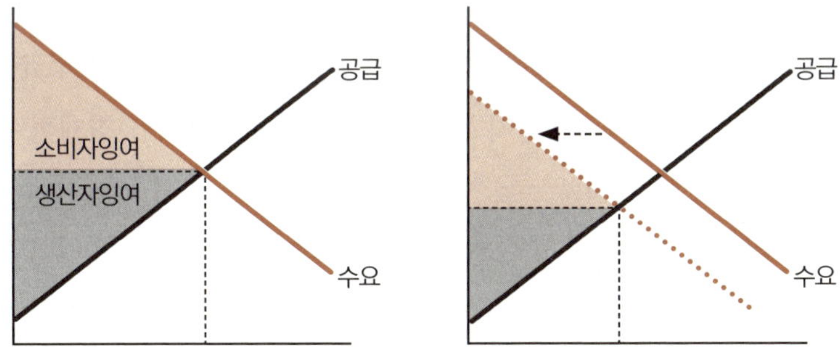

(a) 소비자잉여와 생산자잉여 (b) 수요감소의 효과

소비자잉여와 생산자잉여의 활용

수요와 공급에 영향을 미치는 요인은 대단히 많다. 이 요인들 중의 하나가 변하였다면 소비자잉여와 생산자잉여에는 어떤 영향이 있을까? 〈그림 5.5〉의 (b)는 수요곡선이 왼쪽으로 이동하는 변화가 발생한 경우이다. 예를 들어 1장에서 배운 바 있듯이 수요자의 취향이 악화된 경우이다. 그렇다면 그림에서 쉽게 확인할 수 있듯이 소비자잉여와 생산자잉여가 모두 감소할 것이다.

흥미로운 것은 〈표 5.1〉과 〈표 5.2〉의 예에서 알 수 있듯이, 소비자잉여와 생산자잉여의 크기를 금액으로 측정할 수 있다는 점이다. 〈그림 5.5〉의 (b)의 예에서 소비자잉여와 생산자잉여의 변화를 금액으로 측정하려면 〈그림 5.5〉의 (a)와 (b)에서 소비자잉여와 생산자잉여의 면적을 계산해 보면 된다. 두 영역의 면적이 작아질 텐데 그 차이를 금액으로 구할 있다는 뜻이다. 예를 들면 취향의 악화로 인해 소비자잉여와 생산자잉여가 5억원과 6억원 감소하였다고 말할 수 있다.

균형에서 자원배분의 효율성이 달성된다

수요자와 공급자의 자유로운 거래를 통해 달성되는 균형은 수요량과 공급량을 일치시키는 중요한 기능을 수행한다. 그렇다면 시장의 균형은 후생의 측면에서도 바람직한가? 그렇다. 시장의 균형에서 경제적 후생이 극대화되기 때문이다.

소비자잉여의 경우 〈표 5.1〉을 보기로 하자. 균형가격이 50원이면 자유로운 시장에서는 항상 갑, 을, 병, 정의 4명이 구매함으로써 균형이 달성된다. 그렇다면 누가 구매자가 될 때 소비자잉여가 가장 클까? 당연히 지불용의가 큰 순서대로 갑, 을, 병, 정의 4명이 구매하는 경우이다. 그렇지 않을 수도 있다고 반문할지 모르겠다. 하지만 어떤 식으로 조합하더라도 갑, 을, 병, 정의 4명이 구매할 때보다 소비자잉여가 클 수는 없다. 따라서 균형에서는 갑, 을, 병, 정의 4명이 구매하게 되며 이 때 소비자잉여는 가장 크다는 사실을 알 수 있다.

생산자잉여에 대해서도 같은 방식으로 설명할 수 있다. 〈표 5.2〉를 보기로 하자. 균형가격이 50원이면 자유로운 시장에서는 항상 무, 정, 병, 을의 4명이 판매하게 된다. 이것이 균형이다. 그렇다면 누가 판매자가 될 때 생산자잉여가 가장 클까? 당연히 공급자비용이 작은 순서대로 무, 정, 병, 을의 4명이 판매하는 경우이다. 어떤 식으로 조합하더라도 이 경우보다 생산자잉여가 클 수는 없다. 따라서 균형에서 무, 정, 병, 을의 4명이 판매하게 되며 이 때 생산자잉여가 가장 크다.

보다 일반적인 경우인 〈그림 5.6〉을 보기로 하자. 균형은 E에서 달성되며 균형가격은 P이고 균형거래량은 Q이다. 그림에서 A에 위치한 소비자와 생산자는 지불용의가 가장 높은 소비자와 공급자비용이 가장 낮은 생산자들로 이루어져 있다. 반면에 B에 있는 소비자와 생산자들은 지불용의가 상대적으로 낮은 소비자와 공급자비용이 상대적으로 높은 생산자들이다. 끝으로 C에는 지불용의가 대단히 낮은 소비자와 공급자비용이 대단히 높은 생산자들이 있을 것이다.

자명하지만 소비자잉여와 생산자잉여가 가장 커지려면 A에 있는 소비자와 생산자가 가장 먼저 거래해야 한다. 그리고 다음으로는 B에 있는 소비자와 생산자가 거래해야 한다. 바로 이러한 자원배분을 시장의 균형이 보장한다는 것이다.

〈그림 5.6〉 소비자잉여와 생산자잉여

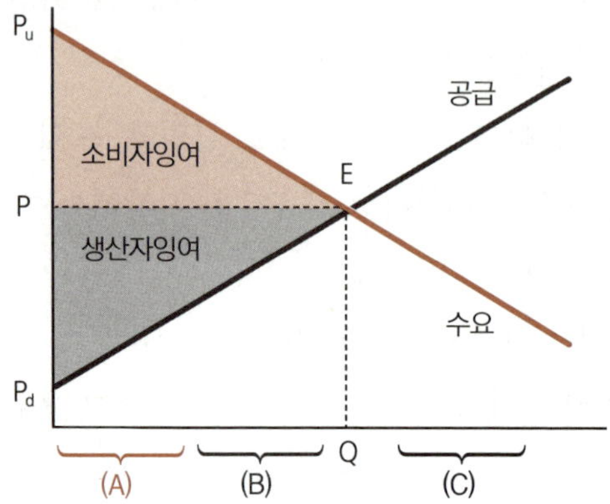

파레토효율의 의미

아무도 거래하지 않는 최초의 상황을 생각해 보자. 이 때 A의 소비자와 생산자가 거래를 시작한다고 하자. 그렇다면 소비자잉여와 생산자잉여는 모두 증가할 수 있다. 즉 소비자잉여가 증가하기 위하여 생산자잉여가 감소해야 하는 게 아니며, 생산자잉여가 증가하기 위하여 소비자잉여가 감소해야 하는 것도 아니다. 또한 B의 소비자와 생산자가 추가로 거래하더라도 소비자잉여와 생산자잉여 중 어느 것도 감소하지 않고 둘 다 증가할 수 있다.

파레토효율의 개념을 적용하면 다음과 같이 말할 수 있다. A의 소비자와 생산자가 거래하게 되면 이 거래는 (아무도 거래하지 않는 최초의 상황보다) 파레토우월하다고 말한다. 그리고 이들에 추가하여 B의 소비자와 생산자가 거래하게 된다면 이 거래는 (A의 소비자와 생산자만이 거래하는 것보다) 파레토우월하다. 따라서 A와 B의 소비자와 생산자만이 거래할 때에만 파레토효율적이 될 수 있다.

하지만 추가로 C의 소비자와 생산자가 거래한다면 더 이상 파레토우월하지 않다. 왜 그럴까? 이들의 경우 지불용의는 대단히 작고 공급자비용은 대단히 커서 지불용의가 공급자비용보다도 작다. 그러므로 이들이 거래한다면 '어떤 가격으로 거래하더라도' 후생의 손실을 겪는 경제주체가 있게 마련이다. 즉 소비자잉여가 발생하도록 낮은 가격이 주어진다면 소비자는 좋겠지만 생산자는 큰 후생손실을 입어야 한다. 반대로 생산자잉여가 발생하도록 높은 가격이 주어진다면 생산자는 좋겠지만 이번에는 소비자가 큰 후생손실을 입어야 한다. 즉 파레토우월하지 않다.

수요와 공급의 법칙에 대하여

이 즈음에서 수요의 법칙에 대해서 생각해 보기로 하자. 수요의 법칙은 가격이 상승하면 수요량이 감소하고 가격이 하락하면 수요량이 증가함을 의미한다. 하지만 많은 사람들은 이렇게 느낀다. "아이스크림가격이 올랐다고 아이스크림수요량을 줄인 적이 있는가? 심지어 아이스크림가격이 올랐는지를 알지도 못했는데…"

이렇게 생각하는 사람이 있다면 그 사람은 B가 아니라 A에 속하는 사람이다. 즉 가격에 비해 지불용의가 꽤 큰 사람이다. 따라서 가격이 웬만큼 올라도 아이스크림수요량을 줄이지는 않을 것이다. 하지만 B에 속한 사람은 지불용의가 작으므로 아이스크림가격이 상승할 때 구매 여부를 고민하기 시작한다. 따라서 아이스크림가격이 상승하면 A에 속한 사람과 달리 B에 속한 사람은 아이스크림수요량을 줄인다. 결과적으로 시장 전체의 수요량은 감소한다. 이것이 수요의 법칙이다.

공급의 법칙도 같은 방식으로 생각할 수 있다. 공급의 법칙이란 가격이 상승하면 공급량이 증가하고 가격이 하락하면 공급량이 감소함을 의미한다. 가격이 하락하더라도 공급량이 감소하지 않을 수 있다고 주장한다면 답변은 다음과 같다. 가격이 하락하면 A에 속하는 공급자는 계속 해서 공급할 수 있지만 B에 속하는 공급자는 공급을 중단하게 된다. 그렇다면 시장 전체로 공급량은 감소한다. 따라서 가격이 하락하면 시장 전체의 공급량은 감소한다. 이것이 공급의 법칙이다.

비교우위이론

국제무역은 매우 다양한 경제현상이다. 국제무역이 발생하는 요인도 다르고 그 방식과 특징도 천차만별이라는 뜻이다. 한 가지 이론으로 모든 국제무역현상을 설명할 수는 없을 것이므로 여기에서는 가장 대표적인 이론인 비교우위이론을 소개하기로 한다. 비교우위이론은 가장 많은 무역현상을 설명하는 이론이다.

절대우위와 비교우위

국제무역이론의 기본과제는 한 나라의 경우 어떤 산업이 수출산업이 되고 어떤 산업은 수입산업이 되는가를 설명하는 것이다. 이를 설명하는 이론 중 대표적인 것이 비교우위이론인데 이를 이해하기 위하여 절대우위absolute advantage의 개념과 비교우위comparative advantage의 개념을 구분할 수 있어야 한다.

동일한 상품을 생산하되 다른 생산자에 비해 더 적은 생산요소의 투입으로 생산할 수 있으면 그 생산자는 절대우위에 있다고 말한다. 반면에 동일한 상품을 생산하되 다른 생산자에 비해 더 적은 기회비용opportunity cost으로 생산할 수 있으면 그 생산자는 비교우위에 있다고 말한다.

〈표 5.3〉의 (a)에는 중국과 미국의 경우 1인당 생산할 수 있는 자동차와 의류의 생산량이 예시되어 있다. 중국의 경우 1인당 8대의 자동차를

생산할 수 있고 1인당 32벌의 의류를 생산할 수 있다는 뜻이다. 한편 미국의 경우 1인당 24대의 자동차를 생산할 수 있고 1인당 48벌의 의류를 생산할 수 있다는 뜻이다.

그렇다면 중국과 미국이 자동차와 의류를 생산하기 위해 투입해야 하는 노동력은 (b)와 같이 계산할 수 있다. 중국의 경우 자동차 1대의 생산을 위해 1/8의 노동력을 투입해야 하고 의류 1벌의 생산을 위해서는 1/32의 노동력을 투입해야 한다. 한편 미국의 경우 자동차 1대의 생산을 위해 1/24의 노동력을 투입해야 하고 의류 1벌을 생산하기 위해서는 1/48의 노동력을 투입해야 한다.

〈표 5.3〉 생산요소의 투입과 절대우위

(a) 1인당 생산량		
	자동차	의류
중국	8	32
미국	24	48

(b) 생산요소의 투입	
자동차	의류
1/8	1/32
1/24	1/48

(c) 절대우위	
자동차	의류
절대열위	절대열위
절대우위	절대우위

따라서 양국의 절대우위는 (c)와 같다. 자동차산업에서는 미국이 절대우위에 있으며 중국은 절대열위에 있다고 말한다. 자동차 1대를 생산하기 위해 미국은 1/24의 노동력을 투입하면 되지만 중국의 경우 1/8의 노동력을 투입해야 하기 때문이다. 또한 의류산업에서도 미국이 절대우위에 있으며 중국은 절대열위에 있다고 말한다. 의류 1벌을 생산하기 위해 미국은 1/48의 노동력을 투입하면 되지만 중국의 경우 1/32의 노동력을 투입해야 하기 때문이다.

하지만 양국의 비교우위는 다르다. 결과부터 말하면 〈표 5.4〉의 (c)에 제시된 바와 같다. 자동차산업에서는 미국이 비교우위에 있고 중국은 비교열위에 있다고 말한다. 한편 의류산업에서는 중국이 비교우위에 있고 미국은 비교열위에 있다고 말한다. 쉽게 찾을 수 있는 게 아니므로 찬찬히 따져 보기로 하자.

비교우위는 기회비용을 비교하여 판단하는 개념이다. 그런데 1장에서 기회비용이란 '무엇인가를 얻기 위해 기꺼이 포기한 다른 그 무엇'이라고 배운바 있다.

그렇다면 중국의 경우 자동차생산의 기회비용은 얼마일까? 기회비용의 정의를 그대로 적용하면 〈표 5.4〉의 (b)와 같다. 자동차 8대를 생산하기 위해서 의류 32벌을 포기해야 하므로 자동차 1대 생산의 기회비용은 의류 4(=32/8)벌이다. 또한 중국의 경우 의류생산의 기회비용은 얼마일까? 의류 32벌을 생산하기 위해서 자동차 8대를 포기해야 하므로 의류 1벌 생산의 기회비용은 자동차 1/4(=8/32)대이다. 다소 혼란스러울지 모르지만 기회비용이란 정확히 이런 개념이다.

〈표 5.4〉 기회비용과 비교우위

(a) 1인당 생산량

	자동차	의류
중국	8	32
미국	24	48

(b) 기회비용

자동차	의류
32/8	8/32
48/24	24/48

(c) 비교우위

자동차	의류
비교열위	비교우위
비교우위	비교열위

미국의 경우 두 산업의 기회비용은 〈표 5.4〉의 (b)와 같다. 자동차 24대를 생산하기 위해서 의류 48벌을 포기해야 하므로 자동차 1대 생산의 기회비용은 의류 2(=48/24)벌이다. 한편 의류 48벌을 생산하기 위해서 자동차 24대를 포기해야 하므로 의류 1벌 생산의 기회비용은 자동차 1/2(=24/48)대이다.

기회비용을 구했으므로 비교우위를 판단하는 일은 쉽다. 각 산업의 경우 양국의 기회비용을 비교하기만 하면 된다. 〈표 5.4〉의 (c)와 같이 자동차산업에서는 미국이 비교우위에 있고 중국은 비교열위에 있다. 그 이유는 자동차 1개 생산을 위한 미국의 기회비용 2가 중국의 기회비용 4보다 적기 때문이다. 의류산업에서는 중국이 비교우위에 있고 미국은 비교열위에 있다. 그 이유는 의류 1벌 생산을 위한 중국의 기회비용 1/4이 미국의 기회비용 1/2보다 적기 때문이다.

직관적 설명

처음 듣는 사람은 비교우위의 개념이 까다롭다고 생각한다. 하지만 직관적으로 이해하게 되면 그렇게 어려운 것도 아니다.

절대우위는 특정산업만을 비교하여 판단하는 개념이다. 따라서 자동차산업만 비교하면 미국의 자동차산업이 절대우위에 있다고 말한다. 또한 의류산업만 비교하면 미국의 의류산업이 절대우위에 있다고 말한다. 물론 중국은 그 반대이다.

하지만 비교우위는 특정산업만을 비교하여 판단하는 것이 아니다. 예를 들면 다음과 같다. 미국의 자동차산업과 의류산업이 모두에서 절대우위에 있지만 그 중에서도 어느 산업이 '더 절대우위에 있는가'를 판단하려는 것이다. 미국의 경우 의류산업의 절대우위보다 자동차산업의 절대우위가 '상대적으로 더 크므로' 자동차산업이 비교우위에 있다고 말한다. 쉽게 말하면 다음과 같다. 미국이 둘 다 잘한다면 '더' 잘하는 산업에 비교우위가 있다는 뜻이다.

흥미로운 것은 중국의 예이다. 중국의 경우 자동차산업도 절대열위에 있고 의류산업도 절대열위에 있다. 쉽게 말하면 중국은 둘 다 못하는 것이다. 하지만 〈표 5.4〉의 (c)를 보면 중국의 경우 자동차산업은 비교열위에 있고 의류산업은 비교우위에 있다고 말한다. 그 이유는 다음과 같다. 중국의 경우 의류산업의 절대열위가 자동차산업의 절대열위가 '상대적으로 더 작으므로' 의류산업이 비교우위에 있다고 보는 것이다. 쉽게 말하면 중국은 둘 다 못하지만 그래도 의류산업이 덜 못하는 것이다. 둘 다 못한다면 '덜' 못하는 산업이 비교우위에 있는 산업이다.

비교우위에 의한 국제무역

절대우위란 무역을 설명하기에 적합한 개념이 아니다. 앞의 예를 보면 중국은 두 산업 모두 절대열위에 있고 미국은 두 산업 모두 절대우위에 있기 때문이다. 절대우위가 있을 때 수출하고 절대열위가 있을 때 수입한다면 미국은 두 재화 모두를 수출하고 중국은 두 재화 모두를 수입해야 하는가? 그런 일은 있을 수 없다.

비교우위를 이용하면 무역을 잘 설명할 수 있다. 그 이유는 중국이든 미국이든 자동차산업과 의류산업 중 하나의 산업에는 비교우위가 있고 다른 하나의 산업에는 비교열위가 있기 때문이다. 두 산업 모두에서 비교열위가 있을 수는 없다.

비교우위이론의 결론은 다음과 같다. 비교우위에 있는 산업이 수출산업이 되고 비교열위에 있는 산업은 수입산업이 된다. 앞의 예를 보면 미국은 자동차를 수출하고 의류를 수입하면 된다. 또한 중국은 의류를 수출하고 자동차를 수입하면 된다. 자동차산업과 의류산업의 국제분업이 비교우위에 의해 결정되는 셈이다.

〈표 5.5〉 국제무역의 이익

(a) 무역이 없는 경우 생산과 소비

	자동차	의류
중국	4	16
미국	12	24

(b) 무역이 있는 경우 생산

	자동차	의류
중국	-	32
미국	18	12

(c) 무역이 있는 경우 소비

	자동차	의류
중국	5	17
미국	13	27

그렇다면 비교우위에 의한 국제무역은 양국 모두에게 이익이 되는가? 이를 알아 보기 위해 무역을 하지 않는 경우와 무역을 하는 경우를 비교해 보기로 하자.

〈표 5.5〉의 (a)에는 무역을 하지 않는 경우, 즉 양국 모두가 생산요소의 1/2을 각각 자동차산업과 의류산업에 배분하여 생산하고 소비하는 경우의 결과가 제시되어 있다. 무역이 없으므로 국내생산과 국내소비는 당연히 같다.

〈표 5.5〉의 (b)와 (c)에는 무역을 하는 경우 생산과 소비의 결과가 제시되어 있다. (b)에 따르면 중국은 의류 32벌만을 생산하고 미국은 자동차 18대, 의류 12벌을 생산한다. 하지만 무역으로 인해 소비는 생산과 다르다. 미국은 자동차 5대를 중국에 수출하고 중국은 의류 15벌을 미국에 수출한다고 하자. 즉 자동차 5대와 의류 15벌을 교환한 셈이다. 그 결과 (c)를 보면 중국은 자동차 5대, 의류 17벌을 소비하고, 미국은 자동차 13대, 의류 27벌을 소비한다.

무역의 효과는 (a)와 (c)를 비교하면 된다. 중국의 경우 무역으로 인해 자동차 1대, 의류 1벌을 더 소비하는 것으로 나타났다. 또한 미국의 경우 무역으로 인해 자동차 1대, 의류 3벌을 더 소비하는 것으로 나타났다. 따라서 국제무역이 있는 경우 양국 모두에게 손해는 없고 이익만 발생한 셈이다. 교역조건이 자동차 5대와 의류 15벌을 교환하는 것이었으므로 이를 근거로 자동차와 의류의 상대가격을 3:1로 정하면 중국의 국민소득은 28에서 32로 14.3%, 미국의 국민소득은 60에서 66으로 10% 증가한다. 국제무역만으로 국민소득이 증가한 것이다.

국제무역의 후생효과

비교우위이론을 설명할 때 국제무역이 교역당사국 모두에게 이익이 된다는 것을 보인 바 있다. 또한 앞에서 배운 후생경제학을 적용하더라도 이 사실을 설명할 수 있다. 국제무역은 소비자잉여와 생산자잉여를 적용하기에 아주 좋은 예인데 후생경제학의 쓸모를 실감할 수 있을 것이다. 이제 우리의 질문은 다음과 같다. 수출은 경제적 후생을 증가시키는가? 그리고 수입도 경제적 후생을 증가시키는가? 수출은 좋고 수입은 나쁘다고 생각하는 사람이 많지만 이는 이상한 생각이다.

수입의 분석

수입은 그 자체로 경제적 후생을 높여 준다. 그 이유를 알고 싶으면 수입을 하지 않는 경우와 수입을 하는 경우의 경제적 후생을 비교하면 될 것이다.

우선 수입을 하지 않는 경우부터 살펴 보기로 하자. 〈그림 5.7〉의 (a)에서와 같이 균형은 E에서 달성된다. 가격은 그림에 표시된 바와 같이 무역 이전의 가격에서 결정되고 수요량과 공급량은 같다. 물론 수요량과 공급량은 국내수요량과 국내공급량에 해당된다. 수입을 하지 않고 있기 때문이다.

이 때 수입을 하기로 하였다. 그렇다면 이 상품의 국제가격은 국내가격보다 낮을 것이다. 그렇지 않다면 수입이 이루어지지 않을 것이기 때문이다. 예를 들어 우리나라가 중국에서 농산물을 수입하는 이유는 국제가격이 국내가격보다 낮기 때문이다. 따라서 이 상품의 가격은 무역 이전의 가격에서 국제가격으로 하락한다.

따라서 수입의 영향은 쉽게 알 수 있다. 무역 이전의 국내가격이 국제가격으로 하락함으로써 나타난 효과를 분석하면 될 일이다. 즉 국내의 공급량은 감소하고 국내의 수요량은 증가한다. 국내시장에서만 보면 수요량이 공급량보다 많으므로 초과수요처럼 보이지만 이 차이가 바로 그림에 표시된 바와 같이 수입이다. 이것이 수입이 발생하는 경제적 상황에 대한 설명이다.

〈그림 5.7〉 수입의 후생효과

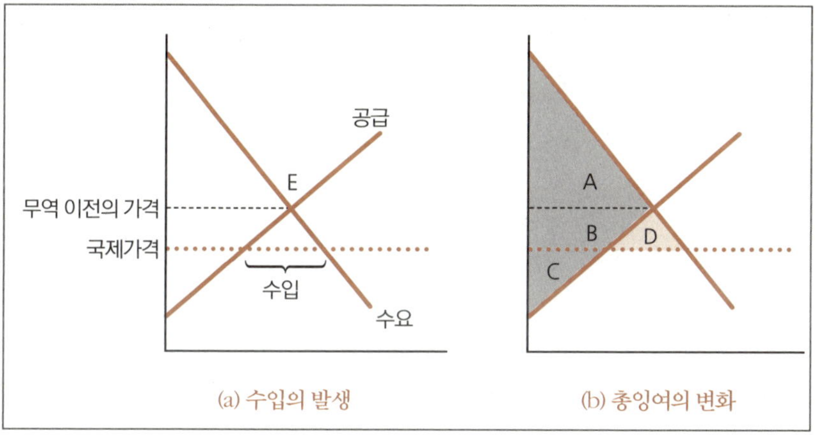

수입의 후생효과

수입은 경제적 후생에 어떤 영향을 미칠까? 이제 〈그림 5.7〉의 (b)를 보기로 하자. 우선 수입을 하기 전의 소비자잉여는 A이고 생산자잉여는 B+C임을 알 수 있다. 그렇다면 수입으로 인해 소비자잉여와 생산자잉여는 어떻게 달라지는가? 소비자잉여는 A+B+D가 되고 생산자잉여는

C가 된다.

수입에 따른 소비자잉여와 생산자잉여의 변화는 〈표 5.6〉에 정리되어 있다. 일단 소비자잉여는 B+D만큼 증가하고 생산자잉여는 B만큼 감소함을 알 수 있다. 즉 수입은 소비자의 후생을 증가시키지만 생산자의 후생은 감소시킨다. 외국으로부터 농산물을 수입한다고 생각하면 이런 일이 일어나리라는 것은 쉽게 짐작할 수 있다. 수입이란 국내생산자에게는 불리하고 국내소비자에게는 유리하다.

그렇다면 총잉여는 어떻게 될까? 무역 이전의 총잉여는 A+B+C이었지만 무역 이후의 총잉여는 A+B+C+D이다. 즉 총잉여는 D만큼 증가한다.

〈표 5.6〉 수입의 후생효과

	무역 이전	무역 이후
소비자잉여	A	A+B+D
생산자잉여	B+C	C
총잉여	A+B+C	A+B+C+D

총잉여의 증가는 경제적 후생의 증가를 의미하므로 수입은 자원배분의 효율성을 높여 준다. 그럼에도 불구하고 수입에 반대하는 목소리는 작지 않다. 당신이 생산자라면 수입에 반대할 것이 분명하기 때문이다. 하지만 생산자잉여의 감소는 B이고 이것은 사라진 것이 아니라 생산자에게서 소비자에게로 이전되었을 뿐이다. 소비자가 아니라 생산자가 B를 누려야 할 당연한 이유라도 있는가?

생산자의 반대가 심하다면 정부는 다음과 같은 정책을 이용하면 된다. 소비자잉여가 될 B를 조세로 거두어 들이고 이를 생산자에게 보조금으로 지급하는 것이다. 그렇다면 소비자잉여는 A에서 (A+B+D가 아니라) A+D로 증가할 것이다. 여전히 소비자잉여는 D만큼 증가한다. 한편 생산자잉여는 B를 보조금으로 받을 것이므로 생산자잉여는 B+C가 되어 생산자의 손해는 없다. 따라서 생산자잉여는 변화가 없고 소비자잉여는 증가하므로 수입으로 인해 총잉여는 D만큼 증가한다.

정리하면 이렇다. 수입을 하되 생산자에 대한 보상이 적절하다면 생산자의 손실은 없고 소비자의 이익만이 있다. 결국 수입은 그 자체로 파레토우월한 선택이다.

만약 생산자의 요구에 따라 수입을 금지시키면 사장손실deadweight loss이 발생한다고 말한다. 총잉여가 D만큼 감소하기 때문인데 이 경우 사장손실은 D가 된다. 이를 사장손실이라고 부르는 이유는 수입을 금지한다고 해도 사장손실 D는 소비자와 생산자 중 어느 누구에게도 돌아가지 못하고 사장되기 때문이다.

〈그림 5.8〉 수출의 후생효과

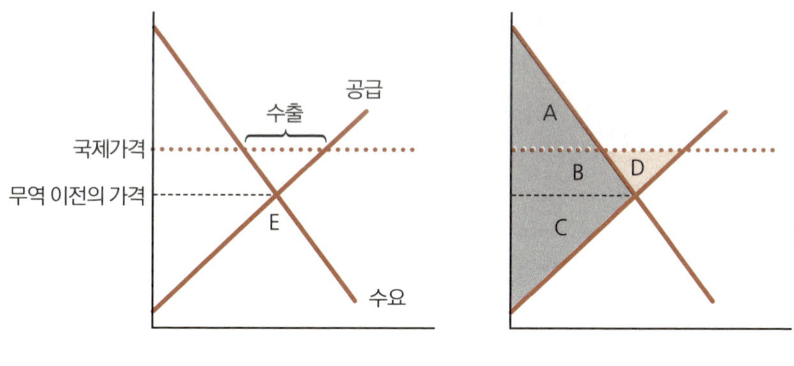

(a) 수출의 발생 (b) 총잉여의 변화

수출의 분석

다음으로 수출의 후생효과를 살펴 보기로 하자. 즉 수출이 소비자잉여와 생산자잉여 그리고 그 합인 총잉여에는 어떤 영향을 미치는가?

〈그림 5.8〉의 (a)를 보기로 하자. 우선 무역을 하지 않는다면 균형은 E에서 달성될 것이고 가격은 그림에 표시된 바와 같이 무역 이전의 가격에서 결정될 것이다. 또한 수요량과 공급량은 당연히 같을 것이다. 이 때 수요량과 공급량은 국내수요량이고 국내공급량이 된다. 왜냐하면 수출을 하지 않고 있기 때문이다.

이 때 수출을 하기로 하였다. 그렇다면 이 상품의 국제가격은 국내가격보다 높을 것이다. 그렇지 않다면 수출이 이루어지지 않을 것이기 때문이다. 즉 수출이 발생한다는 것은 이 상품의 국제가격이 국내가격보다 높음을 의미한다. 예를 들어 중국이 우리나라에 농산물을 수출할 수 있는 이유는 국제가격이 국내가격보다 비싸기 때문이다. 따라서 가격은 무역 이전의 가격에서 국제가격으로 상승한다.

〈표 5.7〉 수출의 후생효과

	무역 이전	무역 이후
소비자잉여	A+B	A
생산자잉여	C	B+C+D
총잉여	A+B+C	A+B+C+D

무역의 영향이란 국내가격이 국제가격으로 상승함을 의미하는데 그 영향은 쉽게 알 수 있다. 무역 이후 이 상품은 국내에서나 해외에서나 국제가격으로 거래되므로 〈그림 5.8〉의 (a)와 같이 국내의 공급량은 증가하고 국내의 수요량은 감소한다. 국내시장에서만 보면 초과공급처럼 보

이지만 이 차이가 바로 그림에 표시된 바와 같이 수출이다. 대부분의 수출이 발생하는 경제적 상황은 이와 같다.

사실 이 대목에서 정말로 많은 질문을 받곤 한다. 수출국의 경우 수출품의 국제가격이 국내가격보다 정말로 높은가? 예를 들어 보기로 하자. 멕시코, 베트남, 중국 등 농산물 수출국들은 수출로 인해 주요농산물의 국내가격의 상승을 경험한 바 있다. 그 이유는 농산물의 국제가격이 국내가격보다 높았기 때문이다. 따라서 수출 이후 수출국 농산물의 국내가격도 국제가격수준으로 상승했던 것이다.

수출의 후생효과

그렇다면 수출은 경제적 후생에 어떤 영향을 미칠까? 이제 〈그림 5.8〉의 (b)를 보기로 하자. 우선 수출을 하기 전의 소비자잉여는 A+B이고 생산자잉여는 C임을 알 수 있다. 그렇다면 수출로 인해 소비자잉여와 생산자잉여는 어떻게 달라지는가? 소비자잉여는 A가 되고 생산자잉여는 B+C+D가 된다.

수출에 따른 소비자잉여와 생산자잉여의 변화는 〈표 5.7〉에 정리되어 있다. 일단 소비자잉여는 B만큼 감소하고 생산자잉여는 B+D만큼 증가함을 알 수 있다. 수출은 소비자의 후생을 감소시키지만 생산자의 후생은 증가한다. 그렇다면 총잉여는 어떻게 될까? 무역 이전의 총잉여는 A+B+C이었지만 무역 이후의 총잉여는 A+B+C+D이므로 총잉여는 D만큼 증가한다. 수출은 경제적 후생을 높여 준다.

수입에 대해 이미 설명한 바와 같이, 정부가 수출을 금지시킬 때에도 사장손실이 발생한다. 총잉여가 D만큼 감소하기 때문인데 이 경우에도 사장손실은 D가 된다. 〈표 5.7〉을 보면 쉽게 확인할 수 있는데 사장손실 D는 수출을 금지한다고 해도 소비자와 생산자 중 어느 누구에게도 돌아가지 못하고 사장될 뿐이다.

수출과 수입에 대한 이중적 태도

우리는 수입에 반대하는 주장을 듣기는 해도 수출에 반대하는 주장을 듣기 어려울 것이다. 하지만 수입에 반대하는 주장만큼이나 수출에 반대하는 주장도 만만치 않다. 물론 수출에 반대하는 사람들은 생산자가 아니라 소비자이다.

앞에서 예로 든 멕시코, 베트남 등 농산물수출국을 생각해 보자. 이 나라들에서 농산물 생산자들은 수출로 인해 이익을 얻는다. (수출하지 않고 국내에서만) 국내가격으로 판매하는 것보다 (수출하여 국내외에서) 더 높은 국제가격으로 판매하는 것이 더 유리하기 때문이다. 하지만 이 나라들의 소비자는 그만큼의 손해를 겪게 마련이다. 농산물을 수출하는 탓에 농산물가격이 국제가격으로 상승하기 때문이다. 이것이 수출로 인한 (B만큼의) 소비자잉여 감소를 의미한다. 그렇기 때문에 이 나라들의 경우 식량가격의 안정을 위해 수출을 중단하기도 하였다. 수출로 인한 식량가격상승을 막기 위한 것이었다. 이렇게 보면 수출과 수입은 대칭적인 현상이다.

물론 수출금지가 바람직한 정책이라고 볼 수는 없다. 이 경우 정부는 다음과 같은 정책을 이용하는 것이 좋다. 생산자잉여가 될 B를 조세로 거두어 들이고 이를 소비자에게 보조금으로 지급하는 것이다. 그렇다면 소비자잉여는 A+B로 유지될 것이고 생산자잉여는 C+D가 된다. 결론적으로 수출은 파레토우월한 선택이다.

사례연구

소비자잉여와 생산자잉여는 후생수준을 분석하는 데 매우 유용한 개념이다. 이를 활용하여 사회적 논란이 되고 있는 두 가지 이슈를 살펴 보기로 한다.

FTA의 후생효과

소비자잉여와 생산자잉여를 이용하면 특정의 현상이나 정책이 가져오는 후생효과를 금액으로 측정할 수 있다. 주목할 것은 추상적인 개념이 아니라 구체적인 금액으로 후생효과를 나타낼 수 있다는 점이다. 그 이유는 소비자잉여와 생산자잉여를 측정하는 방법을 설명할 때 이용한 간단한 예를 보면 쉽게 알 수 있다.

한미 FTA와 한EU FTA를 추진하기 직전에 이루어진 국내의 한 연구는 한미 FTA와 한EU FTA를 동시에 추진할 경우 경제적 효과가 다음과 같을 것이라고 추정하였다. 실질 GDP는 7.6% 더 증가할 것으로 예상하였으며 고용은 단기적으로 10만 7천명, 중장기적으로 약 55만 3천명 증가할 것으로 예상하였다. 끝으로 후생수준은 277억 달러 증가할 것으로 예상하였다. 이 연구결과에서 277억 달러가 바로 총잉여의 증가분을 말한다. 이와 같이 한미 FTA와 한EU FTA가 경제적 후생에 미치는 효과는 구체적인 수치로 나타낼 수 있다.

물론 FTA를 둘러싼 논쟁은 여전하다. 거기에는 학문적 견해가 매우 다양한 탓도 있다. 이 책에서는 비교우위이론만을 설명하였지만 국제무역을 설명하는 이론에는 불완전경쟁이론이나 유치산업보호론 등 다양한 견해가 있다. 다만 비교우위이론이 가장 많은 국제무역현상을 설명한다는 데에는 이견이 없다고 생각한다.

또 한 가지 문제를 언급하고 싶다. 수입은 소비자잉여의 증가와 생산자잉여의 감소를 초래하지만 총잉여는 증가한다고 말한 바 있다. 그래도 수입이 생산자에게 미치는 손실을 무시할 수는 없다. 수입이 어느 누구에게도 손실이 되지 않으려면 수입의 이익을 생산자에게 이전하는 정책은 반드시 필요하다. 다만 이 정책이 쉽지는 않다. 누구에게 얼마를 보상해야 할지 알기 어렵기 때문이다.

애그플레이션과 식량수출금지

수출은 좋은 것이고 수입은 나쁜 것이라고 생각하는 사람이 많다. 이런 사고방식은 매우 오랜 역사를 가지고 있는데 18세기에 풍미했던 중상주의mercantilism가 바로 그것이다. 중상주의는 국가의 부를 증대시키기 위해 정부가 수출을 촉진하고 수입을 억제하는 보호무역주의정책을 취해야 한다고 주장했다.

아담 스미스가 그토록 비판했음에도 불구하고 중상주의는 인기있는 정치적 주장이 되어 빈번하게 등장하곤 했다. 1990년대 미국에서는 일본과의 무역수지적자가 미국경제하락의 원인이라는 주장이 팽배하기도 했다. 하지만 노벨경제학상 수상자 폴 크루그만P.Krugman은 이를 신(新)중상주의라고 비판했다.

잘 생각해 보자. 수출은 생산자에게 유리하고 소비자에게 불리한 현상이며, 그와 반대로 수입은 생산자에게 불리하고 소비자에게 유리한 현상이다. 그러므로 수출과 수입에 차이가 있다면 소비자와 생산자의 입장만 바뀌었을 뿐이다.

수입이 나쁜 것이라고 주장한다면 비슷한 논리로 수출도 나쁜 것이라고 주장해야 옳을 것이다. 그렇다면 수출을 싫어하는 나라가 정말로 있었을까? 2008년에는 카자흐스탄이, 그리고 2010년에는 러시아가 밀의 수출을 일시적으로 중단한 바 있다. 쌀도 예외는 아니었는데 2007년 인도는 쌀 수출을 중단하였고 뒤이어, 중국, 베트남, 인도네시아 등 10여 나라들이 쌀 수출을 중단한 바 있다.

그 배경에는 이른바 애그플레이션agflation이라는 현상이 자리잡고 있다. 애그플레이션은 농업agriculture과 인플레이션inflation의 합성어로 2000년대 들어 전세계적으로 나타난 식량가격의 상승을 말한다. 물론 국제식량가격의 상승은 수출국의 생산자들에게 매우 좋은 소식이다. 비싼 가격에 수출할 수 있게 되었기 때문이다. 하지만 그 이면에는 국내소비자잉여의 감소가 있었다.

2008년 밀의 수출을 중단한 바 있는 카자흐스탄의 정부는 "국내 빵가격은 50%, 밀가루가격은 2배나 뛰었는데 그 이유가 지나친 수출로 인해 내수용 밀이 부족하였기 때문"이라고 밝혔다. 수출로 인해 내수용 밀의 공급이 부족해지고 국내의 밀가격이 상승하여 소비자잉여가 감소하였기 때문에 수출을 중단했던 것이다.

6

공공경제의 문제

시장실패와 공공경제

아담 스미스는 시장을 신뢰하는 대표적인 인물로 인용되곤 한다. 하지만 그는 다음과 같이 말한 바 있다. "기업가들은 사적 이익을 추구함으로써 사회적 선을 의도한 경우보다 종종 더 효율적으로 사회적 선을 촉진시킨다."

시장실패

이 말에는 두 가지 의미가 담겨 있다. 첫째, 사회적 선을 달성하는데 있어서 사회적 선을 의도한 경우보다 사적 이익을 추구하도록 허용하는 것이 더 효율적이라는 것이다. 즉 개인의 이기적 행위는 이기적 목적을 달성하는 데 그치지 않고 사회전체의 편익을 극대화한다는 뜻이다. 하지만 이것이 전부는 아니다.

둘째, 사적 이익의 추구가 '항상' 사회적 선을 달성한다고는 말하지 않았다. 잘 읽어 보면 '항상'이 아니라 '종종'이라는 표현을 사용하고 있음에 주의해야 한다.

많은 경우 자유로운 시장은 사회전체의 편익을 극대화한다. 설령 그렇지 않다고 의심되는 경우에도 자유로운 시장보다 더 효율적인 자원배분기구는 없었다. 하지만 자유로운 시장이라고 해서 항상 완벽한 결과를 가져다 주는 것은 아니다.

시장실패market failure란 자유로운 시장에서 효율적인 자원배분이 달성되지 못하는 경우를 말한다. 즉 시장실패가 있는 때에는, 모든 경제주체가 자유롭게 행동하여 균형이 달성되더라도 경제적 후생이 극대화되지 못할 수 있다.

시장경제에서 가격의 자원할당기능과 자원배분기능은 탁월하다고 말한 바 있다. 즉 가장 높은 가치를 부여하는 사람에게 적절한 양만큼 자원이 할당되고, 가장 효율적으로 이용할 수 있는 사람에게 적절한 양만큼 자원이 배분된다. 하지만 시장실패가 있을 때 가격의 두 가지 기능은 왜곡된 결과를 초래할 수 있다. 즉 때로는 소비자에게 적절한 양보다 많이 할당되거나 적게 할당될 수 있으며, 때로는 생산자에게 적절한 양보다 많이 배분되거나 적게 배분될 수 있다.

시장실패와 정부실패

자원배분의 효율성을 훼손하는 현상이므로 시장실패의 해결은 중요한 과제로 인식되어 왔다. 크게 두 가지 방법이 있는데 하나는 시장이 스스로 시장실패를 해결하도록 하는 것이고 다른 하나는 정부가 개입하는 것이다.

시장에서 경제주체 스스로가 시장실패를 해결할 수 있다면 이것이 최선의 방법일 것이다. 따라서 시장실패가 있었다고 해서 반드시 정부가 개입해야 하는 것은 아니다. 하지만 모든 시장실패가 시장에 의해 자동적으로 해결되지는 않았다. 시장이 스스로 해결하지 못할 때 정부의 개입은 불가피한 선택으로 간주되어 왔다.

시장실패는 정부가 경제활동에 개입해야 하는 진정한 근거가 된다. 즉 정부가 경제활동에 개입할 수 있는 이유는 시장실패가 있다고 판단되기 때문이다. 하지만 이 말은 다음과 같은 뜻이기도 하다. 시장실패가 없을 때에는 정부가 경제활동에 개입해야 할 근거가 없다는 것이다. 즉 정부는 아무 때나 경제활동에 개입해도 되는 것이 아니며 정부의 개입은 시장실패가 있을 때로 국한되어야 한다. 4장에서 정부정책이 자원배분의 효율성을 훼손하는 경우를 살펴 보았는데 그 이유는 시장실패가 없음에도 불구하고 정부가 경제활동에 개입하였기 때문이다.

경제활동에 대한 정부의 개입은 언제나 논쟁적인 문제이다. 논쟁의 핵심은 시장실패가 얼마나 많은가에 달려 있다. 정부의 개입을 옹호하는 경제학자들은 시장실패가 빈번하게 발생한다고 생각한다. 반면에 정부의 개입을 꺼리는 경제학자들은 시장실패가 많지 않고, 있다고 하더라도 시장이 스스로 해결해 왔다고 생각한다. 게다가 그들은 시장실패를 해결하기 위한 정부의 정책이 오히려 자원배분의 효율성을 저해한다고 주장한다. 이를 정부실패government failure라고 하는데 작은 정부의 옹호론자들은 시장실패보다 정부실패가 더 큰 문제라고 생각한다.

시장실패가 발생하는 원인은 꽤 많다. 중요한 것을 언급하면 불완전경쟁, 외부효과, 공공재와 공유자원 등이다. 이 장에서는 외부효과, 공공재와 공유자원의 문제를 다루려고 한다. 불완전경쟁은 시장조직이 완전경쟁이 아니라 독점, 과점, 독점적 경쟁일 때 나타나는데, 이에 대해서는 8장과 9장에서 자세히 다루기로 한다.

외부효과

외부효과는 시장실패를 초래하는 중요한 요인 중 하나이다. 생소하게 들릴지 모르지만 외부효과는 우리가 일상생활에서 흔히 경험하는 것이다. 이런 현상들을 경제문제로 이해하고 해결책을 찾으려는 노력이 진실로 필요해 보인다.

외부효과란?

외부효과externality는 누군가의 경제적 행위가 제3자의 경제적 후생에 영향을 미치지만 그에 따른 보상이 이루어지지 않는 현상을 말한다. 〈그림 6.1〉을 보면 왜 외부효과란 표현이 사용되는지를 쉽게 알 수 있을 것이다.

본래 경제적 행위란 일정한 비용cost을 들여 일정한 편익benefit을 얻는 것으로 볼 수 있다. 만약 A가 모든 비용을 지출하여 그에 따른 모든 편익을 스스로만이 누린다면 그의 경제적 행위는 A의 내부에서 이루어졌다고 말한다. 이 경우 A는 스스로 결정하고 그 결과도 스스로 책임지면 될 일이다.

문제는 A의 경제적 행위가 외부에 영향을 미치는 것이다. 예를 들어 A가 비용을 지출하여 경제적 행위를 하였는데 이것이 제3자인 B의 편익에 영향을 미친다고 하자. 그렇다면 A의 경제적 행위는 A의 내부에서 끝난 것이 아니므로 외부에 효과를 미친 것이다. 물론 B는 아무런 경제적 행위를 한 적이 없으므로 아무런 비용도 지출하지 않았다. 그렇지만 A로부터 좋든 나쁘든 영향을 받았다. 이에 대해 A가 B에게 보상하거나 또는 B가 A에게 보상한다면 문제는 간단해진다. 하지만 그에 따른 적절한 보상이 이루어지지 않는다면 외부효과가 있다고 말한다.

외부효과는 두 가지 요건이 충족되어야 한다. 첫째, 제3자의 경제적 후생에 영향을 미치고, 둘째, 그 행위에 대한 적절한 보상이 없어야 한다. 외부효과란 A가 B의 경제적 후생에 영향을 미침으로써 무엇인가를 거래한 것과 같지만 이에 대한 적절한 보상이 이루어지지 않음으로써 거래가 제대로 수행되지 않은 것과 같다.

〈그림 6.1〉 외부효과

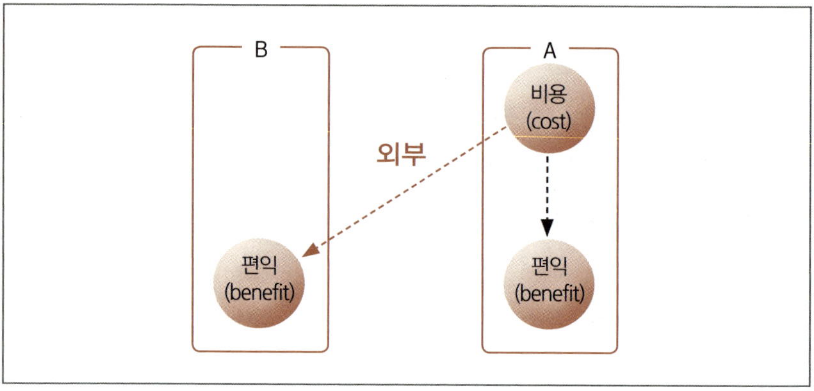

외부효과에는 두 가지 종류가 있다. 하나는 긍정적 외부효과positive externality로 제3자의 경제적 후생에 긍정적 효과를 미치는 것을 말하며 외부경제라고도 한다. 또 다른 하나는 부정적 외부효과negative externality로 제3자의 경제적 후생에 부정적 효과를 미치는 것을 말하며 외부불경제라고도 한다. 물론 긍정적 외부효과이든 부정적 외부효과이든 그에 대한 적절한 보상은 이루어지지 않는다.

외부효과의 예

긍정적 외부효과의 예로는 전통한옥의 보존을 들 수 있다. 사회적 후생에 기여함은 분명하지만 전통한옥을 보존하는 개인에게는 재산상으로 큰 손실이 발생한다. 이들에게 충분한 보상이 이루어지지 않는다면 긍정적 외부효과가 발생한다.

신기술 개발은 생산에서 나타나는 긍정적 외부효과에 해당된다. 어떤 기업이 신기술을 개발하면 이로 인한 편익의 100%를 개발자만이 누리는 것은 아니다. 어떤 형태로든 제3자에게도 혜택이 돌아가지만 보상이 충분하지 않을 수 있다.

부정적 외부효과의 예도 쉽게 찾을 수 있다. 소비에서 부정적 외부효과를 유발하는 대표적인 예로는 자동차매연, 음주, 흡연 등이 있다. 제3자의 경제적 후생에 부정적 영향을 미치지만 이에 대해 보상해야 한다고 생각하는 사람조차 드물다.

생산에서 발생하는 부정적 외부효과의 예로는 오염물질의 배출을 들 수 있다. 어떤 기업이 생산활동의 결과로 폐수를 배출하였다고 하자. 이것이 지역주민에게 미칠 부정적 영향은 분명하다. 하지만 적절한 보상이 이루어지지 않는다면 오염물질의 배출행위는 부정적 외부효과를 초래하는 현상이다.

외부효과가 없을 때 시장의 균형

5장에서 후생경제학을 배운 바 있는데 이를 조금 다르게 표현하면 수요는 편익을 반영하고 공급은 비용을 반영한다고 말할 수 있다. 이 개념을 확장하면 편익은 사회적 편익social benefit과 사적 편익private benefit으로 구분할 수 있고, 비용도 사회적 비용social cost과 사적 비용private cost으로 구분할 수 있다.

외부효과가 없을 때 사적 편익은 사회적 편익과 같고 사적 비용은 사회적 비용과 같다. 외부효과가 없으면 제3자에 대한 영향이 없기 때문이다. 따라서 사적 편익은 그 자체가 사회적 편익이 되고, 사적 비용도 그 자체가 사회적 비용이 된다. 외부효과가 없을 때에는 사적인 것과 사회적인 것이 다를 이유가 없다.

〈그림 6.2〉에는 외부효과가 없을 때의 수요곡선과 공급곡선이 그려져 있다. 외부효과가 없으므로 수요곡선은 사적 편익을 반영하는 동시에 사회적 편익을 반영하고, 공급곡선은 사적 비용을 반영하는 동시에 사회적 비용을 반영한다.

따라서 시장의 균형에서 가격과 거래량이 결정되면 시장의 실제 거래량은 사적으로 최적의 거래량이기도 하면서 사회적으로 최적의 거래량이기도 하다. 즉 외부효과가 없을 때 거래량의 결정을 시장에 맡겨 두면 사적인 관점에서뿐만 아니라 사회적인 관점에서도 적절한 양의 상품이 생산되고 소비된다. 아담 스미스의 표현에 따르면 개인의 이기적 행위가 사적인 선뿐만 아니라 사회적인 선까지도 달성한 셈이다. 시장실패가 없다는 것은 바로 이런 경우에 해당된다.

〈그림 6.2〉 외부효과가 없을 때 시장의 균형

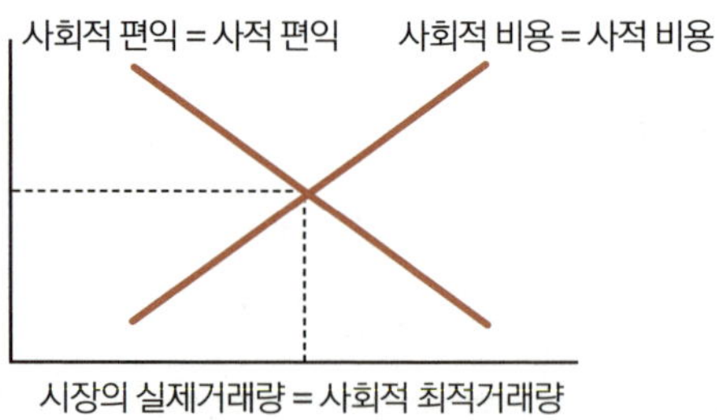

외부효과가 시장실패를 초래하는 이유

외부효과가 있을 때 시장실패가 초래되는 이유는 사회적 편익이 사적 편익과 일치하지 않거나 또는 사회적 비용이 사적 비용과 일치하지 않기 때문이다.

〈그림 6.1〉을 보면 A는 B의 경제적 후생에 영향을 미친다. 첫째, 소비에서 외부효과가 나타났다면 A는 B의 편익에 영향을 주었을 것이다. 그렇다면 사회적 편익은 A의 사적 편익과 분명히 다르다. 이 경우 사회적 편익은 A의 사적 편익과 B의 사적 편익을 더한 것과 같다. 둘째, 생산에서 외부효과가 있었다면 B가 A의 비용에 영향을 주었을 것이다. 그렇다면 사회적 비용은 A의 사적 비용과 분명히 다르다. 사회적 비용은 A의 사적 비용과 B의 사적 비용을 더한 것과 같다.

사적인 것과 사회적인 것의 불일치로 인해 시장실패가 초래되는 이유는 무엇일까? 자세한 설명을 하기 전에 결론부터 말하면 이렇다. 긍정적 외부효과가 있을 때에는 사회적 최적보다 과소하게 상품이 거래되고, 부정적 외부효과가 있을 때에는 사회적 최적보다 과다하게 상품이 거래된다. 외부효과를 갖는 상품의 경우 시장에서 실제로 이루어지는 거래량은 사회적 최적social optimum이 되지 못한다.

〈그림 6.3〉 소비에서의 외부효과

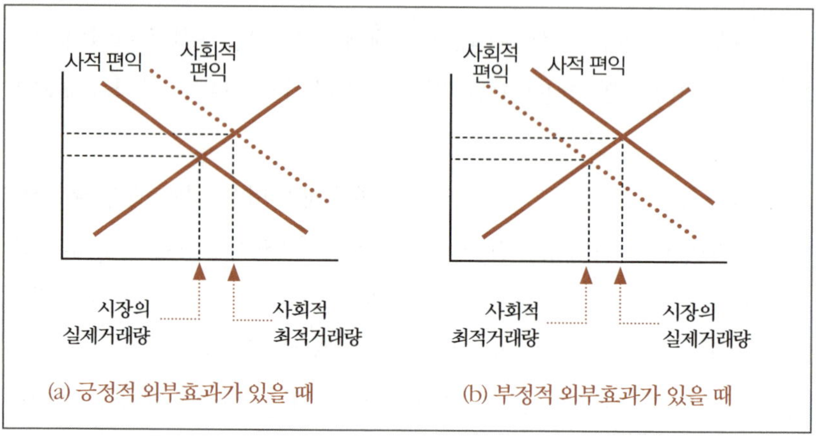

우선 소비의 외부효과가 있을 때 시장실패가 초래되는 이유를 살펴본다. 〈그림 6.3〉은 소비에서 외부효과가 있을 때 수요곡선과 공급곡선을 보여준다. 이 경우 문제가 되는 것은 사회적 편익과 사적 편익의 불일치이고, 그 효과는 사회적 편익을 반영하는 수요곡선과 사적 편익을 반영하는 수요곡선의 불일치로 나타난다.

첫째, 긍정적 외부효과가 있을 때에는 〈그림 6.3〉의 (a)처럼 사회적 편익이 사적 편익보다 크다. 그 이유는 다음과 같다. A가 어떤 상품을 소비하면 A의 사적 편익도 증가하지만 B의 사적 편익도 증가한다. 따라서 사회적 편익은 A의 사적 편익(+)과 B의 사적 편익(+)의 합이고 이 값은 당연히 A의 사적 편익보다 크다.

둘째, 부정적 외부효과가 있을 때에는 〈그림 6.3〉의 (b)처럼 사회적 편익이 사적 편익보다 작다. 그 이유는 다음과 같다. A가 어떤 상품을 소비하면 A의 사적 편익은 증가하지만 B의 사적 편익은 감소한다. 따라서 사회적 편익은 A의 사적 편익(+)과 B의 사적 편익(−)의 합이고 이 값은 당연히 A의 사적 편익보다 작다.

시장의 균형은 어떠한가? 소비자는 당연히 사적 편익이 반영된 수요곡선에 의해 행동하게 될 것이다. 따라서 균형은 사적 편익이 반영된 수요곡선과 공급곡선이 만나는 점에서 달성되고 이로부터 시장의 실제 거래량이 결정된다. 하지만 이 값과 사회적 최적거래량은 분명히 다르다. 사회적 최적거래량은 사회적 편익이 반영된 수요곡선과 공급곡선이 만나는 점에서 구할 수 있다.

〈그림 6.3〉을 보면 균형에서 결정되는 실제 거래량과 사회적 최적거래량의 차이를 쉽게 확인할 수 있다. (a)와 같이 긍정적 외부효과가 있을 때에는 실제 거래량이 사회적 최적 거래량보다 적고, (b)와 같이 부정적 외부효과가 있을 때에는 실제 거래량이 사회적 최적 거래량보다 많다.

소비에서 경제적 후생이 극대화되려면 그 상품에 대해 높은 가치를 부여하는 사람에게 적절한 양의 상품이 소비되어야 한다. 하지만 이미 살펴 본 바와 같이 소비의 외부효과가 있으면 사회적 관점에서 볼 때 적절한 사회적 최적거래량의 상품이 소비되지 못한다. 긍정적 외부효과가 있을 때에는 너무 적게 소비되고 부정적 외부효과가 있을 때에는 너무 많이 소비된다. 이것이 바로 시장실패이다.

생산의 외부효과가 있을 때에도 마찬가지이다. 〈그림 6.4〉는 생산에서 외부효과가 있을 때 수요곡선과 공급곡선을 보여준다. 이 경우 문제가 되는 것은 사회적 비용과 사적 비용의 불일치이고, 그 효과는 사회적 비용을 반영하는 공급곡선과 사적 비용을 반영하는 공급곡선의 불일치로 나타난다.

첫째, 긍정적 외부효과가 있을 때에는 〈그림 6.4〉의 (a)처럼 사회적 비용이 사적 비용보다 작다. 그 이유는 이렇다. A가 어떤 상품을 생산하면 A의 사적 비용은 증가하지만 B의 사적 비용은 오히려 감소한다. 따라서 사회적 비용은 A의 사적 비용(+)과 B의 사적 비용(−)의 합이고 이 값은 당연히 A의 사적 비용보다 작다.

둘째, 부정적 외부효과가 있을 때에는 〈그림 6.4〉의 (b)처럼 사회적 비용이 사적 비용보다 크다. 그 이유는 다음과 같다. A가 어떤 상품을 생산하면 A의 사적 비용도 증가하지만 B의 사적 비용도 증가한다. 따라서 사회적 비용은 A의 사적 비용(+)과 B의 사적 비용(+)의 합이고 이 값은 당연히 A의 사적 비용보다 크다.

〈그림 6.4〉 생산에서의 외부효과

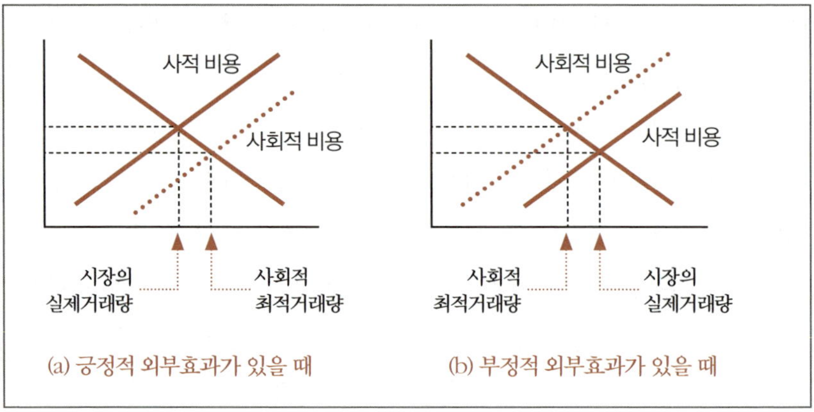

시장의 균형은 어떠한가? 시장의 균형은 수요곡선과 사적 비용이 반영된 공급곡선이 만나는 점에서 달성되고 이로부터 시장의 실제 거래량이 결정된다. 하지만 이 값과 사회적 최적거래량은 분명히 다르다. 사회적 최적거래량은 수요곡선과 사회적 비용이 반영된 공급곡선이 만나는 점에서 구할 수 있다.

〈그림 6.4〉를 보면 균형에서 결정되는 실제 거래량과 사회적 최적거래량의 차이를 쉽게 확인할 수 있다. (a)와 같이 긍정적 외부효과가 있을 때에는 실제 거래량이 사회적 최적 거래량보다 적고, (b)와 같이 부정적 외부효과가 있을 때에는 실제 거래량이 사회적 최적 거래량보다 많다.

생산에서 경제적 후생이 극대화되려면 효율적인 생산자에게 자원이 배분되어 적절한 양의 상품이 생산되어야 한다. 하지만 이미 살펴 본 바와 같이 생산의 외부효과가 있으면 사회적 관점에서 볼 때 적절한 사회적 최적거래량의 상품이 생산되지 못한다. 긍정적 외부효과가 있을 때에는 너무 적게 생산되고 부정적 외부효과가 있을 때에는 너무 많이 생산된다. 이것이 바로 시장실패이다.

좋은 일은 적게 하고 나쁜 일은 많이 한다

외부효과가 초래하는 시장실패를 간단히 요약하면 다음과 같다. 긍정적 외부효과를 가져오는 상품은 사회적으로 바람직한 양보다 적게 거래되고, 부정적 외부효과를 가져오는 상품은 사회적으로 바람직한 양보다 많이 거래된다.

본래 긍정적 외부효과는 적절한 보상을 받지 못하면서 제3자에게 좋은 일을 하는 것이고 부정적 외부효과는 적절한 보상을 지불하지 않으면서 제3자에게 나쁜 일을 하는 것이다. 따라서 긍정적 외부효과를 가져오는 상품이 적게 거래되고 부정적 외부효과를 가져오는 상품이 많이 거래된다는 사실은 다음과 같이 말할 수 있다. 시장에 맡겨 두면 좋은 일은 적게 하고 나쁜 일은 많이 한다.

예를 들어 보기로 하자. 긍정적 외부효과를 지닌 것으로 전통한옥의 보존과 신기술개발을 언급한 바 있다. 이 경제적 행위들은 제3자에게 도움이 되는 일을 하는 것이지만 이에 대한 적절한 보상이 없으면 하려는 사람이 흔하지 않을 것이다. 반면에 부정적 외부효과를 지닌 것으로 음주, 흡연, 오염물질배출을 언급한 바 있다. 이 경제적 행위들은 제3자에게 손해가 되는 일을 하는 것이지만 이에 대한 적절한 보상(벌칙)이 없으면 거리낌없이 함부로 행해지기 마련이다.

외부효과의 내부화

외부효과의 해결을 외부효과의 내부화internalizing an externality라고 부른다. 제대로 정의하면 다음과 같다. 외부효과의 내부화는 사람들의 유인incentive구조를 바꾸어 외부효과를 의사결정에 감안하도록 만드는 과정이다.

오염물질을 배출하는 부정적 외부효과를 예로 들기로 하자. 문제의 초점은 생산자가 부정적 외부효과에 상응하는 비용을 지불하지 않는데 있다. 그렇기 때문에 오염물질의 배출이 과다해지는 것이다. 그렇다면 오염물질을 배출하는 생산자가 비용을 부담하도록 만들자는 것이다. 그렇다면 생산자도 부정적 외부효과에 상응하는 비용을 고려할 수밖에 없을 것이며 과다한 생산량은 줄어들게 된다.

외부효과의 내부화원리는 다음과 같다. 소비의 경우에는 사회적 편익과 사적 편익이 일치되도록 하고, 생산의 경우에는 사회적 비용과 사적 비용이 일치되도록 하는 것이다. 〈그림 6.3〉의 경우 사적 편익을 사회적 편익과 같도록 만들어 〈그림 6.2〉와 같이 되도록 하자는 것이다. 또한 〈그림 6.4〉의 경우 사적 비용을 사회적 비용과 같도록 만들어 〈그림 6.2〉와 같이 되도록 하자는 것이다.

외부효과의 내부화에는 여러 방법이 연구되어 왔다. 가장 잘 알려진 것이 정부의 개입에 의한 것이지만 그것이 전부는 아니다. 외부효과를 해결하는 방법에는 크게 3가지가 있다. 첫째는 사적 대응이고, 둘째는 정부의 대응이며, 셋째는 오염배출권의 거래이다. 순서대로 살펴 보기로 하자.

외부효과의 내부화 1 : 시장에 의한 해결

외부효과가 시장실패의 요인이기는 하지만 정부의 개입이 반드시 필요한 것은 아니다. 시장에 의해 민간 스스로 해결할 수 있다면 그것이 최선일 것이다.

첫째, 교육과 계몽이다. 우리는 민간 스스로가 긍정적 외부효과를 가져오는 행위를 자발적으로 권장하고, 부정적 외부효과를 초래하는 행위를 자발적으로 억제하는 예를 흔히 관찰할 수 있다. 매우 다양한 노력이 시도되고 있는데, 시민의 자발적 참여로 진행되는 승용차요일제나 금연운동 등이 대표적인 예이다.

둘째, 기부 및 자선활동이다. 빈곤층 돕기는 긍정적 외부효과를 가져오는 행위이므로 과소해지기 쉽다. 그래서 정부가 할 일이라고 생각하는 경향이 있지만 빈곤층을 돕기 위한 민간의 노력은 매우 광범위하게 이루어지고 있다.

셋째, 외부효과를 유발하는 사업과 외부효과의 영향을 받는 사업을 통합하는 것이다. 생산의 경우 유용한데, 두 사업이 통합되고 나면 하나의 경제주체에 의해 외부효과가 충분히 고려될 것이므로 더 이상 외부효과는 나타나지 않는다.

넷째, 당사자가 합의하는 것이다. 당사자의 합의를 통해 긍정적 외부효과를 받는 경제주체가 상대방에게 적절한 보상을 하면 된다. 또한 당사자의 합의를 통해 부정적 외부효과를 초래하는 경제주체가 상대방에게 적절한 보상을 하면 된다.

코즈의 정리

이처럼 시장이 스스로 외부효과를 해결할 수 있다면 그것이 최선일 것이다. 그렇다면 어떤 경우 시장에 의한 내부화가 이루어질 수 있을까? 코즈의 정리Coase theorem는 협상과정에서 치러야 하는 '거래비용이 작다면' 민간 주체들이 스스로 외부효과를 시장에서 해결할 수 있다는 점을 보여 주었다.

거래비용이 작을 때 코즈의 정리는 성공할 수 있다. 예를 들어 환경오염 때문에 지역주민이 골프장 건설을 반대한다고 하자. 부정적 외부효과가 초래될 것이기 때문이다. 하지만 이런 문제는 의외로 쉽게 해결되곤 한다. 골프장회사가 지역주민과 협상하여 적절한 보상을 한 후 골프장을 건설하면 되기 때문이다.

거래비용이 클 때 코즈의 정리가 실패하곤 한다. 예를 들어 출근을 위해 자가용을 이용하는 경우 자동차 매연을 배출하므로 부정적 외부효과를 유발한다. 그래서 이를 해결하기 위해 승용차 이용자가 기꺼이 보상하려 한다고 하자. 하지만 도대체 누구에게 얼마를 보상해야 하는가? 게다가 승용차 이용자는 출근 하다 말고 부정적 외부효과를 보상하러 다녀야 하는가? 거래비용이 너무 큰 경우이다.

외부효과의 내부화 2 : 정부의 개입

거래비용이 큰 예는 쉽게 찾을 수 있다. 흡연자가 제3자에게 보상한다고 생각해 보자. 얼마나 번거로운 일이겠는가? 그럴 때에는 차라리 정부가 나서서 조세를 부과하는 것이 보다 효과적인 방법일 것이다. 즉 정부의 개입은 외부효과가 있고 그것이 시장에 의해 스스로 해결될 수 없을 때 정당화될 수 있다.

사실 우리나라에서 이루어지는 정부의 많은 활동은 외부효과의 내부화를 위한 정책에 해당된다. 정부의 개입에는 크게 두 가지 방법이 있다.

첫째는 직접규제하는 방법이다. 즉 긍정적 외부효과를 가져오는 행위를 의무화하는데 의무교육, 학생 예방접종의 의무화가 그 예이다. 또한 부정적 외부효과를 가져오는 행위를 금지하는데 금연지역 설정이나 음주운전 단속이 이에 해당된다.

둘째는 조세와 보조금을 활용하는 방법이다. 긍정적 외부효과를 가져오는 행위에 대해서는 보조금을 지급한다. 예를 들면 전통한옥을 보존하는 주민에게는 정부가 보조금을 지급한다. 반면에 부정적 외부효과를 가져오는 행위에 대해서는 조세를 부과한다. 대표적인 예가 휘발유, 술, 담배 등에 대한 고율의 조세이다.

외부효과의 내부화를 위해 부과되는 조세를 피구세Pigovian tax라고 하는데 이를 처음 주장한 경제학자 피구A. Pigou의 이름을 붙인 것이다. 우리가 흔히 세금이 너무 많다고 불평하는 휘발유에 대한 세금이 바로 피구세이다. 서울 남산터널의 이용에 부과되는 혼잡통행료도 일종의 피구세이다. 우리나라의 경우 많은 금액을 부과하지는 않지만 런던의 혼잡통행료는 하루에 8 파운드나 된다고 한다.

외부효과의 내부화 3 : 오염배출권의 거래

오염배출권emission의 거래는 비교적 최근에 시도되고 있는 방식이다. 오염배출권이란 오염물질을 배출할 수 있는 권리를 말하는데 이 방식에 따르면 각 경제주체는 오염배출권을 부여받은 후 오염배출권이 부족하면 이를 시장에서 구매해야 하고 오염배출권이 남으면 이를 시장에서 판매할 수 있다.

생소해 보이지만 오염배출권거래는 다음과 같은 예를 응용한 것이다. 서울의 한 지자체는 쓰레기소각장을 건설해야 했지만 지역내에서 마땅한 장소를 찾기 어려웠다. 이에 지방의 한 지자체와 협의한 후 쓰레기소각장을 지방으로 이전하고 매년 일정 비용을 지불하기로 합의하였다. 서울의 경우 쓰레기소각장을 건설하는데 많은 비용이 들었지만 지방의 경우에는 그렇지 않았던 것이다.

이 예는 서울의 지자체가 지방의 지자체로부터 오염배출권을 매입한 것과 같다. 지방의 경우 대기오염이 심하지 않기 때문에 여분의 오염배출권을 확보한 것과 같고, 서울의 경우 대기오염이 심하기 때문에 오염배출권이 부족하였던 것과 같다. 따라서 서울의 지자체는 지방의 지자체가 보유한 여분의 오염배출권을 매입한 셈이다. 결과적으로 서울의 지자체는 쓰레기소각장을 확보할 수 있었고 지방의 지자체는 오염배출권을 판매하여 일정한 금액을 벌어들일 수 있었다.

〈그림 6.5〉 오염배출권의 거래

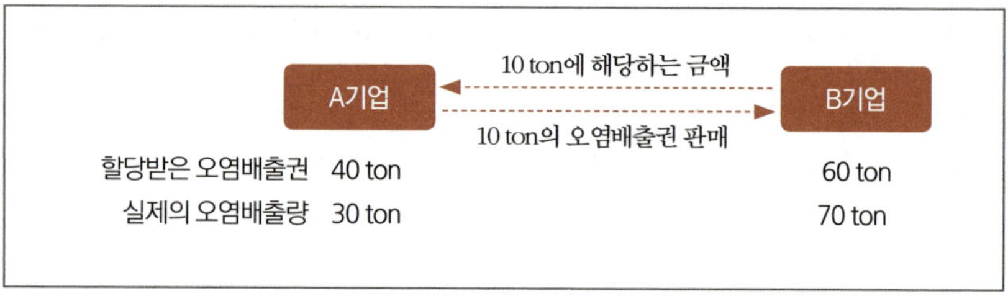

오염배출권거래는 〈그림 6.5〉와 같이 진행된다. 우선 각 경제주체에게 오염배출권을 부여한다. 그리고 일정 기간 동안 오염배출권보다 오염물질을 많이 배출한 경제주체는 오염배출권이 부족할 것이므로 오염배출권시장에서 오염배출권을 매입해야 한다. 반면에 오염배출권보다 오염물질을 적게 배출한 경제주체는 오염배출권이 남았을 것이므로 오염배출권시장에서 오염배출권을 판매할 수 있다.

이 방식의 장점은 오염물질배출을 줄이려는 유인을 제공한다는 데 있다. 오염배출권보다 오염물질을 많이 배출할 경우 비용을 지불해야 하고, 오염배출권보다 오염물질을 적게 배출할 경우 수입을 얻을 수 있기 때문이다. 따라서 각 경제주체들은 오염물질배출을 줄이려 노력할 것이고 과다한 오염물질배출은 억제될 것이다.

오염배출권을 거래한다는 건 알겠는데, 도대체 어디에서 오염배출권을 거래할 수 있을까? 오염배출권시장은 오염배출권이 거래되는 시장인데, 각국에 개설되어 있는 기후거래소라고 생각하면 된다. 이들 기후거래소에는 탄소가 상장되어 탄소를 증권처럼 거래할 수 있다. 따라서 오염배출권이 부족한 경제주체는 탄소를 구매하면 되고 오염배출권이 남는 경제주체는 탄소를 판매하면 된다. 탄소의 가격은 증권가격처럼 시장에서 결정되는데 예를 들면 1톤당 50달러라는 식이다. 시장에서 오염배출권의 가격이 결정된다는 점이 이 방식의 장점이기도 하다.

공공재

공공재란 정부가 공급하는 재화라고 생각하기 쉽다. 하지만 공공재의 정의는 그렇게 간단하지 않다. 그래서인지 어떤 상품이 공공재인가 여부에 대하여 오랜 논쟁이 있어 왔고, 이 논쟁은 정부의 역할에 대한 관점과 밀접히 관련되어 있다.

재화의 구분기준

재화를 구분하는 기준에는 두 가지가 있다. 하나는 배제성excludability이고 다른 하나는 경합성rivalry이다. 배제성은 다른 사람들의 소비를 막을 수 있는 속성을 말하며, 배제성이 없다는 말은 누구나 소비할 수 있다는 뜻이다. 한편 경합성은 한 사람이 소비하면 다른 사람의 소비가 제한되는 속성을 말하며, 경합성이 없다는 말은 어떤 사람이 소비하더라도 그 재화의 양이 줄지 않는다는 뜻이다.

배제성 유무와 경합성 유무에 따라 재화는 크게 4가지로 구분한다. 〈표 6.1〉에 4가지 종류의 재화가 예시되어 있다. 우리가 지금까지 다루어왔던 재화는 사적 재화private goods인데 이는 배제성과 경합성이 모두 있는 재화이다. 즉 다른 사람의 소비를 막을 수 있으며 누군가 그 재화를 소비한다면 그 재화의 양이 줄어든다. 예를 들어 내가 구매한 아이스크림은 다른 사람의 소비를 막을 수 있다. 그런 의미에서 배제성이 있다고 말한다. 또한 아이스크림을 먹다 보면 그 양은 줄어든다. 혹시 도둑이 나의 아이스크림을 훔친다고 하더라도 도둑이 소비할 수 있는 아이스크림의 양은 이미 줄었으므로 아이스크림은 경합성을 갖는다고 말한다.

배제성은 없지만 경합성이 있는 재화를 공유자원, 그리고 배제성도 없고 경합성도 없는 재화를 공공재라고 한다. 여기에서는 공공재를 먼저 설명하고 이어서 공유자원을 설명하기로 한다. 끝으로 배제성이 있고 경합성이 없는 재화를 자연독점이라고 하는데 이에 관한 논의는 9장으로 미루는 것이 좋겠다.

〈표 6.1〉 재화의 구분

	경합성 있음	경합성 없음
배제성 있음	사적 재화 Private Goods 아이스크림 옷 혼잡한 고속도로	자연독점 Natural Monopolies 소방 케이블 TV 한가한 고속도로
배제성 없음	공유자원 Common Resources 바다속의 물고기 쾌적한 환경 혼잡한 시내도로	공공재 Public Goods 일기예보 국방 한가한 시내도로

공공재란?

공공재public goods는 배제성과 경합성이 모두 없는 재화를 말한다. 배제성이 없으므로 누구나 소비할 수 있으며, 경합성이 없으므로 누군가가 소비한다고 해서 그 양이 줄지 않는 재화이다. 예를 들어 설명하기로 한다.

어떤 마을에 〈그림 6.6〉과 같이 사람들이 모여 살았다. 골목이 하나 있는데 가로등이 없었다고 하자. 밤이 되면 주민들은 치안이 걱정되었다. 이에 주민들이 모여 회의를 열었고 그 결과 가로등을 설치하자는데 만장일치로 동의하였다.

골목에 설치될 가로등은 공공재이다. 우선 배제성이 있는가를 생각해 보기로 하자. 가로등의 소비를 막을 수 있는가? 아니다. 골목을 지나가는 사람은 누구나 가로등 불빛을 이용할 수 있으므로 배제성은 없다. 또한 경합성은 있는가? 주민 A가 가로등을 이용한다고 해서 주민 D가 이용할 수 있는 가로등의 소비가 제한되지는 않는다. 그러므로 경합성도 없다. 따라서 골목길의 가로등은 공공재이다.

〈그림 6.6〉 공공재의 예

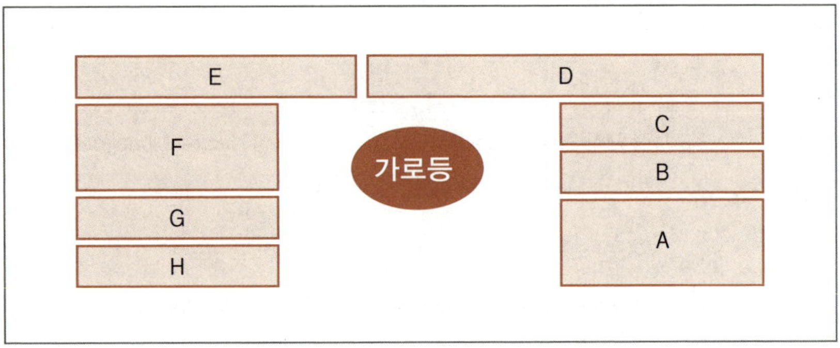

무임승차문제와 시장실패

공공재인 것은 알겠는데 이게 왜 시장실패를 초래할까?

이제 가로등 설치를 위한 마을 주민회의로 돌아가 보기로 하자. 이제 각 주민들간에 비용분담을 정하는 일만 남았다. 그런데 비용분담이란 쉬운 문제가 아니다. 주민 각자는 자신이 부담해야 할 비용을 가급적 줄이려 하며, 다른 주민들이 더 많은 비용을 부담해야 한다고 주장할 것이기 때문이다. 이처럼 갈등이 심해지다 보면 가로등 설치는 아예 백지화되기도 한다.

이를 무임승차문제free rider problem라고 한다. 무임승차의 문제란 어떤 재화로부터 혜택을 받고 있지만 그에 대해 정당한 대가를 지불하지 않으려는 현상이다.

공공재의 경우 경제주체들은 무임승차의 유인을 갖게 된다. 따라서 공공재의 생산을 시장에 맡겨 두면 사람들이 무임승차하려 하기 때문에 공공재가 제대로 공급되지 않는다. 공공재의 양이 부족하게 되므로 시장실패가 초래된 것이다.

사적 재화였다면 무임승차문제는 발생하지 않는다. 사적 재화의 경우 각자가 비용을 부담하고 각자가 소비하면 되기 때문이다. 하지만 공공재와 같이 공동으로 소비하는 재화라면 각자가 부담해야 할 비용을 줄이려는 행위는 이기적인 인간에게 자연스러운 현상이다. 우리 모두는 공짜를 좋아하지 않는가?

공공재의 예

공공재의 문제도 정부의 경제적 역할과 밀접히 관련되어 있다. 공공재라고 판단된다면 정부가 공급하는 것이 타당하다고 보기 때문이다. 따라서 경제학자들에게 무엇이 공공재이고 무엇은 공공재가 아닌가의 논쟁은 불가피한 일이다. 공공재가 많다고 생각하는 사람들은 정부의 적극적인 개입을 지지할 것이고, 공공재가 적다고 생각하는 사람들은 정부의 개입에 비판적이므로 작은 정부를 지지할 것이다.

공공재의 대표적인 예는 국방이다. 국방에는 배제성도 없고 경합성도 없기 때문이다. 헌법상의 의무임에도 불구하고 병역기피가 종종 발생하는 걸 보면 무임승차의 문제가 분명히 있다. 국방이야말로 가장 전형적인 공공재가 아닐까?

국방 다음으로 공공재로 간주되어 온 것은 소방과 치안이다. 최근에는 민간경비업체에 의해 치안행위가 이루어지기도 하지만 치안의 기본

서비스를 공공재로 보는 견해가 우세하다. 작은 정부를 주장하는 경제학자라도 국방, 소방과 치안은 정부가 맡아야 한다고 생각하는데 그것들이 공공재임에 동의하는 셈이다.

기초학문분야의 연구도 공공재로 간주된다. 예를 들면 수학, 물리학, 철학, 역사와 같은 기초학문의 연구를 말하는데 배제성과 경합성이 없음이 분명하다. 또한 시장에만 맡겨 두면 기초학문분야의 연구는 위축될 가능성이 높은데 이는 무임승차의 문제가 존재함을 의미한다. 기초학문분야는 시장에만 맡겨 둘 일은 아니다.

아마도 가장 논쟁적인 문제는 빈곤층구제일 것이다. 빈곤층구제는 공공재인가? 물론 많은 사람들은 빈곤층구제가 공공재라고 생각하며 당연히 정부가 담당해야 한다고 주장한다. 하지만 배제성과 경합성의 판단이 그렇게 쉽지 않다.

밀턴 프리드만M. Friedman은 빈곤층구제가 공공재가 아니므로 민간부문이 빈곤층구제를 담당할 수 있다고 주장하였다. 프리드만은 그 근거로 복지국가가 등장하기 이전 광범위하게 이루어졌던 민간의 자선활동을 제시하였다. 그런데 민간의 자선활동은 복지국가가 등장한 20세기 중반 이후 크게 위축되었다고 한다. 정부활동이 민간활동을 대체하였던 것이다. 만약 정부가 하지 않았다면 빈곤층구제는 민간부문이 보다 더 훌륭하게 수행하였을 것이라는 게 프리드만의 주장이다.

공유자원

사람들은 누구나 공짜를 좋아한다. 하지만 공짜가 바람직한 것은 아니다. 공짜는 적절한 양의 재화 생산을 방해하여 시장실패를 초래하기 때문이다. 시장실패의 원인인 외부효과, 공공재, 공유자원은 한결같이 공짜라는 특징을 갖는다.

공유자원이란?

공유자원common resources은 배제성은 없지만 경합성이 있는 재화이다. 배제성이 없으므로 누구나 소비할 수 있지만 경합성이 있으므로 누군가가 소비한다면 그 양이 줄어드는 재화이다. 땅속에 있는 석유를 예로 들기로 한다.

〈그림 6.7〉에 간단한 그림이 제시되어 있는데 석유가 A와 B 양국에 걸쳐 매장되어 있다. 그렇다면 A와 B 양국은 모두 이 석유를 채굴할 수 있다. 이런 의미에서 배제성은 없다고 말한다. 하지만 석유란 채굴하면 할수록 줄어드는 자원이다. 따라서 경합성은 있다고 말한다. 땅속의 석유는 공공재와는 엄연히 다르다.

공유자원의 비극

공유자원의 경우에는 공유자원의 비극tragedy of commons이라는 문제가 발생한다. 공유자원의 비극이란 공유자원이 지나치게 빨리 소비되어 일찍 고갈되는 현상을 말한다. 따라서 시장에 맡겨 두면 공유자원의 공급은 일찍 중단되곤 한다. 적절한 양의 공유자원이 생산되지 못한다는 뜻이므로 시장실패가 초래된 셈이다.

땅속에 있는 석유는 왜 일찍 고갈될까? 양국에 걸쳐 매장된 석유는 A와 B 양국이 모두 채굴할 수 있다. 그렇다면 A국은 이렇게 생각할 것이다. B국이 채굴하기 전에 우리가 먼저 많은 양을 채굴해야 한다고. B국의 속셈도 다르지 않다. A국이 채굴하기 전에 B국도 먼저 많은 양을 채굴하려 한다. 양국의 속셈은 같다.

〈그림 6.7〉 공유자원의 예

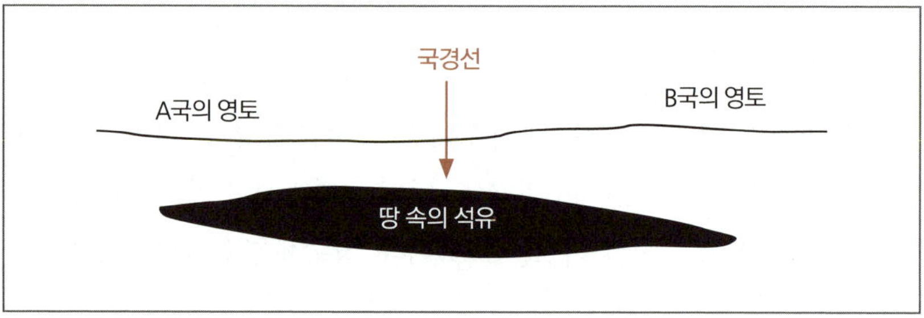

만약 이 석유가 A국의 영토에만 매장된 것이라면 A국은 장기계획을 세워 채굴하려 할 것이다. 이 경우 가채년수가 50년이라고 하자. 하지만 양국이 모두 채굴할 수 있다면 이야기는 달라진다. 양국 모두 서둘러 채굴할 것이므로 이 석유의 가채년수는 50년이 되지 못할 것이다. 불과 10년만에 고갈될지도 모른다.

이것이 바로 공유자원의 비극이다. 공유자원이 너무 빨리 소비되기 때문에 일찍 고갈되는 현상을 말한다. 공유자원이란 조기에 고갈되는 운명을 타고났다.

공유자원의 예

공유자원의 대표적인 예는 깨끗한 환경이다. 깨끗한 물과 공기는 누구나 소비할 수 있지만 무분별하게 이용하다보면 물과 공기는 더러워지기 마련이다.

공유자원의 예 중에 흥미로운 것으로 같이 먹는 등심구이가 있다. 보통 등심구이는 식탁의 가운데에서 굽고 '같이' 먹는다. 그렇다면 등심구이는 빨리 없어지는 경우가 많다. 소고기는 덜 익혀 먹어도 된다고 말하면서 다 익기도 전에 먹어치운다. 하지만 등심구이를 1인당 나누어 준다면 그렇게 빨리 먹지는 않을 것이다. 같이 먹는 등심구이는 공유자원이지만 1인당 나누어준 등심구이는 사적 재화이기 때문이다. 이처럼 등심구이가 빨리 없어지는 이유는 공유자원이기 때문이다.

야생동물들도 마찬가지이다. 우리나라에서 야생동물은 정부에서 보호한다. 그럼에도 불구하고 지리산에 풀어준 반달곰이 잘 보존되리라고 확신하는 사람은 흔치 않을 것이다. 누구나 사냥할 수 있다면 야생동물이 멸종되는 것은 시간문제이다.

공유자원을 위한 정책

공유자원의 비극을 해결하기 위한 정부정책으로 가장 기본적인 것은 공유자원의 이용을 제한하는 것이다. 깨끗한 물과 공기를 보존하기 위한 환경정책이나 야생동물의 남획을 금지하는 정책들이 모두 여기에 해당된다.

둘째, 정부가 재산권을 설정하는 정책도 있다. 재산권이 설정되면 아무나 소비할 수 없으므로 정부가 공유자원에 배제성을 부여하는 것과 같다. 그렇다면 그 재화는 더 이상 공유자원이 아니라 사적 재화가 된다. 배제성과 경합성이 모두 있기 때문이다. 사적 재화가 되고 나면 공유자원의 비극은 더 이상 나타나지 않는다.

야생동물의 예를 보기로 하자. 우리나라에서 지리산 반달곰은 멸종위기를 벗어나기가 쉽지 않다. 하지만 중국에는 반달곰이 흔하다. 그 이유는 간단한데 중국에서는 반달곰을 가축처럼 키우기 때문이다. 그렇다면 가축은 왜 멸종되지 않을까? 그 이유는 재산권 때문이다. 재산권이 보장되므로 아무나 사냥할 수 없어서 남획되지 않는 것이다. 경제학적으로 말하면 가축이 사적 재화이기 때문이다.

잘 알려진 예로 아프리카의 코끼리가 있다. 케냐, 탄자니아, 우간다 등에서는 코끼리 사냥을 불법화하고 상아의 거래를 금지한다고 한다. 이 나라들에서 코끼리는 공유자원인 셈이다. 하지만 정부의 단속이 효과적이지 못했고 코끼리의 수는 계속 감소하였다. 공유자원의 비극이 나타난 것이다. 반면에 보츠와나, 말라위, 나미비아, 짐바브웨 등에서는 코끼리의 사냥을 허용하되 자기 소유의 코끼리만 사냥할 수 있게 하였다. 정부의 단속이 없었지만 코끼리의 수는 오히려 증가하였다. 이 나라들에서 코끼리는 공유자원이 아니라 사적 재화이기 때문이다.

사례연구

시장실패가 있을 때 사람들은 정부의 개입을 기대한다. 하지만 시장실패에 대처하는 방법은 매우 다양하다. 외부효과, 공공재, 공유자원에 대해 개인 또는 공동체가 대응하는 다양한 예를 보면 정부의 개입보다 더 효과적인 경우가 많았다.

내셔널트러스트

자연환경과 문화유산은 긍정적 외부효과가 매우 강한 상품들이다. 따라서 사람들은 정부가 개입하거나 또는 정부가 공급해야 한다고 생각하기 쉽다. 하지만 민간의 자발적인 노력으로 자연환경과 문화유산이 보존되는 예는 매우 많다.

주목할 만한 예는 내셔널트러스트The National Trust이다. 이 운동은 시민의 자발적인 자산기증과 기부를 통하여 보존가치가 높은 자연환경과 문화유산을 사들이고 이를 시민의 소유로 정하여 영구히 보존하고 관리한다.

내셔널트러스트는 1895년 영국에서 시작되었다. 1907년에는 내셔널트러스트특별법이 제정되었는데 이 법에서 중요한 내용은 내셔널트러스트가 확보한 자연환경과 문화유산에 양도불가능의 원칙이 적용된다는 점이다. 즉 매각이 허용되지 않는다. 따라서 내셔널트러스트가 확보한 자연환경과 문화유산은 영구히 보존된다.

현재 430만명의 회원이 참여하고 있으며 영국 국토의 1%를 소유하여 명실공히 영국 최대의 민간토지소유자라고 한다. 영국에서 시작된 내셔널트러스트는 전세계로 확산되었고 2007년에는 세계내셔널트러스트기구가 발족되어 30여개국이 참여하고 있다. 우리나라에서도 2000년 한국내셔널트러스트가 출범한 바 있다.

내셔널트러스트는 외부효과를 시장 스스로 내부화하는 좋은 예로 시장실패의 해결이 정부만의 책임이 아님을 여실히 보여 준다. 문화유산과 자연환경은 공공재 또는 공유자원이기도 한데, 이 경우 발생하는 무임승차문제와 공유자원의 비극까지도 시장에 의해 스스로 해결할 수 있다는 사실을 알 수 있다.

교토의정서와 배출권거래제도

지구 온난화 방지를 위한 국제적 노력은 1992년 유엔의 기후변화협약을 탄생시켰고, 이 협약에 근거하여 1997년 교토의정서Kyoto Protocol가 체결되었다. 교토의정서에는 온실가스감축을 위한 구체적이고 획기적인 실행방법이 제시되어 있는데, 그 핵심은 앞에서 설명한 바 있는 오염배출권거래라고 볼 수 있다.

교토의정서에는 모든 나라들에 적용되는 공통목표가 있다. 공통목표에는 온실가스의 관측과 통계, 온실가스감축을 위한 교육과 연구 등에 관한 사항들이 포함되어 있고 선진국과 개발도상국 모두가 이행하여야 한다. 하지만 이에 더하여 선진국에는 구체적인 온실가스감축목표가 제시되었다. 예를 들어 1990년 대비 EU는 8%, 미국은 7%, 일본과 캐나다는 6%을 감축하도록 상한선을 정한 것이다.

선진국의 온실가스감축목표는 오염배출권의 할당과 같다. 이를 달성하기 위한 메커니즘으로 교토의정서는 청정개발체제Clean Development

Mechanism, 배출권거래Emissions Trading, 공동이행Joint Implementation 등을 제시하였는데 오염배출권의 거래를 실행에 옮기기 위한 구체적인 메커니즘에 해당된다.

배출권거래는 오염배출권의 거래를 말한다. 온실가스감축목표를 달성하지 못한 나라 또는 기업은 배출권을 구매하고 이를 초과 달성한 나라 또는 기업은 배출권을 판매할 수 있도록 하였다. 또한 청정개발체제와 공동이행은 배출권거래를 보완한다. 청정개발체제는 선진국이 개발도상국에 투자하여 온실가스를 감축하였을 때 감축량의 일부를 선진국의 온실가스감축량에 포함할 수 있도록 허용한 것이고, 공동이행은 선진국이 다른 선진국에 투자하여 온실가스를 감축하였을 때 감축량의 일부를 투자한 선진국의 온실가스감축량에 포함할 수 있도록 허용한 것이다.

현재 전세계적으로 많은 기후거래소가 개설되어 있다. 그 중에서 대표적인 것은 유럽기후거래소European Climate Exchange와 시카고기후거래소Chicago Climate Exchange인데 탄소가 상장되어 거래되고 있다. 시카고기후거래소의 경우 듀퐁과 모토롤라 등 기업, 오클랜드와 시카고 등 시정부, 미네소타대학 등 교육기관, 미국농민연맹National Farmers Union 등 농민단체가 회원으로 거래에 참여하고 있다.

오스트롬의 '제3의 길'

2009년 엘리노어 오스트롬Elinor Ostrom은 공유자원에 관한 연구업적을 인정받아 노벨경제학상을 수상하였다. 여성이라는 이유로 특별히 주목받기도 하였지만 그녀는 공유자원의 관리에 대한 탁월한 연구업적을 남긴 학자이다.

공유자원의 비극을 설명할 때 이에 대처하는 방법으로 2가지를 언급한 바 있다. 하나는 정부가 공유자원의 사용을 제한하거나 또 다른 하나는 공유자원의 재산권을 인정하여 아예 사적 재화로 만드는 것이었다. 굳이 비교하자면 전자는 국가가 관리하는 방식이고 후자는 사유화를 통하여 민간이 관리하는 방식이다.

오스트롬은 초원의 예를 들어 국가관리가 좋은 방식이 아님을 지적하고 있다. 국가관리의 전형적인 예는 사회주의라고 볼 수 있는데, 소련과 중국에서는 초원을 국가소유의 집단농장으로 만들었다. 하지만 이로 인해 초원의 품질은 급격히 악화되고 말았다. 그렇다고 사유화가 초원을 회복시킨 것도 아니었다. 1980년대 중국 정부는 집단농장을 해체하였고 내몽골지역의 초원 중 상당부분을 민영화시켰다. 하지만 민영화에도 불구하고 초원의 품질은 회복되지 못하였다.

이와 비교할 때 몽골에선 초원이 잘 관리되었다고 한다. 몽골의 경우 1990년대 중반까지 유목생활이 유지되어 왔는데, 초원의 지역공동체들이 목초지 등 공유자원을 자치적으로 잘 관리해 왔던 것이다. 오스트롬은 이를 제3의 길이라 불렀다.

제3의 길은 지역공동체들이 공유자원을 자치적으로 관리하는 방식을 말한다. 오스트롬은 공유자원의 경우 공동체의 관리가 개인 또는 국가의 관리보다 더 바람직한 결과를 얻을 수 있음을 보인 것이다. 오스트롬은 제3의 길의 대표적인 성공사례로 스위스의 목양지, 일본의 숲, 스페인과 필리핀의 관개관리를 들고 있다.

어떤 경우에 제3의 길이 성공할 수 있을까? 오스트롬은 공동체관리가 성공하기 위하여 여러 조건이 필요하다고 말한다. 공동체의 범위가 명확히 규정되어야 하고, 공동체가 갈등 해결의 매커니즘을 가지고 있어야 하며, 구성원들이 결과에 대한 책임의식을 갖고 있어야 한다. 쉬운 일은 아니지만 이로부터 중요한 교훈을 얻을 수 있다. 훌륭한 공동체는 시장 실패도 해결할 수 있다!

7 생산비용

COST
+
%
PRICE
TO
KOSPI
SNS
A
COST
MONEY
TO
SUPPLY
TO
BASKET
ECONOM

기회비용

기회비용은 경제학의 핵심 개념이다. 경제학적 사고의 정수를 보여 주는 것으로 기회비용을 제대로 이해하고 현실에 적용하는 것만으로도 충분한 가치가 있을 것이다. 요컨대 경제학에서 말하는 모든 비용은 기회비용이라고 생각하면 된다.

기회비용의 개념

기회비용opportunity cost은 '무엇인가를 얻기 위해 기꺼이 포기한 다른 그 무엇'으로 정의한다. 1장과 5장에서 이미 설명한 바 있지만 쉽게 감이 잡히지 않는 독자도 있을 것이다. 여기에서는 또 다른 방식으로 설명하도록 하겠다.

어떤 학생이 학교에 등교하기 위해 전철을 이용하였다고 하자. 그리고 전철요금은 1,000원이었다. 그렇다면 전철이용의 기회비용은 얼마일까?

아마도 많은 사람들이 1,000원이라고 답할 것이다. 기회비용도 비용이므로 그 개념이 아무리 어렵다고한들 전철요금인 1,000원 이외에 기회비용이 될 만한 것은 없다고 생각할 만하다. 하지만 이렇게 답한다면 경제학적 사고방식에 따른 것은 아니다. 즉 전철이용의 기회비용은 1,000원이 아니다.

기회비용의 정의에 따르면, 전철이용의 기회비용은 전철을 이용하기 위해 포기한 그 무엇으로부터 얻는 것이다. 즉 이 학생이 전철이용에 대한 최선의 대안으로 버스이용을 고려하였다면 '전철이용에 대한 기회비용'은 '버스이용으로 얻을 수 있는 그 무엇'이다. 즉 전철이용을 위해 포기한 것이 버스이용이었기 때문에 버스이용으로 얻을 수 있는 그 무엇이 전철이용에 대한 기회비용이 되어야 한다.

왜 버스가 아니라 전철을 이용했을까?

왜 이렇게 이상한 방식으로 기회비용을 정의할까? 하지만 우리는 일상생활의 매순간 기회비용의 개념을 활용하면서 살고 있다.

어떤 학생이 버스를 이용하지 않고 전철을 이용하였다면 그 이유는 다음과 같을 것이다. 즉 버스를 이용하여 얻는 것보다 전철을 이용하여 얻는 것이 더 컸기 때문이다. 이를 식으로 정리해 보면 다음과 같다.

전철을 이용하여 얻는 것 > 버스를 이용하여 얻는 것

이 식을 정리하면 다음과 같다.

전철을 이용하여 얻는 것 - 버스를 이용하여 얻는 것 > 0

그렇다면 전철을 이용하여 얻는 것을 수입revenue으로 간주하고 버스를 이용하여 얻는 것을 비용으로 간주하면 어떨까? 이런 방식으로 비용을 계산하면 그것이 바로 기회비용이다. 즉 기회비용은 '버스이용으로 얻는 그 무엇'이다.

기회비용이라는 사고방식

이렇게 생각할 수도 있다. 전철을 이용하여 얻는 것이 전철요금 1,000원보다 크기 때문에 전철을 이용하였다고. 전철을 이용하여 얻는 것이 전철요금 1,000원보다 작았다면 아예 전철을 이용하지 말았어야 했기 때문이다. 이것 역시 그럴듯한 생각이다. 하지만 전철을 이용하여 얻는 것이 전철요금 1,000원보다 크다는 사실은 전철을 이용하기 위한 필요조건이기는 하지만 충분조건은 아니다.

전철을 이용하는 대신 900원의 요금으로 버스를 이용할 수 있다고 하자. 그렇다면 전철요금이 1,000원인 것만으로 전철이용이 버스이용보다 합리적인 선택이라고 말할 수 있을까? 결국 전철을 이용하기 위한 충분조건은 무엇일까?

이 학생은 등교를 위해 이용할 수 있는 모든 수단을 고려해야 한다. 전철을 이용하는 대신 걸어서 등교할 수도 있고 버스를 이용할 수도 있다. 그 중 최선의 대안이 버스를 이용하는 것이면 이 학생은 버스를 이용하여 얻는 것과 전철을 이용하여 얻는 것을 비교한다. 따라서 900원으로 버스를 이용하는 것보다 1,000원으로 전철을 이용하는 것이 좋아야만 전철을 선택한다. 그렇다면 앞에서 설명한 바와 같이 기회비용을 계산한 셈이고 기회비용에 근거하여 판단한 것이다.

기회비용을 이용한다는 것은 무엇인가를 선택할 때 선택가능한 모든 대안을 고려한다는 뜻이다. 하지만 전철요금 1,000원만을 고려하는 행위는 오로지 전철이용 한가지만 고려하여 판단한다는 뜻이다. 무엇이 합리적인 선택이겠는가? 당연히 선택가능한 모든 대안을 고려하는 것이다. 이처럼 기회비용은 합리적 선택으로부터 도출된 개념이다. 합리적 선택을 위해서는 반드시 기회비용을 이용해야 한다.

기회비용마케팅

까다로워 보이는 기회비용의 개념을 마케팅에 활용하기도 한다. 다이아몬드회사인 드비어스DeBeers는 1천만원 짜리 다이아몬드 귀걸이의 광고에 "부엌 고치는 건 내년으로 미루자"는 문구를 활용하였다고 한다.

대부분의 사람들은 1천만원 짜리 다이아몬드 귀걸이의 가격을 부담스러워한다. 그래서 마케팅담당자들은 이 가격이 부담스럽지 않다고 설득해야 했다. 그들이 주목한 것은 기회비용이었다. 즉 기회비용이 그다지 크지 않다는 점을 부각시키려 했던 것이다. 다이아몬드 귀걸이의 대안은 부엌 고치는 것이고 다이아몬드 귀걸이는 부엌 고치는 것과 비교해야 한다고 설득한 것이다. 이에 소비자들은 부엌 고치는 일을 내년으로 미루어도 되지 않겠냐고 생각했고, 그렇게 생각한 소비자들은 기꺼이 다이아몬드 귀걸이를 구매하였다고 한다.

이 예에서도 다이아몬드 귀걸이의 비용이 1천만원이라고 생각하기 쉽다. 하지만 앞에서 설명한 바와 같이 기회비용의 개념을 적용하면 다이아몬드 귀걸이의 기회비용은 1천만원이 아니라 '금년에 부엌 고쳐서 얻는 그 무엇'이다. 드비어스는 1천만원을 부각시킨 것이 아니라 기회비용, 즉 금년에 부엌 고쳐서 얻는 것이 크지 않다고 설득하였던 셈이다. 결국 금년에 부엌 고쳐서 얻는 것이 크지 않다고 생각한 소비자는 다이아몬드 귀걸이가 비싸다고 생각하지 않았던 것이다.

경제적 이윤

기업의 목적은 이윤의 극대화이다. 기업은 이윤이 가장 커지도록 생산량을 결정하려 한다. 기업이 생산량을 결정하면 이로부터 시장의 공급이 주어질 것이므로 시장수요와 시장공급의 작용에 의해 거래량과 가격이 결정될 것이다.

경제적 이윤과 회계적 이윤

이윤은 총수입에서 총비용을 뺀 값이다. 총수입은 판매량과 가격의 곱으로 정의되며 우리가 흔히 매출액이라 부르는 것이라고 생각하면 이해하기 쉽다. 총비용도 판매량과 제품1단위당 비용의 곱으로 정의된다. 다만 비용에 대해서는 조금 더 분명히 해두어야 할 것이 있다. 즉 여기에서 말하는 비용이란 기회비용이다.

비용은 크게 두 가지로 구분할 수 있다. 하나는 명시적 비용explicit costs이고 다른 하나는 암묵적 비용implicit costs이다. 명시적 비용은 화폐형태로 지출되는 비용으로 예를 들면 인건비, 원재료비, 이자비용(타인자본비용) 등이 포함된다. 반면에 암묵적 비용은 화폐형태로 지출되지는 않는 비용으로 대표적인 것을 언급하면 자기자본에 대해 발생하는 자기자본비용을 들 수 있다. 기회비용의 개념을 적용하면 기업의 비용은 명시적 비용과 암묵적 비용의 합이어야 한다.

총비용으로 무엇을 이용하는가에 따라 이윤의 개념도 달라진다. 하나는 회계적 이윤accounting profit으로 총수입에서 명시적 비용만을 빼서 계산한다. 회계적 이윤의 대표적인 예는 당기순이익인데 이윤이라고 말하면 회계적 이윤을 생각하기 쉽다. 다른 하나는 경제적 이윤economic profit으로 총수입에서 명시적 비용과 암묵적 비용을 모두 빼서 계산한다. 경제적 이윤의 대표적인 예는 경제적 부가가치economic value-added이다. 경제적 부가가치는 경영학의 재무관리에서 이용하는 개념으로 증권가에서 많이 활용되고 있다. 물론 경제학에서는 경제적 이윤을 이윤으로 간주한다. 기회비용을 제대로 반영한 것이기 때문이다.

왜 경제적 이윤을 이용해야 하는가?

기업의 의사결정에서 중요한 것은 회계적 이윤이 아니라 경제적 이윤이다. 물론 그 이유는 경제적 이윤이 기회비용을 올바르게 반영하기 때문이다. 따라서 이윤을 계산할 때에는 명시적 비용뿐만 아니라 암묵적 비용도 빼주어야 한다.

예를 들어 보기로 하자. 김씨는 자기 돈 5억원을 들여 식당을 운영하고 있다. 즉 차입금은 없다고 하자. 1년 동안 열심히 일한 후 연말에 결산을 해보았다. 그랬더니 회계적 이윤에 해당하는 당기순이익이 2,000만원이었다. 은행의 예금이자율이 5%라면 김씨의 사업은 성공적이었는가?

회계적 이윤이 좋은 개념이라면 당기순이익 2,000만원만 보고 판단하면 된다. 즉 당기순이익이 발생하였으므로 성공적이라고 말할 수 있어야 한다. 하지만 찜찜하다. 당기순이익이 8,000만원쯤 된다면 성공적이었다고 선뜻 말할 수 있을 텐데 2,000만원은 아무래도 커보이지 않는다. 그렇다면 당기순이익 2,000만원이 큰 금액인지 아닌지는 무엇을 근거로 판단할 수 있을까?

이렇게 생각해 보기로 하자. 김씨가 식당을 운영하지 않고 5억원을 은행에 예금했다고 하자. 은행의 예금이자율이 5%였으므로 2,500만원을 벌었을 것이다. 그렇다면 우리의 판단기준은 명확하다. 즉 당기순이익이 2,500만원을 넘으면 성공한 것이고 그렇지 못하다면 실패한 것으로 보아야 한다. 따라서 김씨의 식당경영은 실패작이라고 보아야 하는데 그 이유는 당기순이익이 2,500만원을 넘지 못하였기 때문이다. 김씨의 당기순이익 2,000만원은 큰 금액이 아니었던 것이다.

당기순이익이 2,500만원을 넘어야 성공적이라고 판단할 수 있다면 2,500만원까지도 비용으로 간주하는 것이 어떨까? 즉 2,500만원을 기회비용으로 간주하여 당기순이익에서 빼자는 것이다. 그렇게 계산된 값이 바로 경제적 이윤이다. 즉 경제적 이윤은 2,000만원에서 2,500만원을 뺀 금액, 즉 −500만원이다.

회계적 이윤과 달리 경제적 이윤은 그 자체만으로 김씨의 사업이 성공적이었는지 여부를 명확히 판단할 수 있다. 즉 경제적 이윤이 (+)이면 성공적이었다고 판단하고 경제적 이윤이 (−)이면 실패작이라고 판단할 수 있다.

경제적 이윤이 0이라는 말

본래 이윤의 개념은 (+)가 되면 좋은 것이고 (−)가 되면 나쁜 것이어야 한다. 하지만 회계적 이윤은 그런 역할을 하지 못한다. 회계적 이윤이 (+)가 되어도 충분히 크지 못하다면 기업의 성과가 좋다고 말할 수 없기 때문이다. 따라서 우리가 경제적 이윤을 이용해야 하는 이유는 명확하다. 경제적 이윤이 (+)이면 기업의 성과가 좋은 것이고 (−)이면 나쁜 것이라고 판단할 수 있기 때문이다. 이하에서 우리가 이윤이라고 말하면 그것은 회계적 이윤이 아니라 경제적 이윤이다.

당연한 이야기이지만 회계적 이윤은 경제적 이윤보다 반드시 크다. 회계적 이윤은 총수입에서 명시적 비용만을 빼서 계산하지만 경제적 이윤은 명시적 비용과 암묵적 비용을 모두 빼서 계산하기 때문이다. 따라서 회계적 이윤은 경제적 이윤보다 암묵적 비용만큼 크다. 김씨의 예에 따르면 회계적 이윤은 2,000만원인데 이 값은 경제적 이윤 -500만원보다 2,500만원(암묵적 비용) 더 크다.

경제적 이윤이 0일 때에도 회계적 이윤은 (+)이다. 이 때 회계적 이윤의 크기는 암묵적 비용의 크기와 같은데, 김씨의 예에 따르면 경제적 이윤이 0일 때 회계적 이윤은 2,500만원이 된다. 이와 같이 경제적 이윤이 0일 때 발생하는 회계적 이윤을 정상이윤normal profit이라고 한다. 이 경우 정상이윤은 2,500만원이다.

경제적 이윤이 0일 때 기업의 성과는 어떠한가? 경제적 이윤이 0일 때 기업은 정상이윤을 얻으며 이 기업의 성과는 바람직한 상태에 있다고 말한다.

경제적 이윤이 0인데 기업의 성과가 바람직하다니 무슨 뜻인가? 김씨의 예에서 경제적 이윤이 0이면 회계적 이윤은 암묵적 비용(정상이윤)만큼 발생한다고 말하였다. 즉 회계적 이윤은 2,500만원으로 암묵적 비용과 같다. 그런데 암묵적 비용이 자기자본 5억원에 대해 발생한 기회비용이므로 회계적 이윤은 자기자본 5억원에 대한 기회비용만큼 발생한 셈이다. 즉 기회비용을 반영하여 적절한 크기의 회계적 이윤이 발생할 때 경제적 이윤은 0이 된다. 따라서 경제적 이윤이 0일 때 기업의 성과는 결코 나쁘지 않으며 바람직한 상태에 있다고 보아야 한다.

비용의 특성

생산비용은 산업별, 상품별로 매우 다양한 특징을 가질 수 있다. 여기에서는 생산비용이 갖는 일반적인 특징에 대해 설명한다. 유용한 개념들이 많지만 한계비용과 평균비용을 중심으로 생산비용의 일반적 특징을 이해해 두어야 한다.

고정비용과 가변비용

생산비용은 고정비용과 가변비용으로 나눌 수 있다. 고정비용fixed costs은 생산량에 따라 변화하지 않는 비용이며 가변비용variable costs은 생산량에 따라 변화하는 비용이다. 물론 총비용은 고정비용과 가변비용의 합이다.

단기적으로 보면 기계설비 등에 지출된 비용은 고정비용이고 원재료비 등은 가변비용이다. 즉 생산량이 일시적으로 증가 또는 감소한다고 해서 기계설비를 즉시 늘리거나 처분하지는 않는다. 이런 경우라면 기계설비를 그대로 유지한 채 가동률을 올리거나 낮추거나 할 뿐이다. 이와 같이 기계설비에 대한 지출은 단기적인 생산량 변동에 따라 조정할 수 없으므로 고정비용이 된다. 반면에 가동률이 변동할 때 원재료비는 변동할 것이므로 원재료비는 가변비용이 된다.

장기적으로 시간이 지남에 따라 지속적으로 생산량이 증가한다면 기업의 경영자는 기계설비에 대한 투자를 늘리려 할 것이다. 따라서 장기적인 관점에서 보면 고정비용과 가변비용의 구분은 사라진다. 장기적으로 모든 비용은 가변비용이다.

〈표 7.1〉은 전형적인 경우의 예를 보여 준다. 첫째 열에는 생산량 그리고 둘째 열에는 총비용이 제시되어 있다. 그렇다면 이 기업의 고정비용은 얼마일까? 고정비용이 3원임을 쉽게 알 수 있을 것이다. 생산량이 0인데도 불구하고 3원의 비용이 지출되었기 때문이다. 즉 3원은 생산량이 바뀜에 따라 달라지는 비용이 아니다. 또한 생산량이 5개일 때 고정비용과 가변비용은 얼마일까? 총비용이 6.5원이므로 이 중에 3원은 고정비용이고 나머지 3.5원은 가변비용이다.

〈표 7.1〉 한계비용과 평균비용

생산량	총비용	평균비용	한계비용
0	3.00	-	-
1	3.30	3.30	0.30
2	3.80	1.90	0.50
3	4.50	1.50	0.70
4	5.40	1.35	0.90
5	6.50	1.30	1.10
6	7.80	1.30	1.30
7	9.30	1.33	1.50
8	11.00	1.38	1.70
9	12.90	1.43	1.90
10	15.00	1.50	2.10

한계비용과 평균비용

평균비용average cost : AC은 제품 1단위당 비용을 말한다. 따라서 총비용이 주어지면 평균비용은 총비용을 생산량으로 나누어 구할 수 있다. 〈표 7.1〉의 셋째 열에는 평균비용이 계산되어 있다. 예를 들어 생산량이

5개일 때 평균비용은 얼마일까? 생산량이 5개일 때 총비용이 6.5원이므로 평균비용은 6.50/5 = 1.3원이다. 즉 5개를 생산할 때 제품 1개당 드는 비용이 1.3원임을 알 수 있다.

한계비용marginal cost : MC은 생산량을 1단위 증가시킬 때 총비용의 증가분이다. 〈표 7.1〉의 넷째 열에는 한계비용이 계산되어 있다. 예를 들어 생산량을 4개에서 5개로 1단위 증가시킬 때 한계비용은 얼마일까? 총비용이 생산량이 4개일 때 5.4원이고 생산량이 5개일 때 6.5원이므로 한계비용은 1.1원이다.

〈그림 7.1〉 한계비용과 평균비용

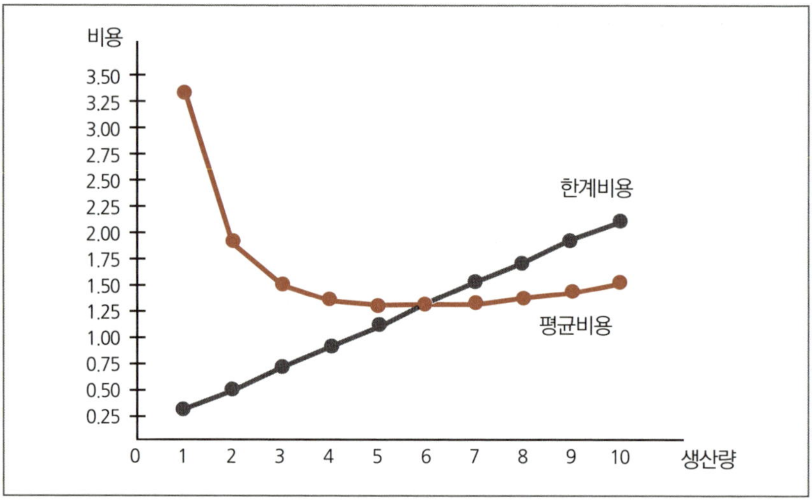

〈표 7.1〉에서 주목할 것은 생산량에 따른 평균비용의 변화이다. 생산량이 1개일 때 평균비용은 3.3원으로 높지만 생산량이 증가할수록 감소한다. 그리고 생산량이 5개 또는 6개일 때 1.3원으로 가장 작다. 하지만 생산량이 7개 이상이 되면 생산량이 증가할수록 평균비용은 증가한다.

〈그림 7.1〉은 〈표 7.1〉에서 계산된 평균비용과 한계비용을 그대로 그

린 것이다. 방금 전에 설명한 평균비용의 특징도 〈그림 7.1〉을 보면 쉽게 확인할 수 있다. 즉 평균비용곡선은 생산량이 증가함에 따라 처음에는 감소하다가 최저점에 도달하고 이후에는 증가하는 특성을 갖는다. 〈그림 7.1〉에는 어떤 특징이 더 있을까?

일단 한계비용은 생산량이 증가할수록 증가하는 것으로 보인다. 그리고 잘 보이지는 않지만 또 하나 흥미로운 특징이 있다. 즉 평균비용이 최저수준에 도달할 때 한계비용과 평균비용이 같다. 즉 〈표 7.1〉에서 확인할 수 있듯이 생산량이 6개일 때 평균비용이 가장 작고 이 때 한계비용과 평균비용은 1.3원으로 같다.

〈그림 7.2〉 한계비용과 평균비용의 전형적인 형태

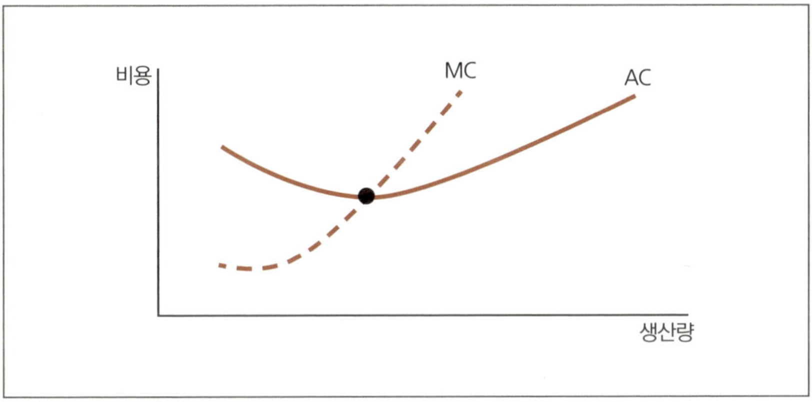

〈그림 7.2〉는 매끄럽게 그려진 평균비용곡선과 한계비용곡선을 보여준다. 평균비용과 한계비용의 특징이 잘 요약되어 있는데 그 특징을 정리하면 다음과 같다.

첫째, 평균비용곡선 AC는 U자형이라고 한다. 즉 생산량이 적을 때에는 생산량이 증가함에 따라 평균비용이 하락하고, 어느 순간 평균비용이 최저수준에 도달하며, 이후에는 생산량이 증가함에 따라 평균비용이 상승한다.

둘째, 한계비용곡선 MC는 우상향한다. 즉 생산량이 증가함에 따라 한계비용은 꾸준히 증가한다. (물론 생산량이 대단히 적을 때에는 한계비용도 생산량증가에 따라 하락할 수 있다. 다만 생산량이 대단히 적을 때이므로 무시하기로 한다.)

셋째, 평균비용곡선과 한계비용곡선은 평균비용이 최저일 때 만난다. 즉 평균비용이 최저가 되는 생산량에서 평균비용과 한계비용이 같다. 그림으로 보면 평균비용의 최저점을 한계비용이 지나게 되어 있다. 따라서 평균비용이 한계비용보다 클 때 평균비용은 감소하고, 평균비용이 한계비용보다 작을 때 평균비용은 증가한다.

〈그림 7.2〉는 기업이론에서 매우 중요한 그림이다. 이하의 8장과 9장에서 이용하게 되므로 암기해 둘 것을 권한다.

규모의 경제

단기적으로 기업은 주어진 생산설비만을 이용할 수 있으므로 생산량을 바꾸기 위해서는 가동률을 바꾸는 수밖에 없다. 장기적으로는 생산설비와 가동률을 모두 바꿀 수 있기 때문에 기업은 스스로의 생산규모를 선택할 수 있게 된다. 따라서 생산규모와 장기평균총비용의 관계를 말하는 규모의 경제, 규모에 따른 수익불변, 규모의 불경제라는 개념은 장기적인 관점에서만 논의할 수 있다.

규모에 따른 비용특성

장기적인 관점에서, 기업이 생산량을 증가시킴에 따라 장기평균총비용이 하락할 때 규모의 경제economies of scale에 있다고 말하며, 생산량을 증가시킴에 따라 장기평균총비용이 증가할 때 규모의 불경제diseconomies of scale에 있다고 말한다. 따라서 규모의 불경제에 있을 때 기업이 장기평균총비용을 낮추려면 생산량을 줄여야 한다. 끝으로 생산량이 변동하여도 장기평균총비용이 불변일 때 규모에 따른 수익불변constant returns to scale에 있다고 말한다.

규모에 따른 비용의 특성을 그림으로 표현하면 〈그림 7.3〉과 같다. 생산량이 변동함에 따라 장기평균총비용의 움직임이 U자형의 곡선으로 표현되어 있다. 생산량이 적을 때 규모의 경제에 있으며, 일정한 생산량에 이르면 규모에 따른 수익불변에 도달하고, 이보다 생산량이 더 증가하면 규모의 불경제에 있게 된다.

규모의 경제와 규모의 불경제는 왜 나타날까?

규모의 경제가 나타나는 이유는 무엇일까? 여러가지 이유가 있지만 분업에 따른 전문화와 대량거래의 이익을 들 수 있다. 이를 이해하기 위해 대형할인점과 소규모의 영세한 동네상점을 비교해 보기로 하자.

<그림 7.3> 규모에 따른 비용특성

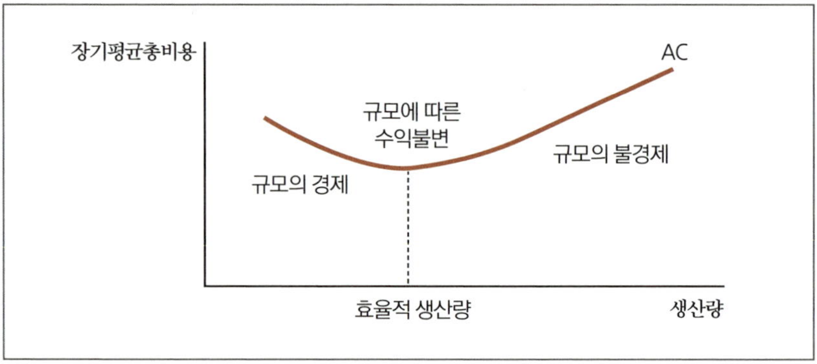

규모가 큰 대형할인점은 규모가 크기 때문에 분업이 용이하고 이에 따른 전문화의 이익을 많이 누릴 수 있다. 대형할인점은 전체 업무를 구매, 매장관리, 광고, 회계 등으로 분업화하여 각 업무에 전문성을 지닌 직원을 배치하고 업무를 수행하게 함으로써 보다 효율적으로 기업을 경영할 수 있다. 하지만 이런 식의 분업화가 동네상점에서는 가능하지 않다. 또한 규모가 큰 대형할인점은 대량거래의 이익을 누릴 수 있다. 즉 대형할인점은 대량구매를 통해 구매단가를 낮출 수 있다. 이에 반해 동네상점은 대량구매를 할 수 없으므로 구매단가가 높은 편이다. 이와 같이 분업과 대량거래의 이익을 누릴 수 있는 대형할인점의 장기평균총비용은 낮지만, 그렇지 못한 동네상점의 장기평균총비용은 높을 수밖에 없다.

그렇다면 규모의 불경제가 나타나는 이유는 무엇일까? 물론 아무리 규모가 커도 대량거래의 이익은 여전히 나타난다. 하지만 규모가 너무 커지면 분업과 전문화의 이익이 사라지고 규모가 증가한데 따른 비효율이 나타나기 시작한다. 너무 큰 기업의 경우 하부조직에 대한 관리와 통제, 하부조직간의 소통이 어려워지고 관료주의적 폐단이 나타나기 때문이다. 이와 같은 비효율이 대량거래의 이익을 상쇄하게 되면 규모의 불경제가 나타나게 된다. 규모가 너무 커지게 되면 대량거래의 이익이 있더라도 장기평균총비용은 오히려 증가하게 되고 만다.

효율적 생산량

어떤 기업이 규모의 경제에 있다고 하자. 그렇다면 이 기업은 신규투자를 하여 기업의 규모를 늘려야 한다. 규모를 늘려야 장기평균총비용을 낮출 수 있기 때문이다. 반면에 어떤 기업이 규모의 불경제에 있다고 하자. 그렇다면 이 기업은 구조조정에 착수해야 한다. 규모를 줄여야 장기평균총비용을 낮출 수 있기 때문이다. 끝으로 어떤 기업이 규모에 따른 수익불변에 있다고 하자. 그렇다면 이 기업의 규모는 적절하다고 볼 수 있다.

따라서 이 문제는 기업의 적절한 규모를 찾는 문제와 관련되어 있다. 장기평균총비용이 가장 낮을 때 기업의 규모는 적절하다고 볼 수 있는데, 이 때의 생산량을 효율적 생산량efficient production이라고 부른다. 〈그림 7.3〉에는 장기평균총비용곡선이 제시되어 있는데 앞에서 설명한 바와 같이 U자형의 모양을 가지고 있다. 즉 장기평균총비용이 최저가 되는 생산량이 있다는 뜻이다. 그림에 표시된 바와 같이 장기평균총비용이 최저가 되는 생산량이 바로 효율적 생산량이다.

경제학은 효율성efficiency을 추구하는 학문이다. 하지만 효율성에는 여러 개념이 있을 수 있다. 여기에서 말하는 효율성이란 생산의 효율성을 의미하는 것으로 생산량, 즉 기업규모의 결정에 적용하는 효율성 개념에 해당한다. 이 관점에서 생산의 효율성은 장기평균총비용이 최저가 될 때 달성된다고 정의한다. 쉽게 말하면 제품 1단위당 비용이 가장 적어지는 것을 생산의 효율성이라고 정의한다.

현대자동차의 수출은 2000년대 들어 놀라운 성장세를 보여 왔다. 이에 경영진은 생산규모를 늘려야 한다는 조언을 받고 있다. 하지만 경영진은 생산규모의 확장에 대해 매우 신중한 태도를 보였다. 현대자동차의 경영진은 일본 토요타자동차의 예를 교훈으로 삼고 있는데, 토요타자동차의 경우 연생산량이 700만 대를 넘어서자 기업경영에 많은 문제점이 나타나기 시작했다는 것이다. 이처럼 현대자동차의 경영진은 현재보다 생산규모가 커지면 규모의 불경제가 나타날지 모른다고 판단하고 있다. 경영진의 판단이 옳다면 현재의 생산량은 효율적 생산량이 되는 셈이다.

사례연구

매몰비용(sunk cost)이란 이미 지출되었기 때문에 회수가 불가능한 비용을 말한다. 경제학자들은 현재의 의사결정에서 매몰비용을 무시해야 한다고 생각한다. 매몰비용은 이미 지나간 과거에 지출된 비용이므로 현재의 의사결정에 이를 반영하더라도 향후 성과가 달라지지 않을 것이기 때문이다. 향후 성과를 좌우하는 것은 지나간 매몰비용이 아니라 현재의 의사결정에 따라 달라질 수 있는 기회비용이다.

매몰비용

예를 들어 보기로 하자. 최사장은 5년 전 신기술개발을 위해 50억원을 투자하기로 결정하였고 지난 5년 동안 40억원을 투자하여 왔다. 그리고 향후 1년 동안 10억원을 추가로 투자하면 이 신기술개발투자는 완료될 예정이다. 5년 전의 판단에 따르면 이 투자의 전망은 매우 밝은 편이었지만 5년이 지난 지금 이 투자의 전망은 매우 어두워졌다. 최사장은 이 투자를 포기하지 않고 계속해야 할까?

이 투자에 대한 합리적인 판단은 신기술개발의 성공가능성 여부에 달려 있다. 남은 1년 동안 10억원을 추가로 투자할 때 신기술개발이 성공할 수 있다면 당연히 투자를 계속해야 한다. 하지만 그렇게 하더라도 신기술개발이 성공할 수 없다면 이 투자는 중단하는 것이 바람직할 것이다. 즉 투자의 지속 여부를 판단하는 문제는 미래의 신기술개발 성공가능성 여부에 의해 이루어져야 한다.

문제는 지난 5년간 40억원을 투자하였다는 사실이 합리적인 판단을 흐리게 한다는 점이다. 현재에 신기술개발을 중단한다면 40억원의 투자 중 일부는 회수할 수 있겠지만 그 나머지는 수포로 돌아가게 될 것이다. 이를 아깝게 여겨 미래에 대한 전망을 무시하고 투자를 강행하려 한다면 이는 합리적인 판단이라고 볼 수 없다. 여기에서 지난 5년간의 투자비용 40억원을 매몰비용이라고 한다. 이 문제에서 40억원은 매몰비용이므로 투자여부를 판단할 때 마땅히 무시되어야 한다.

매몰비용오류

그럼에도 불구하고 많은 사람들은 매몰비용의 덫에 빠져 합리적인 의사결정을 내리지 못하곤 한다. 이를 매몰비용오류라고 하는데 여기에는 심리적인 요인이 크게 작용한다. 매몰비용오류란 합리적인 것이 아니라 심리적인 것인 경우가 많다.

현재 어떤 주식이 5만원이라고 하자. 이 주식을 보유한 투자자 갑과 을은 이 주식을 팔아야 할까를 고민하고 있다. 어떻게 해야 할까? 답은 당연해 보인다. 향후 이 주식의 가격이 상승하리라 예상되면 보유해야 할 것이고, 이 주식의 가격이 하락하리라 예상되면 팔아야 할 것이다. 즉 매도 여부는 향후 전망에 달려 있다.

하지만 문제를 조금 바꾸어 보기로 하자. 지나간 과거의 이야기를 꺼내려 하는데, 갑은 이 주식을 2만원에 매수하였고 을은 10만원에 매수하였다고 하자. 그렇다면 이야기는 달라진다. 갑은 이 주식을 매도하려는 경향이 있고 을은 이 주식을 보유하려는 경향이 있다고 한다. 갑이 매도하려는 이유는 이익을 얻었기 때문이고 을이 보유하려는 이유는 손실을 보았기 때문이다. 둘 중에서도 을의 이러한 경향은 특별히 강하다고 알려져 있는데 본전이 아깝다는 생각 때문이다. 지난 과거의 손익 때문에 현재의 의사결정이 좌우되는 전형적인 예인데 이것 역시 매몰비용오류에 해당된다. 갑과 을은 지나간 손익을 무시해야 하지만 그렇지 못한 것이다.

매몰비용오류의 역이용

매몰비용오류는 비합리적인 행위이므로 하지 않는 것이 합리적이다. 하지만 경우에 따라서 이를 역이용하면 이익을 얻을 수 있는 경우도 적지 않다.

정씨는 비만을 걱정하여 피트니스클럽에 다니기로 하였다. 직장생활이 바쁜 정씨는 빠지는 날이 많을 것 같아서 1일 이용권을 구매할 수도 있었다. 하지만 굳게 마음먹고 1년 이용권을 구매하기로 하였다. 1일 이용권을 구매한 경우와 1년 이용권을 구매한 경우를 비교해 보기로 하자. 정씨가 1일 이용권을 구매한다면 정말로 빠지는 날이 많을 것이다. 하지만 1년 이용권을 구매한다면 빠지는 날이 줄어들 가능성이 높다. 이미 1년 이용대금을 지불하였기 때문이다. 큰 비용을 치렀기 때문에 본전 생각이 아까워서 피트니스클럽을 열심히 다니게 된다면 좋은 일 아닌가? 매몰비용오류에 빠진 것이지만 오히려 좋은 결과를 얻을 수도 있다.

이와 같이 매몰비용오류이지만 바람직한 결과를 얻을 수 있는 예는 많다. 매몰비용을 무시하지 못하는 심리적 효과를 적절히 활용하는 것인데 문간에 발 들여놓기foot-in-the-door효과도 그 중의 하나이다.

길을 가던 중 장애인복지개선을 위한 캠페인을 벌이고 있던 학생을 만나게 되었다. 이 학생은 장애인복지개선을 위한 '서명'을 요청하였고 이에 기꺼이 응하였다. 흥미로운 것은 그 다음의 상황이다. 이어서 이 학생은 장애인복지시설을 위한 '기부'를 요청한 것이다. 장애인복지개선을 위한 서명을 한 직후라 이 제안을 거절하기가 어려웠다. 그래서 신청서에 서명하게 되었고 정기적인 기부회원이 되었다.

처음부터 기부회원이 될 것을 요청받았다면 주저했을 수도 있다. 하지만 장애인복지개선을 위한 서명을 먼저 요청받았고 이를 기꺼이 받아들인 직후라 나중에 요청받은 기부행위를 거절하기 어려웠던 것이다. 과거의 서명행위 때문에 현재의 기부행위가 영향을 받은 것이므로 일종의 매몰비용오류에 해당된다.

일단 문간에 발을 들여 놓게 만들고 그 다음에 본격적인 요청을 하는 행위는 판매행위에서 광범위하게 활용된다. 대형할인점에서 행하는 시식행사도 그런 예이다. 일단 시식을 하도록 유도한 후 식품을 구매하도록 요청하는 것이다. 시식을 했으니 구매를 거절하기가 더 어려워졌을 것이다. 흔히 옷가게를 지나치다보면 점원이 "사지 않아도 좋으니 구경만 하시라"고 권유하는 경우를 흔히 접하게 된다. 구경하러 옷가게에 들어서는 순간 문간에 발을 들여 놓게 되는 셈이다.

문간에 발 들여놓기를 유심히 관찰하다보면 흥미로운 점을 발견할 수 있다. 1단계에서 부담없는 요청을 하고 2단계에서 부담이 큰 본격적인 요청을 하는 방식으로 이루어진다는 점이다. 이를 약속상승escalation of commitment이라고 부르는데 1단계에서 발생한 매몰비용이 크지 않음에도 불구하고 이를 무시하지 못하고 2단계에서 매몰비용오류에 빠져 큰 부담을 지게 되는 경우가 많음을 알 수 있다. 크지 않더라도 매몰비용을 쉽게 무시하지 못하는 것이 인간의 심리인 모양이다.

8
경쟁시장

시장조직의 형태

시장을 구분하는 방법에는 여러 가지가 있을 수 있다. 우선 상품에 따라 구분할 수 있다. 예를 들면 자동차시장, 식료품시장, 전자제품시장 등등으로 구분할 수도 있다. 우리가 주목하는 더 중요한 방법은 경쟁의 형태에 따라 구분하는 것이다.

시장조직의 4가지 형태

경쟁 형태에 따라 시장조직은 4가지로 구분된다. 완전경쟁perfect competition, 독점monopoly, 독점적 경쟁monopolistic competition 그리고 과점oligopoly이다. 완전경쟁시장과 독점시장은 양극단에 해당하는 것이고 그 중간에 독점적 경쟁시장과 과점시장이 있다고 보면 된다.

완전경쟁시장에서 개별 공급자는 시장가격에 전혀 영향을 미치지 못한다. 하지만 독점시장, 과점시장, 독점적 경쟁시장에서 개별 공급자는 시장가격에 영향을 미칠 수 있다. 시장가격에 영향을 미칠 수 있는 힘을 시장지배력market power이라고 부르는데 시장지배력이 존재하지 않는 시장은 완전경쟁시장뿐이다.

전형적인 완전경쟁시장과 독점시장이 실제로 존재하는지에 대해서는 의문이 있다. 아마도 대부분의 시장은 그 중간에 있으리라고 보는 것이 좋을 것이다. 어느 정도의 시장지배력을 가진 기업들이 경쟁을 벌이는 곳, 그곳이 시장의 실제 모습이다. 이처럼 경쟁이 작용하기는 하지만 완전하지 못한다는 의미에서 독점적 경쟁과 과점을 불완전경쟁imperfect competition이라고 부른다.

완전경쟁과 독점은 8장과 9장에서 각각 다루게 된다. 이 책에서는 독점적 경쟁과 과점에 대해 다루지 않을 것이다. 다만 이 절에서 두 시장의 핵심적인 특징만을 간략하게 설명하고자 한다. 보다 자세히 배우려면 고급 수준의 책을 권한다. 끝으로 이 절의 마지막 부분에서 시장조직을 분석할 때 반드시 알아야 할 중요한 팁을 설명한다. 이 팁을 알면 8장과 9장을 보다 쉽게 이해할 수 있을 것이다.

〈표 8.1 〉 시장조직의 형태

구분	완전경쟁시장	독점적 경쟁시장	과점시장	독점시장
수요자의 수	다수	다수	다수	다수
공급자의 수	다수	다수	소수	1
진입장벽	없음	없음	있음	있음
제품의 특성	동질적	이질적	-	-

시장조직에 영향을 미치는 요인

이 책이 다루려고 하는 각 시장조직의 특징은 〈표 8.1〉에 요약되어 있다.

수요자의 수가 다수라고 할 때 시장조직을 구분하는 첫째 조건은 공급자의 수이다. 공급자가 무수히 많으면 완전경쟁시장 또는 독점적 경쟁시장이 된다. 반면에 공급자가 1개이면 독점시장이고 공급자가 소수이면 과점시장이 된다. 이처럼 경쟁의 형태가 공급자가 많고 적음에 따라 달라진다는 것은 당연한 일이다.

둘째 조건은 진입장벽이다. 진입장벽이 있으면 공급자의 수를 1개 또는 소수로 만들 수 있으므로 진입장벽은 독점시장과 과점시장에서 반드시 필요한 조건이다.

시장조직을 구분하는 셋째 조건은 제품의 동질성 여부이다. 〈표 8.1〉에 따르면 완전경쟁시장과 독점적 경쟁시장의 경우 공급자의 수도 많고 진입장벽도 없다. 하지만 제품이 동질적일 경우 완전경쟁시장이 되고 제품이 이질적일 경우 독점적 경쟁시장이 된다. 이처럼 제품의 동질성 여부는 중요한 문제이고, 독점적 경쟁에 독점이라는 표현이 들어간 것은 바로 제품의 이질성 때문이다. 제품의 이질성이란 품질의 차이를 말하는데, 품질의 차이가 시장지배력을 초래함을 알 수 있다.

독점적 경쟁시장

같은 상품임에도 불구하고 품질의 차이가 있어서 수요자가 이를 구분하게 된다면 수요자와 공급자가 아무리 많더라도 공급자는 시장지배력을 갖게 된다. 그것이 독점적 경쟁의 본질인데, 궁금한 것은 다음과 같을 것이다. 왜 제품의 이질성만으로 시장지배력이 초래될까?

햄버거시장을 예로 들어 보자. 굳이 나열하지 않더라도 공급자가 대단히 많다는 사실에는 누구나 동의할 것이다. 물론 수요자도 대단히 많다. 게다가 햄버거시장에는 진입장벽도 없다. 하지만 햄버거시장이 완전경쟁시장이라고 보기는 어렵다. 그 이유는 햄버거라고 해서 모두 다 같은 것은 아니기 때문이다. 즉 햄버거에도 무시할 수 없는 품질의 차이가 있다.

특정의 햄버거를 유난히 좋아하는 수요자가 있다. 이른바 충성고객이다. 그는 비싸더라도 그 햄버거만을 구매하려 한다. 그는 '품질의 차이'를 인정한 것이다. 그렇다면 그 햄버거의 공급자는 이런 수요자들에 대해 어느 정도의 시장지배력을 행사할 수 있다. 조금이라도 더 비싸게 판매할 수 있다는 뜻이다. 그래도 충성고객은 여전히 그 햄버거를 구매하려 한다. 값은 비싸지만 '품질이 좋다고 생각'하기 때문이다. 이것이 바로 시장지배력이 작용하는 방식이다. 시장지배력이 작용하고 있으므로 햄버거시장은 완전경쟁시장과는 다른 독점적 경쟁시장이다.

독점적 경쟁시장에서 활동하는 기업은 가격경쟁 못지 않게 품질경쟁을 중시한다. 품질의 차이가 있을 뿐만 아니라 품질이 우수하다고 인정받아야 하기 때문이다. 또한 독점적 경쟁시장에서는 광고와 브랜드brand가 대단히 중요하다. 광고와 브랜드란 제품의 이질성을 수요자에게 알리기 위한 강력한 방법이기 때문이다.

완전경쟁시장에 가깝다고 생각되어 온 쌀시장에도 브랜드가 도입되었고 이를 광고하기 시작하였다. 자신의 쌀이 더 우수한 품질을 갖고 있음을 알리기 위한 것으로 브랜드와 광고의 목적은 시장지배력을 구축하는 것이다. 흥미로운 것은 브랜드를 가진 쌀이 한결같이 비싸다는 점이다. 이는 시장지배력이 작용하고 있음을 의미한다. 결국 쌀시장도 독점적 경쟁시장의 특징을 갖추어 가고 있다.

과점시장

흔히 독과점이라는 표현을 쓰는데 독점과 과점을 함께 이를 때 쓰는 것이다. 과점은 독점과 비슷한 특징을 지니는데 독점은 하나의 공급자가 시장을 지배하는 것이고 과점은 소수의 공급자가 시장을 지배하는 것이다. 소수가 정확히 몇 개를 의미하는지는 경우에 따라 다르지만 이들 기업이 시장지배력을 가질 수 있다면 공급자는 소수라고 간주된다. 그런 의미에서 완전경쟁시장과는 구분된다.

과점시장에서 중요한 현상은 담합collusion이다. 소수의 공급자만 있으므로 이들이 가격과 판매량을 담합하면 마치 하나의 독점기업처럼 행동할 수 있게 된다. 그리고 과점기업들은 독점기업만큼 높은 이윤을 얻을 수 있다. 이처럼 담합의 인센티브가 있으므로 과점시장에서 담합이 이루어질 가능성은 언제든지 있다. 담합에 참여한 기업들을 카르텔cartel이라고 부른다.

담합은 불공정거래로 간주되어 정부가 규제한다. 우리나라의 경우에는 공정거래위원회가 담합을 조사하고 담합이 드러나면 과징금부과 등의 처벌을 하게 된다. 경제협력개발기구OECD는 담합으로 인한 소비자의 피해를 관련 매출액의 15% 정도로 추정한다고 한다. 이 기준에 따르면 공정거래위원회는 담합과 관련된 매출액의 15%를 해당 기업에게 과징금으로 부과할 수 있다.

물론 담합이 얼마나 잘 유지되는가에 대해서 많은 논란이 있다. 쉽게 담합이 유지된다는 견해도 있고 또는 담합이란 유지되기 대단히 힘들다는 견해도 있다. 어쨌든 공급자의 수가 적을수록 담합이 잘 유지되고 공급자의 수가 많아질수록 담합이 유지되기 어려울 것이다. 공급자의 수가 많아지면 과점시장은 점차 완전경쟁시장에 가까워지는 것은 당연한 이치이다.

독점이 실제로 찾기 힘든 이론적 개념이라고 본다면 우리가 독점이라고 부르는 것은 대부분 과점일 것이다. 예를 들면 이동통신시장과 유류시장이 그러하다. 소비자들은 높은 이동통신요금과 휘발유가격에 대해 불만을 갖는다. 담합에 의해 높은 가격이 유지되고 있다는 것이다. 자동차시장도 대표적인 과점으로 보아 왔다. 하지만 시장의 개방으로 자동차시장은 보다 더 경쟁적인 시장으로 변모하고 있다.

<그림 8.1> 수입과 비용에 관한 그림

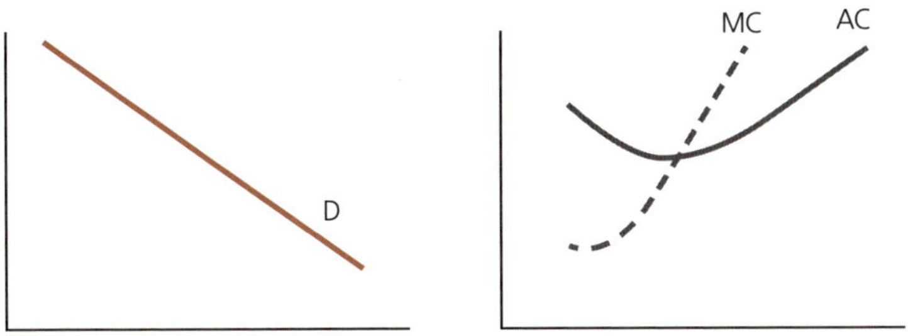

(a) 수입에 관한 그림　　(b) 비용에 관한 그림

시장조직의 분석방법

기업의 목적은 이윤극대화라고 가정한다. 따라서 기업의 행동을 분석하기 위해서는 이윤이 어떻게 결정되는가를 알아야 한다. 이윤이란 수입에서 비용을 뺀 것이므로 이윤을 구하려면 수입과 비용에 대하여 먼저 알아야 한다.

생산비용에 관해서는 7장에서 이미 살펴본 바 있다. 그 결과는 <그림 8.1>의 (b)에 제시된 평균비용과 한계비용에 의해 요약될 수 있다. 여기에서 강조하고 싶은 것은 <그림 8.1>의 (b)가 완전경쟁시장과 독점시장에서 동일하게 활용된다는 점이다. 즉 완전경쟁과 독점의 차이는 비용에 의해 초래되는 것이 아니다.

완전경쟁과 독점은 수입이 결정되는 방식에 의해 구분된다. 물론 어느 시장에서나 수입은 거래량과 가격의 곱이다. 하지만 개별 기업이 가격에 영향을 미칠 수 있는 능력은 완전경쟁시장과 독점시장에서 엄연히 다르다. 완전경쟁시장에서는 시장지배력이 작용하지 않지만 독점시장에서는 시장지배력이 작용하기 때문이다. 흥미로운 것은 이 차이가 수요곡선의 차이로 나타나게 된다는 점이다. 즉 완전경쟁과 독점의 차이는 (개별 기업이 직면하는) 수요곡선의 차이에서 비롯된다. 쉽게 말하면 완전경쟁과 독점의 차이는 〈그림 8.1〉의 (a)가 다르기 때문이다.

경쟁시장의 조건

우리는 동일한 분석도구를 이용하여 완전경쟁시장과 독점시장을 분석한다. 두 시장에서 다른 점이 있다면 개별기업이 직면하는 수요곡선의 형태가 다를 뿐이다. 수요곡선의 형태가 다르면 수입의 결정방식도 달라지는데 이것이 첫째 관문이다.

완전경쟁시장의 조건

완전경쟁의 조건은 다음과 같다. 첫째 수많은 수요자와 수많은 공급자가 있어야 하며, 둘째 기업의 진입장벽entry barrier과 퇴출장벽exit barrier이 없어야 하고, 셋째 제품은 동질적homogeneous이어야 한다. 진입과 퇴출의 장벽이 없다는 조건은 수많은 수요자와 공급자가 있기 위한 조건이라고 보면 된다. 또한 제품이 동질적이라는 가정은 품질의 차이로 인한 시장지배력이 나타날 수 없음을 의미한다.

완전경쟁시장의 분석에서 주의해야 할 것은 개별수요와 시장수요, 그리고 개별공급과 시장공급을 구분하는 것이다. 물론 시장수요란 개별수요의 합이고 시장공급이란 개별공급의 합이다. 그런데 완전경쟁시장에서는 수요자와 공급자가 대단히 많기 때문에 개별수요자나 개별공급자의 행동이 시장수요와 시장공급에 미치는 영향은 미미하여 무시할 만하다. 즉 아무런 영향이 없다고 보아야 한다.

어쨌든 균형가격은 시장수요와 시장공급이 일치하는 수준에서 결정된다. 즉 〈그림 8.2〉의 (b)에서 균형가격 P가 결정된다. 그리고 이렇게 결정된 가격을 개별수요자와 개별공급자는 받아들일 수밖에 없다. 쉽게 말하면 개별수요자와 개별공급자는 (b)에서 결정된 가격을 바꿀 만한 힘이 없다. 이런 의미에서 완전경쟁시장에서 활동하는 모든 경제주체는 가격수용자price taker라고 부른다.

중요한 것은 다음의 이야기이다. 개별기업이 직면하는 수요곡선은 〈그림 8.2〉의 (a)와 같이 수평선이 된다. 즉 수요자는 P 이외의 가격으로 구매하려 하지 않을 것이기 때문에 개별기업은 수요곡선이 수평인 수요자들과 거래할 수밖에 없다.

〈그림 8.2〉 완전경쟁시장의 수요곡선

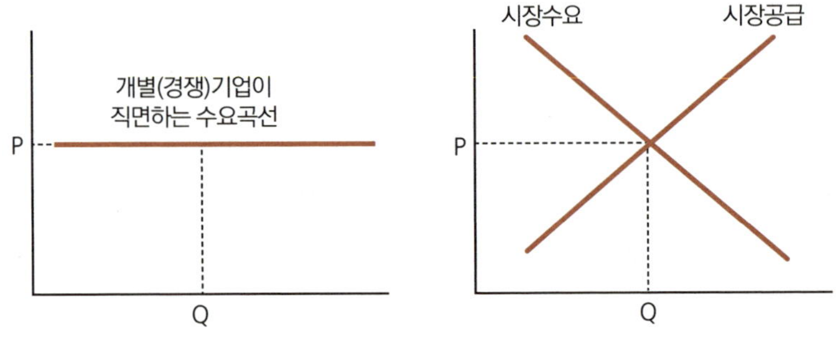

(a) 개별기업이 직면하는 수요곡선 (b) 시장수요와 시장공급

개별기업이 직면하는 수요곡선

당연히 시장수요곡선은 우하향하고 시장공급곡선은 우상향한다. 하지만 개별기업이 직면한 수요곡선은 이와 다르다. 개별기업이 직면한 수요곡선은 수평이고 모든 수요량에 대해 개별기업이 판매할 수 있는 가격은 시장의 균형가격 P뿐이다.

물론 개별기업이 직면하는 수요곡선이 위아래로 움직일 수는 있다. 즉 가격 P가 상승하거나 하락할 수는 있다. 하지만 이것은 어디까지나 〈그림 8.2〉의 (b)에서 시장수요와 시장공급이 바뀌어 시장의 균형가격이 바뀔 때나 가능한 일이다.

이 사실은 앞에서 배운 바 있는 수요의 가격탄력성으로 설명할 수도 있다. 완전경쟁시장에는 수요자와 공급자가 대단히 많으므로 밀접한 대체재가 무한히 많다고 보아야 한다. 그렇다면 2장에서 배운 바와 같이 수요의 가격탄력성 또한 대단히 크다. 따라서 개별기업에게 완전경쟁시장이란 수요의 가격탄력성이 무한대인 시장이라고 보면 된다. 수요의 가격탄력성이 무한대일 때 수요곡선은 수평선이므로 개별기업이 직면하는 수요곡선은 수평선이 될 수밖에 없는 것이다.

완전경쟁시장의 균형

완전경쟁시장에서는 개별기업이 직면하는 수요곡선이 수평이라고 설명한 바 있다. 이를 포함하여 완전경쟁시장을 분석하기 위한 기본분석틀을 설명한다. 이로부터 완전경쟁시장의 단기균형과 장기균형을 도출할 수 있다.

경쟁기업의 이윤극대화

이윤은 수입에서 비용을 뺀 값이다. 따라서 이윤이 결정되는 방식을 이해하려면 수입과 비용이 결정되는 방식을 알고 있어야 한다. 비용의 특징에 관한 자세한 내용은 7장에서 배운 바 있고 주요 내용이 〈그림 8.1〉의 (b)에 반영되어 있다. 남은 것은 수입의 결정되는 방식을 이해하는 것이다.

수입은 생산량과 가격의 곱이다. 우리가 흔히 매출액이라고 부르는 것이다. 〈표 8.2〉에는 완전경쟁시장에서 영업하는 개별기업의 예를 보여준다. 첫째 열에는 생산량, 둘째 열에는 가격, 그리고 셋째 열에는 총수입이 제시되어 있다. 물론 총수입은 생산량×가격임을 알 수 있다. 여기에서 주목할 것은 생산량이 변하더라도 가격이 6으로 고정되어 있다는 사실이다. 그 이유는 앞에서 강조한 바와 같이 개별기업이 가격에 영향을 미칠 수 없기 때문이다.

넷째 열에는 총비용이 제시되어 있다. 총수입과 총비용을 알게 되었으므로 이로부터 이윤도 계산할 수 있다. 즉 다섯째 열에는 이윤이 계산되어 있는데 총수입에서 총비용을 뺀 값이다. 그렇다면 언제 이윤이 가장 커지는가? 생산량이 5개 또는 6개일 때 이윤은 13으로 가장 크다. 이 중에서 생산량이 6개일 때를 선택하기로 하자. 즉 이윤극대화를 위한 생산량은 6개이다.

완전경쟁시장에서 영업하는 개별기업이 해야 할 모든 것을 찾았다. 즉 6개를 생산해야 하고 가격은 6이며 이 때 이윤은 13으로 가장 크다. 물론 6이라는 가격은 개별기업이 정한 것이 아니며 시장에서 결정된 가격을 받아들였을 뿐이다.

〈표 8.2〉 이윤극대화의 예

생산량	가격	총수입	총비용	이윤	한계수입	한계비용
1	6	6	3	3	-	-
2	6	12	5	7	6	2
3	6	18	8	10	6	3
4	6	24	12	12	6	4
5	6	30	17	13	6	5
6	6	36	23	13	6	6
7	6	42	30	12	6	7
8	6	48	38	10	6	8

수요곡선과 한계수입의 특징

〈표 8.2〉의 예는 〈그림 8.2〉의 (a)와 정확히 일치한다. 즉 〈표 8.2〉의 첫째 열의 생산량과 둘째 열의 가격을 그림으로 그리면 수요곡선이 되는데 그 형태는 〈그림 8.2〉의 (a)와 같이 수평선이다.

이제 중요한 개념을 도입한다. 한계수입marginal revenue : MR은 생산량을 1단위 증가시킬 때 총수입의 증가분을 말한다. 〈표 8.2〉의 여섯째 열에 한계수입이 계산되어 있다. 예를 들어 생산량이 5개에서 6개로 1단위 증가할 때 총수입이 30에서 36으로 증가하였으므로 생산량이 6개일 때 한계수입은 6이라고 말한다.

흥미로운 것은 한계수입도 생산량과 무관하게 항상 6이라는 점이다. 〈표 8.2〉의 예를 곰곰이 들여다 보면 당연한 일이다. 생산량을 1단위 증가시키더라도 가격은 항상 6으로 일정하기 때문에 한계수입도 6으로 일정할 수밖에 없다. 즉 한계수입이 6으로 일정한 이유는 가격이 6으로 일정하기 때문이다. 어쨌든 한계수입은 가격과 같을 뿐만 아니라 일정하기도 한데 이것이 바로 완전경쟁시장의 특징이다.

이윤극대화의 조건 : 한계수입=한계비용

앞에서 이미 언제 이윤이 극대화되는가를 알 수 있었다. 즉 생산량이 6개일 때 이윤은 13으로 가장 크다.

이 결과를 〈표 8.2〉에서 다시 생각해 보기로 하자. 〈표 8.2〉의 마지막 열에는 한계비용이 제시되어 있다. 7장에서 배운 바 있는데 한계비용은 생산량을 1단위 증가시킬 때 총비용의 증가분이다.

흥미로운 것은 생산량이 6개일 때 한계수입과 한계비용이 같아진다는 점이다. 물론 우리는 이미 생산량이 6개일 때 이윤이 가장 커진다는 사실도 알고 있다. 그렇다면 한계수입과 한계비용이 같을 때 이윤이 극대화되는 것일까? 그렇다. 이윤극대화의 조건은 한계수입과 한계비용이 같다는 것이다.

이 명제는 쉽게 증명할 수 있다. 〈표 8.2〉를 보기로 하자. 생산량이 4개이면 이윤이 가장 큰가? 아니다. 왜냐하면 생산량을 늘리면 이윤이 더 커지기 때문이다. 즉 생산량을 1단위 늘리면 수입은 6만큼 증가하지만 비용은 5만큼 증가한다. 따라서 이윤은 1만큼 증가하게 된다. 한계수입이 한계비용보다 클 때에는 생산량을 증가시킬수록 이윤이 더 커진다. 이 기업은 생산량을 늘려야 한다.

반대로 생산량이 8개일 때를 생각해 보기로 하자. 이 때 이윤이 가장 커지는가? 아니다. 생산량이 8개일 때에는 생산량을 줄이면 이윤이 더 커지기 때문이다. 즉 생산량을 1단위 줄이면 수입은 6만큼 감소하지만 비용은 그것보다 큰 8만큼 감소한다. 따라서 이윤은 오히려 2만큼 증가한다. 이 경우에는 생산량을 줄이는 것이 오히려 더 좋은 것이다. 한계수입이 한계비용보다 작을 때에는 생산량을 감소시킬수록 이윤이 더 커진다. 이 기업은 생산량을 줄여야 한다.

끝으로 생산량이 6개일 때에는 이윤이 더 이상 커질 수 없다. 그 이유는 명확하다. 한계수입과 한계비용이 같을 때에는 생산량을 바꾸더라도 수입의 변화와 비용의 변화가 같으므로(이게 한계수입과 한계비용이 같다는 말의 의미이다) 이윤이 증가할 수 없기 때문이다. 기업이론에서 가장 기본적인 명제라고 할 수 있는 이윤극대화의 조건은 바로 한계수입=한계비용이다. 요컨대, 한계수입과 한계비용이 같을 때 이윤은 가장 크다.

〈그림 8.3〉 완전경쟁시장의 균형(경제적 이윤이 발생할 때)

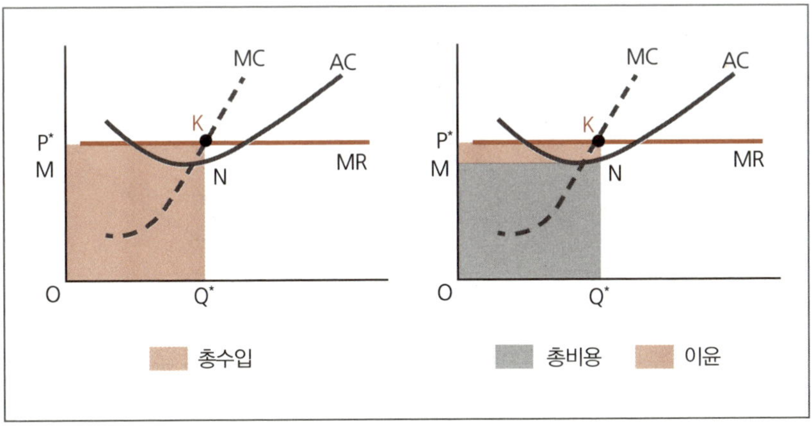

그림에 의한 분석

〈표 8.2〉의 분석을 그림으로도 나타낼 수 있다. 〈그림 8.1〉에 제시된 수입에 관한 그림과 비용에 관한 그림을 같이 이용하면 된다. 그렇다면 〈그림 8.3〉과 같다.

우선 한계수입과 한계비용이 같을 때 이윤이 극대화되므로 〈그림 8.3〉에서 이 점을 찾으면 된다. 한계수입(MR)과 한계비용(MC)은 K에서 같아지므로 이 때 이윤극대화가 달성된다. 즉 생산량은 Q^*이고 가격은 P^*이어야 한다. 〈표 8.2〉의 예에서 Q^*는 6이었고 P^*도 6이었다. 그렇다면 이윤은 얼마인가?

이윤을 구하기 위해서는 총수입과 총비용을 구하면 된다. 〈그림 8.3〉의 좌측그림에서 총수입은 $P^* \times Q^*$이므로 직사각형 OP^*KQ^*의 넓이와 같다. 한편 우측그림에서 총비용은 $M \times Q^*$이므로 직사각형 $OMNQ^*$의 넓이와 같다. 왜냐하면 Q^*를 생산할 때 평균비용AC이 M이고 평균비용×생산량이 총비용이기 때문이다. 그렇다면 이윤은 직사각형 OP^*KQ^*에서 직사각형 $OMNQ^*$을 뺀 나머지 직사각형 MP^*KN이 된다. 〈표 8.2〉의 예에서 직사각형 MP^*KN의 면적이 13이었던 것이다.

〈그림 8.4〉 완전경쟁시장의 균형(경제적 손실이 발생할 때)

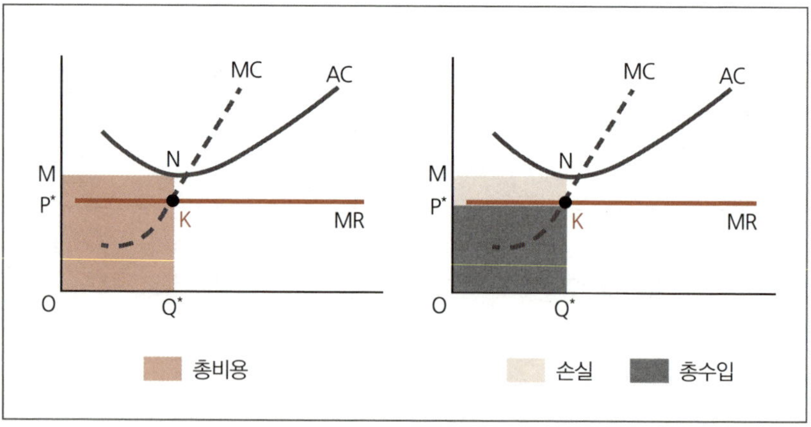

〈그림 8.3〉의 결과에서 주목할 것은 이윤 > 0라는 점이다. 하지만 완전경쟁시장에서 항상 (+)의 이윤이 발생하는 것은 아니다. (-)의 이윤, 즉 손실이 발생할 수도 있다. 그 예가 〈그림 8.4〉에 제시되어 있다.

이 경우에도 기업은 이윤극대화를 달성하려 한다. 즉 한계수입MR과 한계비용MC이 같아지는 점을 찾아야 하는데 바로 K이다. 이 점에서 이윤극대화가 달성된다. 따라서 생산량은 Q^*이고 가격은 P^*이다. 그렇다면 이윤은 얼마인가?

우선 총수입과 총비용을 구해야 한다. 〈그림 8.4〉의 우측그림에서 총수입은 $P^* \times Q^*$이므로 직사각형 OP^*KQ^*의 넓이와 같다. 한편 좌측그림에서 총비용은 $M \times Q^*$이므로 직사각형 $OMNQ^*$의 넓이와 같다. 왜냐하면 Q^*를 생산할 때 평균비용AC이 M이고 평균비용×생산량이 총비용이기 때문이다. 그렇다면 이윤은 직사각형 OP^*KQ^*에서 직사각형 $OMNQ^*$을 뺀 나머지 직사각형 MP^*KN이 된다.

〈그림 8.4〉에서 다른 것이 있다면 총수입 OP^*KQ^*보다 총비용 $OMNQ^*$이 더 크다는 점이다. 따라서 총수입에서 총비용을 뺀 나머지 MP^*KN는 (-)의 값을 갖게 된다. (-)의 이윤, 즉 손실이 발생한다.

〈그림 8.5〉 완전경쟁시장의 단기균형과 장기균형

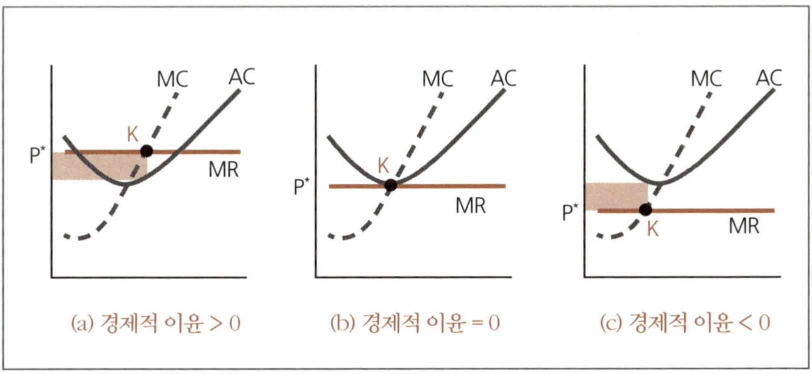

그렇다면 한가지 의문이 생긴다. 손실이 발생하였는데 이윤이 극대화되었다고 말할 수 있을까? 손실이 발생하였지만 이 경우에도 이윤극대화가 달성되었다고 말한다. 왜냐하면 이 경우에는 어떻게 하더라도 손실이 발생하기 때문이다. 따라서 이 상황에서 개별기업이 할 수 있는 최선의 선택은 손실을 최소화하는 것이다. 손실이 최소화되었다면 이윤이 극대화되었다고 보아야 하지 않을까?

단기균형과 장기균형

〈그림 8.3〉과 〈그림 8.4〉는 모두 완전경쟁시장에서 벌어진 일이다. 하지만 이윤이 발생할 때도 있고 손실이 발생할 때도 있다.

어떤 경우에 이윤이 발생하고 어떤 경우에 손실이 발생하는가를 판단하기는 어렵지 않다. 〈그림 8.3〉에서는 가격 P^*가 높은 편이었고 〈그림 8.4〉에서는 가격 P^*가 낮은 편이었기 때문이다. 이윤이 발생하는 경우와 손실이 발생하는 경우를 함께 그린 것이 〈그림 8.5〉이다. 〈그림 8.5〉를 보면 오로지 시장에서 결정된 가격 P^*가 높고 낮음에 따라 이윤과 손실이 결정됨을 알 수 있다.

〈그림 8.5〉의 (a)는 이윤이 (+)인 경우이다. 이 경우에는 장기적으로 신규기업이 진입entry하게 될 것이다. 그 이유는 당연하다. 이 시장에서 영업하면 이윤을 얻을 수 있기 때문이다. 물론 소수의 신규기업이 진입하면 완전경쟁시장에는 변화가 없다. 워낙 수요자와 공급자가 많기 때문이다. 하지만 많은 신규기업이 진입한다면 이야기는 달라진다. 이제는 시장공급곡선이 우측으로 이동할 수 있다.

그렇다면 앞의 〈그림 8.2〉의 (b)에서 변화가 일어나게 된다. 즉 시장공급곡선이 우측으로 이동하게 되고 이로 인해 시장가격이 하락하게 될 것이다. 그렇다면 〈그림 8.5〉의 (a)에서 가격 P^*는 점차 낮아진다. 그리고 신규기업의 진입이 계속된다면 결국 〈그림 8.5〉의 (a)는 (b)와 비슷해질 것이다.

한편 〈그림 8.5〉의 (c)는 이윤이 (-)인 경우이다. 이 경우에는 장기적으로 기존기업이 퇴출exit될 것이다. 그 이유 역시 당연하다. 이 시장에서 영업하면 손실이 발생하기 때문이다. 소수의 기업이 퇴출된다면 큰 변화가 없겠지만 많은 기존기업이 퇴출된다면 〈그림 8.2〉의 (b)에서 시장공급곡선이 좌측으로 이동하게 된다. 이로 인해 시장가격이 상승하면 〈그림 8.5〉의 (c)에서 가격 P^*는 점차 높아질 것이다. 그리고 기존기업의 퇴출이 계속 이어진다면 결국 〈그림 8.5〉의 (c)는 (b)와 비슷해질 것이다.

〈그림 8.5〉에서 (a)와 (c)는 단기적으로 나타날 수 있는 현상이다. 하지만 진입과 퇴출의 작용으로 인해 시간이 지나면 완전경쟁시장은 (b)에 가까워지게 마련이다. 그런 의미에서 (a)와 (c)는 단기균형이고 (b)는 장기균형이다.

완전경쟁시장에서 장기균형이 달성되는 이유는 진입과 퇴출이 자유롭기 때문이다. 즉 시장가격이 높을 때 이윤이 발생하게 되는데 이로 인해 신규기업의 진입이 이루어지고 장기적으로는 시장가격이 하락하며 결국 이윤은 사라지게 마련이다. 또는 시장가격이 낮을 때 손실이 발생하게 되는데 이로 인해 기존기업이 퇴출된다. 초기에 퇴출되는 기업을 한계기업marginal firm이라고 부르는데 많은 기업이 퇴출되면 장기적으로 시장가격이 회복되어 손실도 사라지게 마련이다.

결국 완전경쟁시장에서 이윤과 손실은 단기적으로는 있을 수 있지만 장기적으로는 있을 수 없다. 즉 완전경쟁시장에서 이윤은 장기적으로 0이 된다.

완전경쟁시장의 장기균형은 바람직한가

완전경쟁시장의 장기균형인 〈그림 8.5〉의 (b)에 주목하기로 하자. 완전경쟁시장의 장기균형은 바람직한가?

우선 가격에 대해 살펴 보기로 하자. 장기균형에서 가격 P^*는 기업에 손실이 발생하지 않는 가장 낮은 수준에서 결정된 것이다. 즉 P^*보다 가격이 낮아지면 기업에 손실이 발생하게 되므로 P^*는 기업이 퇴출되지 않을 수 있는 가장 낮은 가격이다. 물론 가격이 낮다는 것은 수요자에게 대단히 좋은 일이다.

다음으로 생산량은 어떠한가? 생산량 Q^*는 7장에서 배운 바 있는 효율적 생산량이다. 즉 평균비용이 최저가 되는 생산량이다. 평균비용이 최저가 된다는 의미에서 장기균형은 생산의 효율성을 가장 높여 준다.

완전경쟁시장의 특징은 낮은 가격, 효율적인 생산량으로 요약할 수 있다. 하지만 장기적으로 이윤이 0이라면 어떤 기업이 영업하려고 하겠는가?

여기에서 말하는 이윤은 회계적 이윤이 아니라 경제적 이윤임에 주의해야 한다. 7장에서 배운 바 있지만 회계적 이윤은 경제적 이윤보다 항상 더 크다. 따라서 경제적 이윤이 0일 때 회계적 이윤은 반드시 0보다 크므로 흔히 말하는 당기순이익은 반드시 (+)이다. 정확하게 말하면 경제적 이윤이 0이라는 말은 기회비용을 반영한 적절한 규모의 회계적 이윤이 발생한다는 뜻이다. 기회비용을 반영한 적절한 규모의 회계적 이윤이 발생한다는데 영업하지 않을 이유가 있는가?

다음과 같은 의문을 갖는 사람들이 많다. 단기적으로는 이윤 또는 손실이 있을 수 있지만 장기적으로는 이윤이 0이라는 말은 도대체 무슨 뜻인가?

이렇게 이해해 두기로 하자. 어떤 기업이 완전경쟁시장에서 영업을 시작하였다고 하자. 사업시작 첫해에 1억원의 이윤을 얻었다. 즉 단기적으로는 이윤을 얻을 수 있다. 그리고 2년차가 되자 1억원의 손실이 발생하였다. 즉 단기적으로는 손실이 발생할 수 있다. 이어서 3년차에는 2억원의 이윤, 4년차에 1억원의 손실… 이 발생하였다고 하자. 그리고 20년 후 그 동안의 손익을 모두 더해 보았다. 그랬더니 그 합이 거의 0에 가깝다. 장기적으로 이윤이 0이라는 말은 이런 뜻이다.

보이지 않는 손

수요공급분석에 따르면, 수요자와 공급자의 자유로운 행위에 의해 가격이 결정되며 이렇게 결정된 가격은 수요자와 공급자의 행위에 영향을 미치기도 한다. '보이지 않는 손'이란 가격을 통해 작동한다고 말할 수 있다. 가격의 역할에 대해 종합적으로 정리하기로 하자. 가격은 왜 바람직하며 함부로 왜곡시키면 안 되는가?

가격기구에 의한 자원배분

4장에서 설명한 바와 같이 가격은 할당기능과 배분기능을 지닌다. 할당기능이란 어떤 자원이 어떤 소비자에게 할당되어야 하는가의 문제를 말하고, 배분기능이란 어떤 자원이 어떤 생산자에게 배분되어야 하는가의 문제를 말한다. 강조하고 싶은 것은 가격의 할당기능과 가격의 배분기능이 매우 탁월하다는 점이다.

가격의 할당기능이 올바르게 작동하는 이유는 무엇일까? 이 질문에 대답하기 위해서는 다음 질문에서 시작해 보는 것이 좋다. 어떤 상품에 대해 높은 가치를 부여하는 사람을 어떻게 식별할 수 있을까?

5장에서 배운 바 있는 소비자잉여의 개념을 생각해 보자. 이 개념에 따르면 어떤 상품을 구매하는 사람은 이 상품에 대한 지불용의가 가격보다 높은 사람이다. 따라서 어떤 상품의 가격이 매우 높을 때 이를 구매하는 사람은 이 상품에 대해 매우 높은 지불용의를 갖는 사람뿐이다. 그러므로 어떤 상품에 대해 높은 가치를 갖는 사람이 누구인가를 알고 싶다면 그 상품의 가격을 매우 높게 설정하면 될 일이다. 그렇다면 높은 가치를 부여하는 사람만이 실제 구매에 나설 것이다. 실제로 구매하지는 않으면서 말로만 높은 가치를 부여한다고 주장하는 사람은 거짓말쟁이이다. 이처럼 가격은 높은 가치를 부여하는 사람을 식별하고 그들에 의해 상품이 소비될 수 있도록 한다. 이것이 바로 가격의 할당기능이다.

가격의 배분기능이 올바르게 작동하는 이유는 무엇일까? 이 질문에 대답하기 위해서도 조금 다른 질문으로 시작해 보기로 하자. 어떤 자원을 효율적으로 이용할 수 있는 공급자를 어떻게 식별할 수 있을까?

우선 생산의 효율성이란 평균비용이 낮아지도록 생산할 때 달성된다는 점을 상기하기 바란다. 즉 평균비용이 낮을수록 효율성이 높은 생산자라고 보면 된다. 그렇다면 앞의 질문에 대답할 수 있게 되었다. 어떤 자원을 효율적으로 이용할 수 있는 사람은 누구일까? 평균비용이 낮은 생산자가 바로 그들이다. 중요한 것은 이들을 어떻게 식별할 수 있을까 하는 문제이다.

가격의 기능으로 인해 우리는 효율적인 생산자를 쉽게 식별할 수 있다. 가격에 비해 평균비용이 낮은 효율적인 생산자에게는 이윤이 발생할 것이고, 가격에 비해 평균비용이 높은 비효율적인 생산자에게는 손실이 발생할 것이기 때문이다. 그 중에서도 한계기업은 시장에서 퇴출되는 운명을 맞는다. 결국 자원은 평균비용이 낮은 생산자, 즉 자원을 효율적으로 이용할 수 있는 생산자에게 배분된다. 이 논의에서 가격의 중요성을 확인할 수 있을 텐데 이것이 바로 가격의 배분기능이다.

가격은 높은 가치를 부여하는 소비자가 원하는 적절한 수량의 자원을 소비할 수 있도록 하고, 효율성을 지닌 생산자가 필요로 하는 적절한 수량의 자원을 생산에 이용할 수 있도록 한다. 따라서 가격의 왜곡은 매우 심각한 문제이다.

예를 들어 정부가 어떤 재화의 가격을 인위적으로 통제하였다고 하자. 그렇다면 수요자와 공급자의 행위에 의해 가격이 결정되지 못하고 가격 체계가 왜곡된다고 말한다. 왜곡된 가격은 할당기능과 배분기능을 왜곡시키기 마련이다. 즉 소비자가 원하는 적절한 자원을 소비하지 못하고, 생산자가 필요로 하는 적절한 자원을 생산에 이용하지 못하게 된다. 심지어는 엉뚱한 소비자에게 할당되거나 엉뚱한 생산자에게 배분되기도 한다. 이처럼 가격의 왜곡은 심각한 결과를 초래한다.

자유로운 진입과 퇴출의 중요성

가격의 배분기능이 제대로 작동하기 위해서는 진입장벽과 퇴출장벽이 없어야 한다. 진입장벽과 퇴출장벽은 가격의 배분기능을 왜곡하는 중요한 요인이다.

예를 들어 X재화와 Y재화의 가격이 같았는데 X재화의 가격은 상승하고 Y재화의 가격은 하락하였다고 하자. 두 시장이 모두 완전경쟁시장이면 X시장에서는 진입이 이루어질 것이고 Y시장에서는 퇴출이 이루어질 것이다. 즉 Y시장에서 퇴출한 기업이 X시장으로 진입하는 현상이 벌어진다. 그렇다면 두 재화의 가격이 바뀐 이후에도 가격의 배분기능은 올바르게 작동하는 셈이다.

문제는 진입장벽과 퇴출장벽이 있는 경우이다. 그렇다면 Y시장의 공급자가 퇴출하기도 어려울 뿐만 아니라 Y시장에서 퇴출하기를 원하는 공급자가 X시장으로 진입하기도 어려울 것이다. 이 경우 Y시장에는 공급자가 너무 많아지고 X시장에는 공급자가 너무 적어진다. 따라서 Y시장에는 자원이 비효율적으로 '많이' 배분되고 X시장에는 자원이 비효율적으로 '적게' 배분된다. 이처럼 진입장벽과 퇴출장벽이 있는 경우 가격의 배분기능은 올바르게 작동할 수 없다.

다음 장에서는 독점시장에 대해 배울 것이다. 독점시장에서도 가격은 수요자와 공급자의 자유로운 행위에 의해 결정될 수 있다. 하지만 가격의 배분기능이 올바르게 작동하지 않게 되는데 그 이유는 진입장벽과 퇴출장벽이 있기 때문이다.

사례연구

한계수입과 한계비용이 같아질 때 이윤이 가장 커진다는 사실은 매우 중요하다. 이윤극대화를 위해 우리가 고려해야 할 개념은 평균비용이 아니라 한계비용이기 때문이다. 컨티넨탈항공(Continental Airlines)의 예를 보면 그 이유를 실감할 수 있을 것이다. 이를 통하여 한계주의원리를 보다 잘 이해했으면 좋겠다.

Continental Airlines의 전략

1960년대 초에만 해도 미국의 모든 항공사는 좌석의 65%가 채워져야 항공기를 운항하였다. 하지만 컨티넨탈항공은 50%만 채워지면 운항하는 새로운 전략을 취하였다. 결과는 대성공이었다. 왜 이런 일이 있었을까?

당시 항공요금은 $4,000였고 좌석의 65%가 채워지면 평균비용은 $4,000가량 되었다고 한다. 따라서 대부분의 항공사는 이 방침을 고수하였다. 왜냐하면 좌석점유율이 65%일 때 마진이 0이기 때문이다. 물론 좌석이 65% 이상 채워지면 이윤을 얻게 된다. 따라서 각 항공사들은 좌석점유율을 65% 이상으로 올리려고 노력하였고 좌석점유율이 65%가 안 되면 아예 운항하지 않았던 것이다.

컨티넨탈항공은 평균비용이 아니라 한계비용에 주목하였다. 즉 좌석의 65%가 채워질 때 평균비용은 $4,000이지만 한계비용은 $2,000임을 알았던 것이다. 이를 근거로 완전경쟁시장의 이론을 적용하면 다음과 같이 설명할 수 있다. 항공요금이 $4,000이므로 한계수입은 좌석점유율과 상관없이 $4,000이고, 한계비용은 좌석점유율이 65%일 때 $2,000이다. 한계수입이 한계비용보다 크므로 판매량을 늘릴수록 이윤이 증가함은 이미 배운 바 있다. 이에 컨티넨탈항공은 좌석점유율이 낮아지더라도 운항횟수를 늘렸고, 결과적으로 한계수입과 한계비용이 같아지는 좌석점유율에서 이윤을 극대화할 수 있었다. 즉 좌석의 50%만 채워 운항할 때 한계수입과 한계비용이 같아졌는데 이 때 이윤이 가장 커졌던 것이다.

〈그림 8.6〉 Continental Airlines의 전략

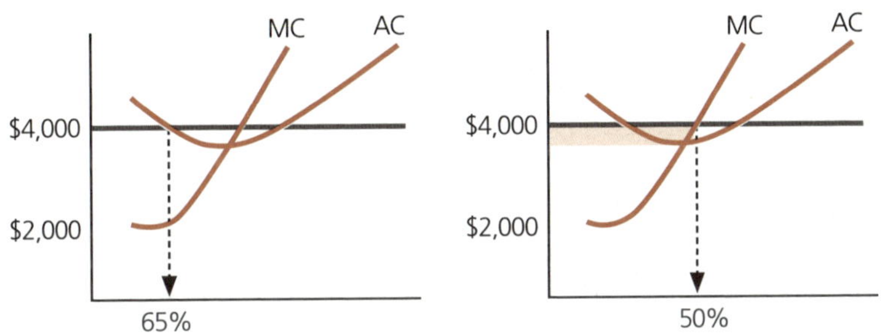

(a) 65% 정책(경제적 이윤이 없음) (b) 50% 정책(경제적 이윤이 있음)

한계주의원리

〈그림 8.6〉은 65% 정책과 50% 정책의 차이를 보여 준다. (a)는 65% 정책을 따를 때인데 좌석의 65%가 채워질 때에만 운항할 것이므로 운항횟수가 적을 것이고 판매량은 많지 않다. 반면에 (b)는 50% 정책을 따를 때인데 좌석의 50%만 채워지더라도 운항할 것이므로 운항횟수가 많을

것이고 판매량도 많게 된다.

그림 (a)에서는 한계수입(판매가격) $4,000가 한계비용 $2,000보다 많음은 쉽게 확인할 수 있다. 물론 이 때 한계수입 $4,000는 평균비용 $4,000과 같은 값이다. 즉 (a)는 한계수입과 평균비용이 같아지도록 판매량을 결정한 경우에 해당된다. 흥미로운 것은 이 경우에 한계수입과 평균비용이 같으므로 경제적 이윤을 얻을 수 없다는 점이다. 즉 65% 정책을 채택하면 경제적 이윤은 없다.

그림 (b)에서도 한계수입은 $4,000이다. 그리고 한계비용도 $4,000로 같다. 즉 이윤극대화의 조건에 맞게 한계수입과 한계비용이 같아지도록 판매량을 결정한 경우이다. 주목할 것은 이 경우 한계수입(판매가격)이 평균비용보다 높다는 점이다. 즉 50% 정책을 따르게 되면 경제적 이윤을 얻게 된다.

65% 정책의 경우 경제적 이윤이 없지만 50% 정책의 경우 경제적 이윤이 있는 이유는 간단하다. 50% 정책이란 좌석점유율이 낮더라도 운항하는 정책이므로 이를 채택하면 생산량은 증가한다. 그런데 7장에서 이미 설명한 바와 같이, 평균비용이 한계비용보다 클 때에는 생산량이 증가할수록 평균비용이 하락하므로 50% 정책을 채택하면 평균비용이 하락한다. 이 사실은 〈그림 8.6〉에서 쉽게 확인할 수 있다. 즉 65% 정책의 평균비용보다 50% 정책의 평균비용이 더 낮다! 평균비용이 낮기 때문에 50% 정책의 경우 경제적 이윤이 발생하는 것은 당연한 일이다.

컨티넨탈항공의 사례는 한계수입=한계비용이라는 이윤극대화의 조건이 얼마나 중요한지 알 수 있는 좋은 예이다. 이윤극대화를 추구하는 기업이라면 평균비용에 집착할 것이 아니라 한계비용에 근거하여 판단하여야 한다. 또한 이 사례를 설명하면서 완전경쟁시장의 이론을 적용하였음에도 주목할 필요가 있다. 완전경쟁시장의 조건이 까다롭기 때문에 완전경쟁시장의 이론은 그저 이론일 뿐이라고 생각하기 쉽다. 하지만 완전경쟁시장의 이론은 이 사례를 훌륭하게 설명한다.

끝으로 한계주의원리에 대해 강조하려 한다. 한계주의란 한계 개념에 근거하여 경제주체들이 판단하고 행동한다고 보는 견해이다. 컨티넨탈 항공은 평균비용이 아니라 한계비용에 근거하여 행동했으므로 한계주의 원리를 따른 셈이다. 19세기에 등장한 이후 많은 논란에도 불구하고 오늘날 경제학의 기본원리로 간주되고 있다. 다음 장에서 독점시장을 설명할 때 다시 한 번 더 한계주의원리에 대해 언급하게 될 것이다. 이를 통하여 한계주의원리가 갖는 심오함을 이해했으면 좋겠다.

9 독점시장

COST
+
%
Q
RICE
TO
KOSPI
SNS
A
COST
MONEY
TO
SUPPLY
TO
BASKET
ITIVE
ECONO

독점시장의 조건

독점시장이란 무엇이고, 왜 독점이 발생하는지를 알아 보기로 한다. 경쟁기업과 달리 독점기업은 가격설정자인데 이 특징을 반영하는 수요곡선의 차이에 대해 논하기로 한다. 수요곡선의 차이가 독점시장과 완전경쟁시장의 차이를 초래한다.

독점시장의 조건

독점에는 3가지 종류가 있다. 즉 수요자가 다수이고 공급자가 1개인 공급독점monopoly, 수요자가 1개이고 공급자가 다수인 수요독점monopsony, 수요자도 1개이고 공급자도 1개인 쌍방독점bilateral monopoly or monopsony이 있다.

수요독점의 대표적인 예는 기업의 노동수요이다. 노동시장에서 수요자는 기업인데 이들이 다수의 근로자를 고용한다면 이 시장에서 수요자는 기업 1개이고 공급자는 근로자 다수이므로 수요독점이 된다. 쌍방독점의 전형적인 예도 노동시장에서 찾을 수 있다. 즉 노동조합이 있는 기업의 노동시장은 쌍방독점이다. 수요자도 기업 1개이고 공급자도 노동조합 1개이기 때문이다. 즉 노동조합이 있으면 임금협상 등이 근로자 개별적으로 이루어지지 않고 노동조합에 의해 이루어진다.

이 책에서는 공급독점만을 다루도록 하겠다. 8장에서도 그랬지만 이하에서 독점은 공급독점을 말한다.

독점의 조건은 다음과 같다. 첫째, 수요자는 다수이지만 공급자는 유일하다. 둘째, 진입장벽이 있어야 한다. 셋째, 독점기업이 판매하는 상품의 밀접한 대체재가 없어야 한다. 독점기업에게 진입장벽의 존재는 매우 중요하다. 진입장벽이 있어야만 독점이 유지될 수 있기 때문이다. 밀접한 대체재가 없어야 한다는 조건도 같은 맥락에서 이해할 수 있다. 밀접한 대체재가 있다면 독점은 쉽게 무너질 것이다.

이 조건들이 충족되면 독점기업은 모든 것을 자기 마음대로 결정할 수 있다. 즉 가격도 스스로 결정하게 되는데 이제 독점기업은 가격설정자price maker이다.

독점의 발생원인

독점이 발생하는 원인은 무엇일까? 유일한 공급자가 되려면 진입장벽이 만들어지고 이것이 유지되어야 한다. 그렇다면 진입장벽은 왜 존재할 수 있을까?

첫째, 생산요소의 독점 때문이다. 즉 어떤 생산요소를 독점한다면 그 생산요소를 이용하는 생산물시장에서도 독점이 될 수 있다. 유명한 예는 다이아몬드회사로 잘 알려진 드비어스De Beers이다. 결혼을 앞둔 예비부부라면 예물을 찾다가 "다이아몬드는 영원히Diamond is Forever"라는 드비어스의 광고를 심심치 않게 보았을 것이다. 이 회사는 세계 다이아몬드광산의 40% 정도를 소유하고 있는데 이를 기반으로 세계 다이아몬드 생산의 80% 정도를 차지한다고 한다. 드비어스의 독점행위는 특히 악명이 높은데 다이아몬드 공급량을 인위적으로 제한함으로써 세계다이아몬드 유통망에 대한 지배력을 잃지 않고 비싼 가격으로 판매하고 있다.

둘째, 특허권patent 및 저작권copyright, 그리고 정부의 인허가 및 면허 때문이다. 특허권은 새로운 제품의 개발자에게, 그리고 저작권은 음악, 출

판물, 소프트웨어 등의 저자들에게 일정기간 동안 배타적인 권리를 부여한다. 이와 같은 배타적인 권리는 일정기간 동안 진입장벽이 유지될 수 있도록 한다. 또한 정부의 인허가로 인해 독점이 초래되기도 한다. 우리나라의 경우 전매청에게만 담배의 생산 및 판매가 허용되었는데 정부의 인허가로 인해 독점이 초래된 좋은 예이다. 이와 비슷한 경우가 면허제도이다. 대표적인 예로는 의사면허나 변호사면허가 있다. 잘 알려진 바와 같이 의사협회와 변호사협회는 의사면허나 변호사면허의 취득을 어렵게 함으로써 의료계와 법률계에서 진입장벽을 유지하려 한다.

셋째, 자연독점natural monopoly 때문이다. 자연독점은 규모의 경제로 인해 발생한다. 규모의 경제는 7장에서 배운 바와 같이 생산규모를 늘릴수록 장기평균총비용이 하락하는 현상을 말한다. 규모의 경제가 있을 때 생산규모가 충분히 커진 기업은 대단히 낮은 장기평균총비용으로 공급할 수 있게 된다. 반면에 생산규모가 작은 기업은 높은 장기평균총비용으로 공급할 수밖에 없다. 그렇다면 생산규모가 충분히 커진 기업은 경쟁에서 쉽게 승리하고 시장수요 전체를 차지하게 된다.

〈그림 9.1〉 규모의 경제와 자연독점

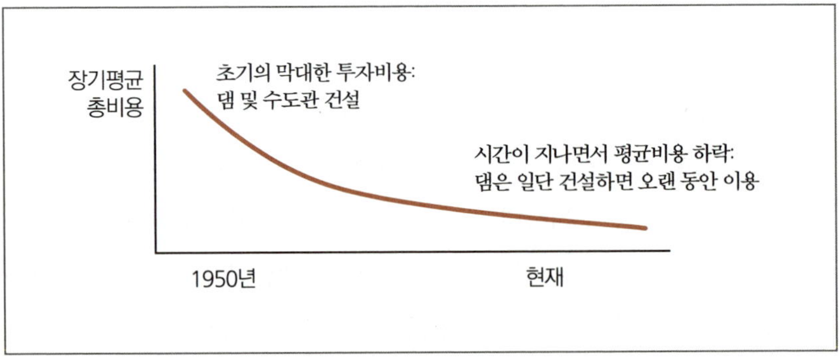

상수도산업이나 전력 및 통신산업의 경우 전형적인 자연독점이 나타나곤 한다. 〈그림 9.1〉에 제시된 바와 같이, 상수도산업의 경우 초기에는 댐 및 수도관 건설을 위해 막대한 비용이 지출될 것이다. 하지만 초기의 막대한 투자가 완료된 이후에는 장기평균총비용이 하락하게 마련이다. 따라서 선발기업의 장기평균총비용이 낮아진 이후에 신규기업의 진입이 자유롭게 허용된다고 하더라도 신규기업의 장기평균총비용은 선발기업의 장기평균총비용과 비교할 수 없을 정도로 높을 것이므로 신규기업의 진입은 사실상 불가능하게 된다. 이와 같이 규모의 경제는 사실상의 진입장벽을 초래하는 요인으로 작용하여 자연스럽게 독점이 발생한다.

자연독점은 초기에 막대한 투자비용이 들고, 여러 공급자가 나누어 공급하는 것보다 단 1개의 공급자가 더 적은 비용으로 공급할 수 있을 때 나타난다. 대표적인 예 중의 하나는 소프트웨어산업이다. PC 소프트웨어산업의 절대강자는 마이크로소프트인데 이 회사가 개발한 MS 오피스는 개발단계에서 막대한 투자비용이 들었겠지만 개발이 완료된 이후에는 추가적인 비용이 거의 들지 않는다. 물론 사무용 소프트웨어시장에도 초기에는 경쟁자들이 있었다. 하지만 누가 되든지간에 그 중에 승자가 결정되고 나면 규모의 경제 때문에 승자는 시장 전체를 장악할 수 있게 된다. 규모의 경제는 경쟁시장이 독점시장으로 바뀌는 현상을 설명한다.

〈그림 9.2〉 독점시장의 수요곡선

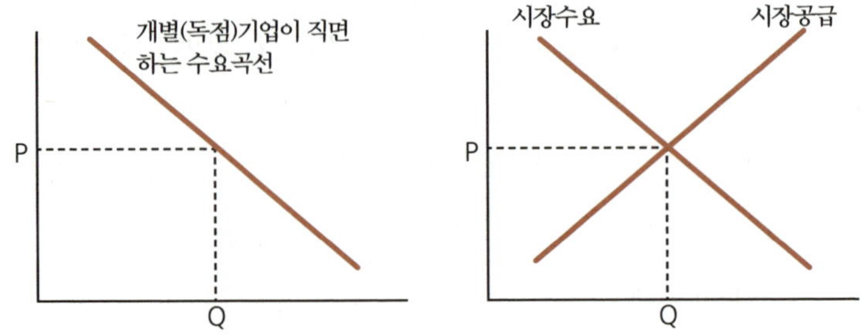

(a) 개별기업이 직면하는 수요곡선　　(b) 시장수요와 시장공급

독점시장의 특징

완전경쟁시장에서는 시장수요곡선이 우하향함에도 불구하고 개별기업이 직면한 수요곡선은 수평이었다. 그 이유는 시장수요와 시장공급이 일치하도록 가격이 결정되고 개별기업은 이를 바꿀 만한 힘을 갖고 있지 못하기 때문이었다.

독점기업은 다르다. 독점기업은 가격을 결정할 수 있는 힘을 갖고 있다. 그래서 가격설정자라고 불렀던 것인데, 그 이유는 본질적으로 독점기업이 직면한 수요와 시장수요가 같기 때문이다. 즉 〈그림 9.2〉에 제시된 바와 같이 (a)의 개별기업이 직면한 수요곡선과 (b)의 시장수요곡선은 같다. 이처럼 독점기업이 직면한 수요곡선이 수평이 아니라는 것, 이것이 독점을 완전경쟁과 구분짓는 특징이다. 완전경쟁시장의 〈그림 8.2〉의 (a)와 독점시장의 〈그림 9.2〉의 (a)를 비교해 보라.

독점기업의 수요곡선이 수평이 아닌 이유는 밀접한 대체재가 없다는 사실로도 설명할 수 있다. 2장에서 배운 바와 같이 밀접한 대체재가 없으면 수요의 가격탄력성은 작다. 그렇다면 독점기업이 직면하는 수요곡선은 수평이 아니다.

독점시장의 균형

독점기업이 직면하는 수요곡선이 우하향한다는 사실 때문에 독점시장에서 결정되는 가격과 생산량은 완전경쟁시장과 판이하게 다르고 독점기업의 이윤은 훨씬 더 크다. 이윤극대화를 추구하는 독점기업이 어떤 식으로 가격과 생산량을 결정하고 이를 통하여 독점이윤을 얻는가를 살펴 보기로 하자.

독점기업의 이윤극대화

완전경쟁시장에서 기업의 이윤극대화를 설명했던 것과 같은 방식으로 독점기업의 이윤극대화를 설명한다. 그 예가 〈표 9.1〉에 제시되어 있다.

첫째 열에는 생산량, 둘째 열에는 가격, 그리고 셋째 열에는 총수입이 제시되어 있다. 총수입은 생산량×가격인데, 독점기업의 경우 다른 점은 생산량이 변함에 따라 가격도 변한다는 사실이다. 즉 생산량이 많을수록 가격은 하락한다. 물론 그 이유는 독점기업이 가격에 영향을 미칠 수 있기 때문이고 〈표 9.1〉에서는 이것이 독점시장이 완전경쟁시장과 다른 유일한 특징이다.

넷째 열에는 총비용이 제시되어 있다. 〈표 9.1〉에 제시된 총비용은 8장의 완전경쟁시장의 예와 같은 수치이다. 즉 독점시장이 완전경쟁시장과 다른 것은 비용 때문이 아니라 수입 때문임을 알 수 있다.

결론적으로 다섯째 열에는 이윤이 계산되어 있다. 총수입에서 총비용을 뺀 값으로 이윤은 생산량이 3개 또는 4개일 때 가장 크고 그 값은 16이다. 이 중에서 생산량이 4개일 때를 선택하기로 하자. 즉 이윤극대화를 위한 생산량은 4개이다.

주목할 것은 가격도 기업이 정할 수 있다는 점이다. 즉 생산량이 4개일 때 가격은 7이므로 독점기업은 가격을 7로 정한다. 독점기업이 가격결정자라는 뜻이다.

이제 이윤극대화를 추구하는 독점기업의 솔루션을 구한 셈이다. 즉 생산량은 4개이고 가격은 7이며 이 때 이윤은 16으로 가장 크다.

〈 표 9.1 〉 독점시장에서 이윤극대화의 예

생산량	가격	총수입	총비용	이윤	한계수입	한계비용
1	10	10	3	7	-	-
2	9	18	5	13	8	2
3	8	24	8	16	6	3
4	7	28	12	16	4	4
5	6	30	17	13	2	5
6	5	30	23	7	0	6
7	4	28	30	-2	-2	7
8	3	24	38	-14	-4	8

수요곡선과 한계수입의 특징

〈표 9.1〉의 예는 〈그림 9.1〉의 (a)와 정확히 부합한다. 〈표 9.1〉의 첫째 열의 생산량과 둘째 열의 가격을 그림으로 그리면 수요곡선이 되는데 그 형태는 〈그림 9.1〉의 (a)와 같이 우하향한다. 여러 차례 강조한 바 있지만 독점시장이 완전경쟁시장과 구분되는 이유는 바로 이것 때문이다. 즉 수요곡선이 우하향한다는 점이다.

8장에서 설명한 바 있는 한계수입marginal revenue : MR은 생산량을 1단위 증가시킬 때 총수입의 증가분이다. 〈표 9.1〉의 여섯째 열에 한계수입이 계산되어 있다. 예를 들어 생산량이 3개에서 4개로 1단위 증가할 때 총수입이 24에서 28으로 증가하였으므로 생산량이 4개일 때 한계수입은 4라고 말한다.

중요한 것은 한계수입이 생산량이 증가함에 따라 감소한다는 점이다. 어찌 보면 당연한 일이다. 한계수입이란 생산량을 1단위 증가시킬 때 수입의 증가분이다. 그리고 수입의 증가분이란 생산량을 1단위 증가시킬 때의 가격과 같다. 그런데 독점시장에서는 생산량을 1단위 증가시킬 때 가격이 하락한다. 따라서 한계수입도 감소할 수밖에 없다. 즉 한계수입이 감소하는 이유는 생산량이 증가할수록 가격이 하락하기 때문이다. 바꾸어 말하면 수요곡선이 우하향하기 때문이다.

이윤극대화의 조건 : 한계수입=한계비용

독점기업의 목표도 역시 이윤극대화이다. 이윤이 가장 커지도록 생산량과 가격을 정할 것이다. 물론 〈표 9.1〉의 예에서는 이미 그 결과를 알고 있다. 즉 생산량이 4개이고 가격이 7일 때 이윤은 16으로 가장 크다.

이윤극대화의 조건은 완전경쟁시장이나 독점시장이나 같다. 즉 한계수입과 한계비용이 같을 때 이윤이 가장 커진다. 그렇다면 〈표 9.1〉의 예에서도 한계수입과 한계비용이 같을 때 이윤이 가장 클까? 당연히 그렇다. 생산량이 4개일 때 한계수입과 한계비용은 4로 같음을 쉽게 확인할 수 있다. 즉 이윤극대화의 조건이 한계수입과 한계비용이 같아야 한다는 것이 다시 한번 더 입증되었다.

생산량이 4가 아닐 때 이윤이 극대화될 수 없음은 쉽게 설명할 수 있다. 〈표 9.1〉을 보기로 하자. 생산량이 2개이면 이윤이 가장 큰가? 아니다. 왜냐하면 생산량을 늘리면 이윤이 더 커지기 때문이다. 즉 생산량을 1단위 늘리면 수입은 6만큼 증가하지만 비용은 3만큼 증가한다. 따라서 이윤은 3만큼 증가하게 된다. 즉 한계수입이 한계비용보다 클 때에는 생산량을 증가시킬수록 이윤이 더 커진다.

생산량이 5개일 때를 생각해 보기로 하자. 이 때에도 이윤이 가장 크지는 않다. 생산량이 5개일 때에는 생산량을 줄이면 이윤이 더 커진다. 즉 생산량을 1단위 줄이면 수입은 2만큼 감소하지만 비용은 그것보다 큰 5만큼 감소한다. 따라서 이윤은 오히려 3만큼 증가한다. 이 경우에는 생산량을 줄일수록 좋다. 즉 한계수입이 한계비용보다 작을 때에는 생산량을 감소시킬수록 이윤이 더 커진다.

끝으로 생산량이 4개일 때에는 이윤이 더 이상 커질 수 없다. 한계수입이 한계비용과 같기 때문에 생산량을 늘리거나 줄일 때 수입의 증가분과 비용의 증가분이 같게 마련이다. 따라서 이윤은 더 이상 증가할 수 없다.

〈그림 9.3〉 이윤극대화의 예

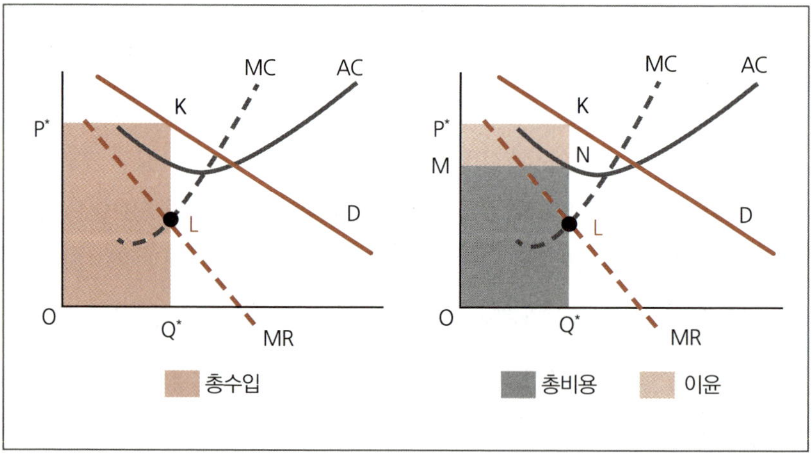

그림을 이용한 분석

〈표 9.1〉의 분석을 그림으로 하기로 한다. 수입에 관한 그림과 비용에 관한 그림을 같이 그리면 〈그림 9.3〉과 같다.

〈그림 9.3〉에서 주목할 것은 2가지이다. 첫째는 수요곡선이 우하향한다는 점이다. 둘째는 한계수입곡선이 우하향할 뿐만 아니라 수요곡선보다는 아래에 있다는 점이다. 그 이유는 〈표 9.1〉의 설명을 다시 보면 쉽게 알 수 있다. 〈그림 9.3〉이란 〈표 9.1〉을 그림으로 그린 것에 불과하기 때문이다.

한계수입곡선이 우하향하는 이유는 수요곡선이 우하향하기 때문이다. 완전경쟁시장에서는 개별기업이 직면하는 수요곡선이 수평이었기 때문에 한계수입곡선도 수평이었다. 하지만 독점시장에서는 개별기업이 직면하는 수요곡선이 우하향하기 때문에 한계수입곡선도 우하향한다. 어쨌든 독점시장이 완전경쟁시장과 다른 점은 수요곡선이 우하향하고 그로 인해 한계수입곡선도 우하향한다는 점이다.

우선 한계수입과 한계비용이 같을 때 이윤이 극대화되므로 〈그림 9.3〉에서 이 점을 찾으면 된다. 한계수입MR과 한계비용MC은 L에서 같아지므로 이 때 이윤극대화가 달성된다. 즉 생산량은 Q^*이고 가격은 P^*이어야 한다. 〈표 9.1〉의 예에서 Q^*는 4이었고 P^*는 7이었다. 그렇다면 이윤은 얼마인가?

이윤을 구하기 위해서는 총수입과 총비용을 구해야 한다. 〈그림 9.3〉의 좌측그림에서 총수입은 $P^* \times Q^*$이므로 직사각형 OP^*KQ^*의 넓이와 같다. 한편 우측그림에서 총비용은 $M \times Q^*$이므로 직사각형 $OMNQ^*$의 넓이와 같다. 왜냐하면 Q^*를 생산할 때 평균비용AC이 M이고 평균비용×생산량이 총비용이기 때문이다. 그렇다면 이윤은 직사각형 OP^*KQ^*에서 직사각형 $OMNQ^*$을 뺀 나머지 직사각형 MP^*KN이 된다. 〈표 9.1〉의 예에서 직사각형 MP^*KN의 면적이 16이었던 것이다.

몇 가지 질문

독점시장이 완전경쟁시장과 다른 점은 (개별기업이 직면하는) 수요곡선이 우하향한다는 점뿐이다. 이로 인해 대단히 다른 결과를 얻게 되었다. 8장의 결과와 비교해 보면 독점시장의 특징은 첫째 생산량은 적고 둘째 가격은 높으며 셋째 이윤은 더 크다는 점임을 쉽게 알 수 있다.

위 분석에 대해 궁금한 점들이 많다. 독점기업은 가격을 P^*보다 높게 설정할 수 있을까? 물론 그렇다. 독점기업은 스스로 가격을 결정하기 때문에 P^*보다 높은 가격으로 판매할 수 있다. 하지만 그렇게 하지 않는다. 왜냐하면 그 경우 이윤이 더 작아지기 때문이다. 가격을 P^*보다 높게 설정하면 비싸게 팔기 때문에 유리할 것같지만 판매량도 감소하여 2가지 요인을 고려하면 오히려 이윤은 더 작아진다.

이런 질문도 많다. 가격은 왜 P^*가 될까? 즉 한계수입과 한계비용이 같을 때 이윤이 극대화된다고 했으므로 생산량이 Q^*가 된다는 점은 알겠는데 왜 가격은 굳이 P^*로 정해야 하는가를 궁금해 한다. 답변은 다음과 같다. 독점기업이 Q^*를 생산하기로 하였다면 이를 모두 판매하기 위해 받을 수 있는 최대가격이 P^*이기 때문이다. 즉 독점기업은 가격이 P^*일 때 시장수요가 Q^*가 되고 이것이 모두 팔리리라는 것을 알고 있다. 이처럼 독점기업은 시장전체를 홀로 상대하는 기업이다.

가격차별

가격차별(price discrimination)이란 동일한 상품임에도 불구하고 구매자에 따라 판매가격을 다르게 설정하는 행위를 말한다. 기업이 가격을 설정하는 행위이므로 가격차별은 완전경쟁시장에서는 나타날 수 없는 현상이다.

입장권가격이 왜 다를까

가격차별은 일상생활에서 흔히 관찰할 수 있다. 예를 들면 동일한 영화를 관람함에도 불구하고 성인과 청소년의 입장권가격이 다른 현상을 들 수 있다. 성인에 비해 청소년의 소득이 적음을 고려할 때 바람직한 행위라고 생각할 수도 있지만 극장이 가격차별을 하는 이유는 더 많은 이윤을 얻을 수 있기 때문이다.

가격차별로 극장은 더 큰 이윤을 얻을 수 있을까? 그렇다. 그 이유는 다음과 같다. 우선 청소년에게 입장권을 싸게 팔면 관람객이 많이 증가할 것이다. 즉 매출액이 크게 증가한다. 하지만 성인은 영화관람을 결정할 때 입장권가격을 중요하게 고려하지 않는다. 그렇다면 극장은 성인에게 입장권을 비싸게 팔려 할 것이다. 입장권이 비싸므로 관람객수는 감소하겠지만 매출액이 줄지 않을 수도 있기 때문이다. 따라서 전체적으로 매출액, 즉 수입은 증가할 것이다. 그런데 가격차별을 하든 말든 어차피 비용은 같을 것이므로 극장의 이윤은 증가하게 된다.

지금까지 배운 경제학개념을 극장의 가격차별에 적용하면 다음과 같다. 우선 청소년의 영화관람은 가격탄력성이 크고 성인의 영화관람은 가격탄력성이 작다고 볼 수 있다. 그리고 3장에서 배운 바와 같이 가격탄력성이 큰 소비자에게 싸게 판매하면 매출액이 증가하지만 가격탄력성이 작은 소비자에게 비싸게 판매하면 매출액이 감소하더라도 크게 감소하지 않는다. 즉 극장의 가격차별이란 가격탄력성이 큰 청소년에게 싸게 판매하고 가격탄력성이 작은 성인에게 비싸게 판매함으로써 보다 더 큰 이윤을 얻기 위한 행위라고 볼 수 있다.

〈 표 9.2 〉 가격차별의 원리

구분	가격	가격탄력성	가격인하의 효과
청소년	5,000원	크다	크다
성인	10,000원	작다	작다

가격차별의 원리

가격차별의 원리는 수요의 가격탄력성에 따라 수요자를 구분하여 시장을 분할하는 것이다. 즉 가격탄력성이 큰 수요자와 가격탄력성이 작은 수요자를 나누어 서로 다른 각각의 시장에서 거래하는 것과 같다. 따라서 가격탄력성이 큰 수요자로 이루어진 시장에서는 낮은 가격을 설정하고 가격탄력성이 작은 수요자로 이루어진 시장에서는 높은 가격을 설정한다.

가격차별이 가능하기 위해서는 시장이 분할될 수 있어야 한다. A시장에서는 싸게 판매하고 B시장에서는 비싸게 판매한다고 하자. 시장이 분할되어 있지 않다면 수요자들은 당연히 A시장에서 구매하려 할 것이고 B시장은 붕괴될 것이다. 게다가 A시장에서 싸게 사서 B시장에서 비싸게 판매하는 사람도 나올 것이다. 따라서 시장이 분할되지 못한다면 가격차별은 불가능하다. 극장입장권시장에서 가격차별이 가능한 이유는 성인과 청소년이 외관상으로 명확하게 구분되기 때문이다.

미국에서는 항공권가격이 매우 다양하다고 한다. 그 중에 흥미로운 것은 다음의 예이다. 캔자스시티에서 마이애미의 올랜도로 가는 왕복항공권의 가격은 240달러인데 그 반대의 항공권, 즉 올랜도에서 캔자스시티로 가는 왕복항공권의 가격은 312달러나 된다고 한다. 동일한 노선이므로 생산비용의 차이는 없다고 볼 수 있으므로 이 현상은 전형적인 가격차별에 속한다.

우선 캔자스시티-올랜도 항공권의 시장과 올랜도-캔자스시티 항공권의 시장은 물리적으로 분할되어 있다. 따라서 가격차별이 실행가능하다. 그렇다면 남은 문제는 가격탄력성이다. 어느 여행자의 가격탄력성이 클까? 3장에서 배운 바 있지만 밀접한 대체재의 유무는 수요의 가격탄력성에 영향을 미치는 중요한 요인이다.

우선 캔자스시티를 출발하여 올랜도로 가려는 여행자를 생각해 보자. 이들의 여행목적은 관광일 가능성이 높다. 그런데 관광지로서 올랜도에는 대체재가 많은 편이다. 멕시코의 칸쿤이나 하와이 등이 모두 대체재이다. 따라서 캔자스시티-올랜도 항공권의 경우 밀접한 대체재가 많으므로 수요의 가격탄력성이 크게 마련이다. 그렇다면 이 항공권의 가격은 낮게 설정되어야 한다. 반면에 올랜도를 출발하여 캔자스시티로 가려는 여행자의 경우 공무에 따른 출장 또는 고향방문이 목적일 가능성이 높다. 따라서 이들에게 대체재는 적을 것이 분명하고 수요의 가격탄력성도 작게 마련이다. 그렇다면 항공사는 이 항공권의 가격을 높게 설정하려 한다.

국산자동차가 해외에서는 싸다?

한때 우리나라 자동차가 국내에서는 비싸게 판매되고 해외에서는 싸게 판매된다고 해서 소비자의 불만이 많았다. 자동차회사는 사양이 다르다고 해명했지만 그래도 가격차별이 있었을 가능성은 충분히 있다.

국산자동차의 가격차별은 이런 식이었을 것이다. 첫째, 국내시장과 미국시장은 거리가 멀기 때문에 운송비 등으로 인해 분할될 수 있다. 둘째, 미국자동차시장의 경우 밀접한 대체재가 많기 때문에 수요의 가격탄력성이 컸을 것이다. 그렇다면 국산자동차를 미국시장에 판매할 때 가격은 싸야 한다. 반면에 국내자동차시장의 경우 밀접한 대체재가 많지 않기 때문에 수요의 가격탄력성이 작을 것이다. 그렇다면 국산자동차의 국내 판매가격은 높게 설정된다.

국내자동차회사가 많은 비난을 받았지만 가격차별을 했던 것은 해외자동차회사들도 마찬가지였다. 독일자동차의 일본판매가격과 한국판매가격을 비교하면 일본판매가격이 훨씬 더 낮았다고 한다. 일본자동차시장에는 대체재가 많이 있었지만 한국자동차시장에는 대체재가 그다지 많지 않았기 때문일 것이다.

이 문제를 해결하고 싶다면 해결책은 간단하다. 국내자동차시장을 보다 더 개방하는 것이다. 그렇다면 국내자동차시장에도 대체재가 많아질 것이므로 수요의 가격탄력성도 커질 것이고 이에 따라 가격차별은 완화될 것이다. 최근에 국산자동차의 국내외 가격차별은 거의 해소된 것으로 알려져 있다. 심지어는 해외자동차의 국내판매가격이 해외판매가격보다 싸다는 주장도 있다. 자동차시장의 가격차별 해소는 해외자동차들이 국내자동차시장에 많이 진출하였기 때문일 것이다.

가격차별의 예

가격차별의 예는 많다. 항공권의 경우 주중의 항공권은 싸고 주말의 항공권은 비싼 편이다. 비단 항공권만 그런 건 아니다. 놀이시설이나 콘도미니엄의 주중 이용가격은 싸고 주말 이용가격은 비싸다. 비수기가격은 싸고 성수기가격은 비싸다.

할인쿠폰도 가격차별의 예이다. 즉 할인쿠폰을 가져오는 구매자에게 싸게 판매하는 제도인데 번거로움에도 불구하고 굳이 할인쿠폰을 가져오는 구매자의 경우 가격탄력성이 크다고 판단하는 것이다. 그런 수요자에게 낮은 가격을 제시한다면 판매량은 크게 증가하여 매출액을 증가시킨다.

장학금도 가격차별의 하나이다. 성적이 우수한 학생에게는 등록금을 낮추어 주는 방식이다. 가격차별처럼 보이지 않을지 모르지만 수량할인도 가격차별이다. 예를 들어 볼펜 10개 묶음을 사면 볼펜 1개당 가격은 훨씬 더 싸다. 수요의 가격탄력성이 큰 소비자들은 볼펜을 1개씩 구매하기보다 묶음으로 구매할 가능성이 높다. 볼펜 1개당 가격은 싸지만 판매량이 늘어 매출액은 증가할 것이다.

가격차별의 개념을 확장한 것이 시장세분화market segmentation이다. 소비자를 몇 가지 특성에 따라 구분하여 세분화된 시장을 만들고 세분화된 시장별로 차별화된 방식으로 상품을 판매하는 것이다. 즉 세분화된 시장에서는 서로 다른 가격으로 차별화된 제품을 판매한다. 예를 들어 2009년 방송통신위원회 발표에 따르면 이동통신서비스의 요금제도는 무려 189가지나 되었다고 한다.

독점에 대한 정부의 정책

완전경쟁시장과 비교해 보면 독점의 폐해는 명확하게 드러난다. 이에 대해 정부가 가만히 있을 수는 없을 것이다. 독점의 폐해를 정리하고 이를 바로잡기 위한 정부의 주요 정책을 살펴 보기로 한다.

독점과 완전경쟁의 비교

8장에서 완전경쟁시장의 균형을 설명할 때 단기균형과 장기균형을 구분하여 설명한 바 있다. 하지만 독점시장에서는 그런 구분이 의미가 없다. 독점이 깨진다면 모를까, 독점이 유지되는 한 〈그림 9.3〉의 분석은 장단기적으로 유효하다.

독점은 완전경쟁에 비해 비효율적이라고 말한다. 그 이유는 독점시장의 균형과 완전경쟁시장의 장기균형을 비교하면 쉽게 알 수 있다. 즉 〈그림 9.4〉에는 독점시장의 균형과 완전경쟁시장의 장기균형이 함께 그려져 있다. 평균비용AC과 한계비용MC은 동일하게 그려져 있으므로 다른 것은 오로지 수요곡선뿐이다. 물론 그로 인해 한계수입곡선도 달라진다.

첫째, 독점의 생산량 Q^M은 완전경쟁의 생산량 Q^C보다 적다. 8장에서 완전경쟁시장의 생산량은 효율적이라고 말한 바 있다. 즉 경쟁기업은 가장 낮은 평균비용에서 생산한다. 하지만 독점기업은 그것보다 적은 양을 생산한다. 그렇다면 독점기업의 평균비용은 당연히 더 높을 것이다. 그런 의미에서 독점은 비효율적이다.

독점기업도 경쟁기업의 생산량 Q^C를 생산할 수 있다. 즉 생산량을 늘림으로써 평균비용을 낮추고 효율성을 향상시킬 수 있다. 하지만 그렇게 하지 않을 뿐이다. 왜냐하면 Q^C를 생산할 때보다 Q^M을 생산할 때 이윤이 더 크기 때문이다.

독점기업의 관점에서 보면 생산량 Q^M은 최선의 선택임이 분명하다. 하지만 사회적인 관점에서 보면 생산량 Q^M은 최선의 선택이 아니다. 사회적 관점에서는 보다 많은 제품을 더 낮은 평균비용으로 생산하는 것이 바람직하지 않을까?

〈그림 9.4〉 독점시장과 완전경쟁시장의 균형

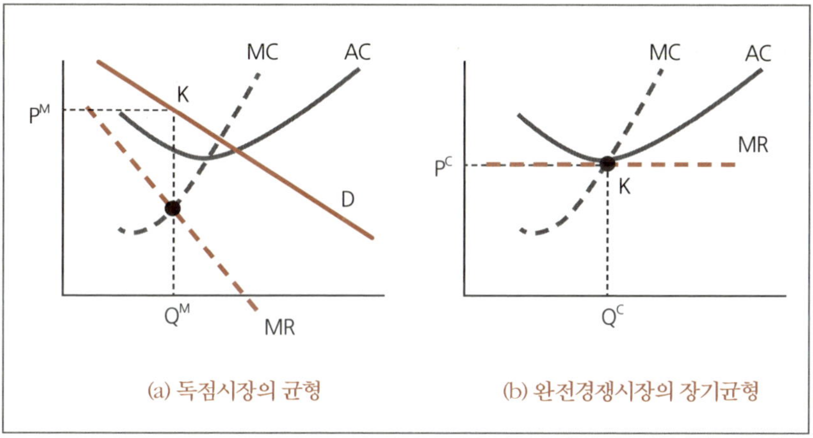

둘째, 당연한 이야기이지만 독점시장의 가격 P^M은 완전경쟁시장의 가격 P^C보다 더 높다. 독점기업이 경쟁기업보다 적게 생산하면서도 이윤을 얻을 수 있는 비결은 비싸게 판매할 능력을 갖고 있기 때문이다.

셋째, 완전경쟁시장의 경우 이윤은 장기적으로 0이지만 독점시장의 경우 이윤은 독점이 유지되는 한 지속된다. 이른 바 독점이윤이라 불리워지는데 이것이 지속될 수 있는 이유 역시 독점기업이 비싸게 판매할 능력을 갖고 있기 때문이다.

독점기업은 생산량을 늘려 생산성을 향상시킬 수 있음에도 불구하고 그렇게 하지 않는다. 이와 같은 독점기업의 비효율성은 〈그림 9.3〉에서 독점기업의 평균비용은 OM이고 이 값이 경쟁기업의 평균비용보다 높다는 사실로부터 알 수 있다. 하지만 이에 더하여 독점시장에서는 또 다른 비효율성이 발생한다. 독점기업에게 중요한 건 평균비용절감과 생산성향상이 아니라 독점을 유지하는 것이기 때문이고 흔히 정경유착, 방만한 경영 등으로 나타난다. 이를 X-비효율성X-inefficiency이라 부르는데 이를 감안하면 평균비용은 〈그림 9.3〉의 OM보다 더 높아진다.

독점에 대한 정부의 정책

첫째, 독점산업에 경쟁을 도입하는 정책이다. 즉 이미 독점화가 진행된 산업으로 판단된다면 신규기업의 진입을 촉진하여 경쟁을 도입한다. 예를 들면 1990년대 중반까지 우리나라의 이동통신산업에는 SK텔레콤 1개 회사만이 있었다. 당시 정부는 이동통신산업의 경쟁을 촉진하기 위하여 1996년 신세기이동통신을 인가하였고 1997년에는 한통프리텔, LG텔레콤, 한솔엠닷컴을 인가하였다.

둘째, 독점을 초래할 수 있는 인수합병에 대한 규제를 시행한다. 우리나라의 경우 공정거래법에 근거하여 공정거래위원회가 인수합병에 관한 문제를 다루고 있다. 예를 들면 1999년 SK텔레콤은 신세기이동통신을 인수하였다. 하지만 시장지배적 사업자가 될 수 있다는 판단에 따라 인수합병에 대한 심사가 진행되었고 SK텔레콤은 2002년에야 공정거래위원회로부터 합병을 인가받을 수 있었다.

셋째, 가격통제 등을 통하여 독점기업의 행위를 규제한다. 앞에서 살펴 본 바에 따르면 독점의 폐해는 독점기업이 가격을 높게 설정할 수 있기 때문에 발생한다. 따라서 정부가 적절한 수준에서 가격을 통제할 수 있다면 독점의 폐해는 해결된 것이나 마찬가지이다. 즉 아무리 독점기업이라고 하더라도 〈그림 9.4〉에서 정부가 가격을 (P^M이 아니라) P^C로 통제한다면 독점기업도 생산량을 Q^M에서 Q^C로 늘릴 수밖에 없다. 가격이 통제되면 Q^C를 생산할 때 이윤이 극대화되기 때문이다.

우리나라의 공정거래법에 따르면 특정 산업에서 상위 1개 회사의 시장점유율이 50%를 초과하거나 또는 상위 3개 회사의 점유율이 75%를 넘으면 시장지배적 사업자로 분류된다. 그리고 시장지배적 사업자는 정부의 가격통제를 받아야 한다. 예를 들어 SK텔레콤은 시장점유율 50% 이상을 차지하는 시장지배적 사업자이기 때문에 다른 통신회사들과 달리 정부로부터 통신요금인가를 받아야 한다.

넷째, 독점기업을 공기업화한다. 공기업화의 예는 자연독점에서 찾아볼 수 있다. 앞에서 자연독점의 대표적인 예로 상수도산업을 든 바 있는데 우리나라에서도 상수도산업은 수자원공사가 독점하고 있다. 독점기업이므로 수자원공사는 수도물가격을 높게 설정할 수도 있지만 실제로는 그렇지 않다. 오히려 우리나라의 수도물가격은 매우 낮은 편인데 그 이유는 수자원공사가 공기업이기 때문이다. 즉 정부의 정책적 판단에 따라 낮은 수도물가격이 유지되어 왔던 것이다.

다섯째, 아무 것도 하지 않는다. 독점으로 인한 시장실패가 별로 크지 않다면 아무 것도 하지 않는 것이 좋다. 음미해 볼 만한 방법이다.

자연독점규제의 딜레마

자연독점의 규제는 난제 중 하나이다. 독점이기는 하지만 규모의 경제로 인해 여러 기업이 생산할 때보다 하나의 기업이 생산할 때 오히려 평균총비용이 낮기 때문이다. 따라서 자연독점의 경우 여러 기업이 경쟁할 수 있도록 경쟁을 도입하거나 또는 독점기업을 분할하는 정책은 그다지 좋은 방법이 아닐 수 있다.

자연독점의 규제방법으로는 가격통제가 많이 논의되어 왔다. 그 논거는 다음과 같다. 〈그림 9.4〉의 (b)를 보면 완전경쟁시장에서의 가격 P^C는 한계비용 MC와 같다. 하지만 (a)를 보면 독점시장에서의 가격 P^M은 한계비용 MC보다 높다. 따라서 가격을 적절한 수준으로 규제한다면 규모의 경제를 누릴 수 있을 뿐 아니라 가격을 낮추어 독점기업으로 하여금 보다 효율적으로 생산하도록 유도할 수 있다.

가격통제의 방법으로 한계비용 가격규제를 생각해 볼 수 있다. 완전경쟁시장과 같이 가격 P^M을 한계비용 MC로 맞추자는 것이다. 하지만 자연독점의 경우에는 이 방법이 좋지 않다. 자연독점은 규모의 경제로 인해 발생하는데 규모의 경제에서는 평균비용이 한계비용보다 높기 때문이다. 즉 가격을 한계비용과 같도록 규제한다면 평균비용이 가격보다 높을 것이므로 독점기업은 항상 손실을 입게 된다.

대안으로는 평균비용 가격규제가 있다. 개선된 방식에 따르면 정부는 향후 평균총비용의 추정치에 근거하여 규제가격을 미리 정한다. 그리고 독점기업의 실제 평균총비용이 규제가격보다 낮다면 그에 따라 발생하는 이윤은 독점기업이 얻도록 하고 그 반대의 경우 발생하는 손실도 독점기업이 떠안도록 하는 것이다. 이 방법은 독점기업으로 하여금 평균총비용을 낮추도록 하는 인센티브를 부여한다.

사례연구

독점시장의 균형분석을 이용하여 설명할 수 있는 멋진 사례가 있어서 이를 소개한다. 이를 통하여 고정비용의 효과와 한계주의원리의 핵심을 배우게 되는데, 상식이 여지없이 깨지는 좋은 예가 될 수 있을 것이다.

주파수경매

주파수경매는 1990년 뉴질랜드에서 처음 실시되었다고 한다. 비크리Vickery경매라는 방식을 채택하였는데 그 결과는 참담한 것이었다. 어떤 주파수의 경우 700만달러에 응찰한 어떤 기업이 단 돈 5천달러에 낙찰받기도 했던 것이다. 전체적으로 뉴질랜드정부는 예상치의 15%에 불과한 금액으로 주파수를 팔고 말았다. 이와 비슷한 주파수경매 결과는 1990년대 미국과 오스트레일리아에서도 있었다.

이를 지켜 본 영국정부는 게임이론의 전문가를 초빙하여 철저한 준비를 해 두었다. 보다 비싼 가격에 주파수를 판매할 수 있도록 경매방식을 설계한 것이다. 드디어 2000년 3월 영국 정부는 3세대 이동통신 주파수 경매를 시작하였다. 경매의 결과 TIW는 면허 A를 43억 파운드에 취득하였고 Vodafone은 면허 B를 60억 파운드에 취득하였다고 한다. 이외에도 영국정부는 5개 면허를 총 225억 파운드에 판매하는 쾌거를 이루었다. 경매의 역사에 기록될 만한 사건으로 영국정부에게는 대단한 성공이었지만 통신회사들에게는 큰 부담이 되었음에 틀림없다.

이런 일이 우리나라에서도 있었다. 2011년 8월 1.8GHz의 주파수 경매에서 SK텔레콤과 KT가 치열한 접전을 벌였고 결국 SK텔레콤에게 9,950억원에 낙찰되었다. 천문학적인 금액이라고 불리울 정도로 1.8GHz의 주파수가 비싸게 팔린 것이다. 경매가 끝나자마자 '승자의 저주winner's curse'라는 평가가 잇달았고 통신요금상승을 우려하는 목소리가 나오기 시작했다. 이동통신회사들이 비싼 경매가를 통신요금에 전가할 것이라는 우려였다. 하지만 정말로 그럴까?

통신요금은 비싸질까?

뉴질랜드의 통신회사는 낮은 가격에 주파수를 취득하였고 영국의 통신회사는 높은 가격에 주파수를 취득하였다. 그렇다면 영국의 통신요금은 더 비싸질까? 주파수 취득을 위해 많은 비용을 지출하였으므로 이를 통신요금에 전가하려고 할까? 우리나라에서도 SK텔레콤은 주파수취득비용을 통신요금에 전가하려고 할까?

당연히 그럴 것같지만 정답은 의외로 No이다. 즉 주파수취득을 위해 많은 비용을 지출하였지만 통신회사는 이를 통신요금에 반영하지 않는다. 그 이유는 이타적인 것이 아니라 통신회사의 이윤극대화 때문이다. 즉 영국의 통신회사가 주파수취득에 많은 비용을 지출하였다고 해도 이윤극대화를 위해 이를 생산량과 가격에 반영하지 않는다는 것이다. 왜냐하면 주파수취득비용이 고정비용이기 때문이다.

독점시장의 균형분석을 이용하여 그 이유를 설명하기로 한다. 우선 주파수취득비용이 고정비용이라는 점을 분명히 해 두자. 즉 생산량에 따라 달라지지 않는다. 따라서 고정비용의 증가는 평균비용의 증가를 가져오지만 한계비용에는 아무런 변화를 초래하지 않는다. 이에 관해서는 7장의 설명을 다시 읽어 보기 바란다. 물론 고정비용의 증가가 수요곡선에 영향을 미친다고 볼 수도 없다. 수요와는 관계없는 일이기 때문이다. 따라서 한계수입에도 변화가 없다. 고정비용이 증가하더라도 한계수입과 한계비용에는 아무런 변화가 없고 바뀌는 것은 평균비용뿐이다.

〈그림 9.5〉의 (a)는 고정비용이 작을 때 그리고 (b)는 고정비용이 클 때를 보여 준다. 두 그림에서 수요곡선, 한계수입곡선, 한계비용곡선은 같다. 다만 고정비용이 더 큰 탓에 (b)의 평균비용곡선이 (a)의 평균비용곡선보다 높을 뿐이다.

기업은 이윤극대화를 위해 행동할 것이므로 한계수입과 한계비용이 같아지도록 생산량과 가격을 정한다. 중요한 것은 그림 (a)와 (b)에서 한계수입곡선과 한계비용곡선이 같다는 점이다. 따라서 한계수입과 한계비용이 일치하는 점도 같아진다. 즉 L에서 한계수입과 한계비용이 같아진다. 결과적으로 그림 (a)와 (b)에서 이윤이 극대화되는 생산량은 Q^*이며 가격도 P^*로 같다. 이로부터 다음과 같은 사실을 알 수 있다. 고정비용이 다르더라도 생산량과 가격에는 아무런 변화가 없다.

〈 그림 9.5 〉 고정비용의 효과

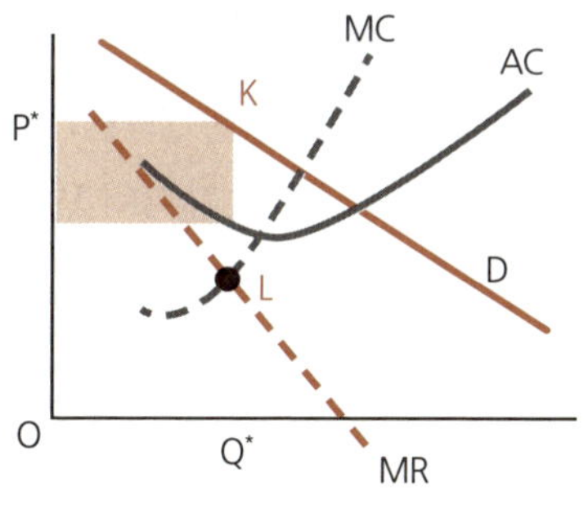

(a) 고정비용이 작을 때

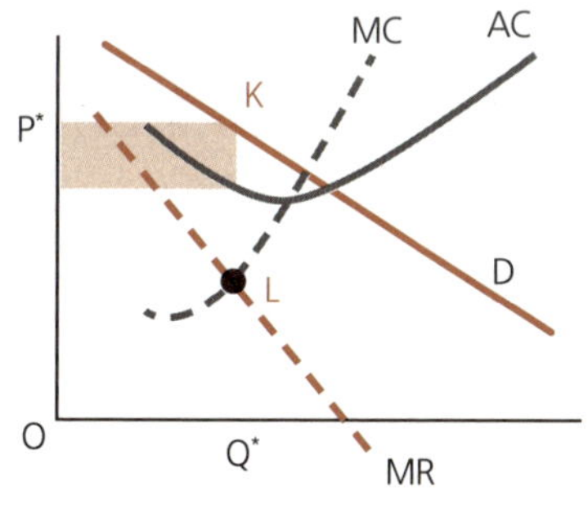

(b) 고정비용이 클 때

그렇다면 고정비용의 증가는 어떤 효과를 갖는가? 고정비용의 증가는 평균비용의 증가만을 초래한다. 그리고 평균비용의 증가는 이윤의 감소를 초래한다. 즉 〈그림 9.5〉의 (a)에 비해 (b)의 경우 이윤의 크기는 더 작음을 확인할 수 있을 것이다. 이처럼 고정비용은 이윤의 크기에만 영향을 미친다. 물론 고정비용의 증가는 이윤을 감소시키고 고정비용의 감소는 이윤을 증가시킨다.

이처럼 주파수취득비용이 커진다고 하더라도 기업의 생산량과 가격은 바뀌지 않는다. 다만 기업의 이윤만 감소할 뿐이다. 이것이 바로 고정비용의 효과이다.

한계주의 이해하기

상식적으로 생각하면 통신회사는 막대한 주파수취득비용을 가격에 반영하고 싶어할 것같다. 즉 고정비용의 증가를 소비자에게 전가하리라고 생각하기 쉽다. 하지만 그렇게 하지 않는 것이 통신회사에게도 좋다는 것이다. 그 이유는 〈그림 9.5〉의 (b)에서 가격 또는 생산량을 바꾼다면 오히려 이윤이 더 작아지기 때문이다. 고정비용이 증가하여 이윤이 감소하는 것은 불가피하겠지만 생산량과 가격을 바꾸지 않고 그대로 유지하는 것이 이 상황에서는 가장 큰 이윤을 얻는 방법이다.

한계수입과 한계비용에 변화가 없다면 생산량과 가격에 변화가 없다는 결론은 한계주의의 핵심을 잘 보여 준다. 즉 생산량과 가격이 변화하기 위해서는 한계수입과 한계비용이 변화하여야 한다. 한계수입과 한계비용을 바꾸는 요인이 아니라면 생산량과 가격에는 아무런 영향을 미칠 수 없다. 정말로 멋진 분석이다.

이 결과를 이용하면 다양한 경제현상을 명쾌하게 설명할 수 있다. 예를 들어 어떤 기업이 독과점행위를 하였다고 하자. 그래서 정부가 이 기업에게 엄청난 액수의 과징금을 부과하였다. 이 때 사람들은 과징금이 기업으로 하여금 가격을 올리게 하는 빌미가 될지 모른다고 걱정하곤 한다. 하지만 그런 걱정은 할 필요가 없다. 아무리 엄청난 액수의 과징금이라고 하더라도 그것이 고정비용의 성격을 가지는 한 이 기업이 가격을 올리거나 생산량을 변경하지는 않을 것이기 때문이다. 다만 독과점기업의 이윤만 감소할 뿐이다. 즉 한계주의에 따르면, 독과점기업에 대한 과징금은 이윤만 감소시킬 뿐이고 생산량과 가격에는 영향을 미치지 않는다.

이 분석결과를 조금 다른 각도에서 해석할 수도 있다. 만약 독점기업의 판매가격이 너무 높아서 가격을 낮추기 위한 정책이라면 과징금만으로는 충분하지 않다고 볼 수 있다. 왜냐하면 과징금은 생산량과 가격에 영향을 미치지 못하기 때문이다. 독점기업에게 과징금을 부과하더라도 그것으로 인해 달라지는 것은 독점기업의 이윤이지 가격이나 생산량이 아니다. 독점기업의 판매가격이 너무 높아서 가격을 낮추기 위한 정책이라면 가격통제가 더 효과적이다. 가격통제는 한계수입을 바꾸기 때문에 생산량, 가격, 이윤 모두에 영향을 미치게 되기 때문이다.

10

국민소득과 물가

COST
+
%
RICE
TO
KOSPI
SNS
A
COST
MONEY
TO
SUPPLY
TO
BASKET
ITIVE
ECONOMY

미시경제학과 거시경제학

경제학에는 크게 두 가지 체계가 있다. 하나는 미시경제학이고 다른 하나는 거시경제학이다. 9장까지 배운 것은 미시경제학이었고 10장부터 배울 것이 거시경제학인데 이 두 가지를 구분하는 일이 그렇게 쉽지는 않다.

미시경제학과 거시경제학

미시경제학Microeconomics은 가계와 기업 등 경제주체가 어떻게 의사결정을 하는가, 그리고 이들이 시장에서 어떻게 상호작용하는가를 다룬다. 단순하게 말하면 미시경제학은 시장의 작동원리를 설명한다고 보면 이해하기 쉬울 것이다.

자동차시장의 예를 생각해 보자. 그렇다면 우리가 설명해야 할 문제들은 다음과 같다. 자동차의 수요자는 어떻게 구매의사를 결정하는가, 그리고 자동차의 공급자는 어떻게 판매의사를 결정하는가, 끝으로 수요자와 공급자의 상호작용은 어떻게 이루어지며 그 결과로 자동차의 가격과 거래량은 어떻게 결정되는가를 분석한다.

반면에 거시경제학Macroeconomics의 관심사는 가계, 기업과 시장에 동시에 영향을 미치는 경제적 현상이다. 단순하게 말하면 거시경제학은 국민경제수준의 문제를 분석한다고 볼 수 있다. 예를 들면 거시경제학은 국민경제 전체의 생산량(국민소득)이 어떻게 결정되는가에 관심을 갖는다.

가격과 물가의 차이를 이해한다면 미시경제학과 거시경제학의 차이를 조금은 쉽게 파악할 수 있다. 우선 가격price은 개별 상품의 가치를 나타낸다. 반면에 물가price level는 개별 상품의 가치가 아니다. 물가는 여러 상품의 가치의 평균이다. 따라서 가격이 올랐다는 말은 개별 상품의 가치가 상승했다는 뜻이지만 물가가 올랐다는 말은 여러 상품의 가치가 평균적으로 상승했다는 뜻이다. 물론 여러 상품 중에는 가격이 상승한 것도 있겠지만 그렇지 않은 것도 있을 것이다.

〈그림 10.1〉 미시경제학과 거시경제학의 분석

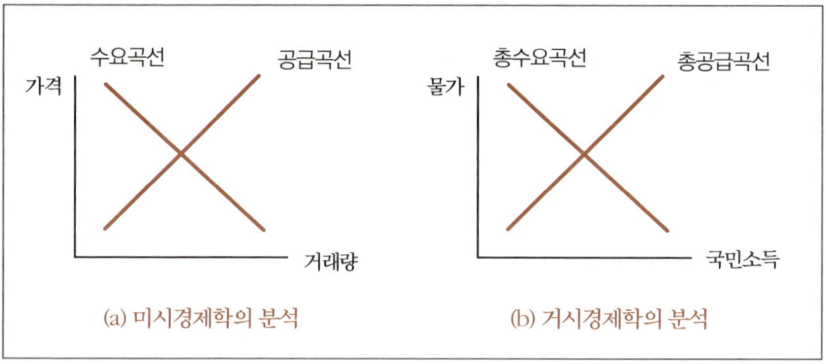

거시경제의 균형

〈그림 10.1〉에는 미시경제학의 분석과 거시경제학의 분석이 함께 그려져 있다. 얼핏 보면 똑같아 보이지만 큰 차이가 있다.

우선 (a)에 그려진 수요곡선과 공급곡선은 개별 상품의 수요와 공급을 나타낸다. 이 시장에서 균형이 달성되면 개별 상품의 가격과 거래량이 결정된다.

반면에 (b)를 보면 총수요곡선과 총공급곡선이 그려져 있다. 총수요

aggregate demand는 국민경제 전체의 수요이며 총공급aggregate supply은 국민경제 전체의 공급이다. 즉 국민경제의 개별 수요를 모두 더하면 총수요가 되고 개별 공급을 모두 더하면 총공급이 된다. 물론 총수요와 총공급이 같아질 때 거시경제의 균형이 달성된다. 거시경제균형이 달성되면 이로부터 물가와 국민소득이 결정된다.

앞에서 물가는 개별 상품의 가격과는 구분되는 거시적 개념이라고 설명한 바 있다. 그림 (b)를 보면 그 차이를 쉽게 이해할 수 있을 것이다. 물가란 총수요와 총공급의 상호작용으로 결정되는 것이다. 또한 물가가 가격과 구분되는 것처럼 국민소득도 개별 상품의 거래량과는 구분되는 거시적 개념이다.

〈그림 10.2〉 거시경제학의 주요문제

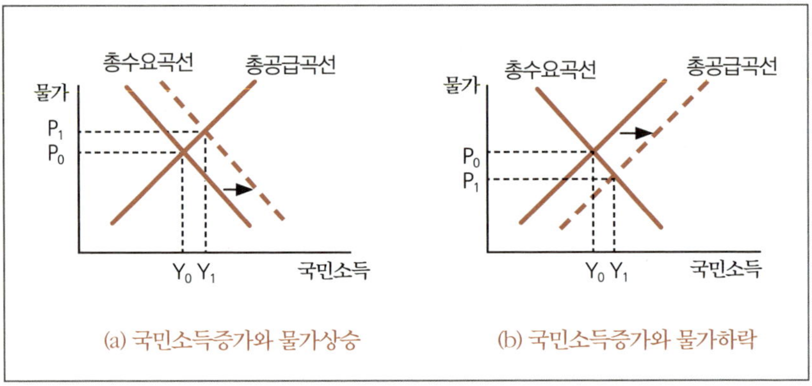

거시경제학의 주요문제

거시경제학의 주요문제는 국민소득과 물가이다. 국민소득과 물가가 어떻게 결정되는가를 설명하고 국민소득을 증가시키고 물가를 안정시키기 위해서는 무엇을 해야 하는가를 연구한다.

〈그림 10.2〉는 이에 대한 총수요-총공급분석을 예시하고 있다. (a)와

(b)의 경우 국민소득은 Y_0에서 Y_1로 증가함을 알 수 있다. 이처럼 총수요-총공급분석에서 국민소득의 증가란 가로축의 값이 증가하는 현상이다. 반면에 (a)의 경우 물가는 P_0에서 P_1으로 상승하지만 (b)의 경우 물가는 P_0에서 P_1으로 하락한다. 이처럼 총수요-총공급분석에서 물가의 상승이란 세로축의 값이 증가하는 현상이다.

국민소득의 증가가 경제성장이고 물가의 상승이 인플레이션이므로 당연히 경제성장과 인플레이션은 거시경제학의 중요한 주제이다. 실업도 빼놓을 수 없다. 경제성장과 고용이 밀접한 관련을 갖기 때문이다. 또한 거시경제학을 국제적 수준으로 확장하면 개방거시경제학이 되는데 이 때 중요한 주제는 대외균형, 즉 환율과 국제수지이다. 모두 이하에서 다루게 될 거시경제학의 주요문제들이다.

국민소득의 측정

국민경제의 탐구는 국민소득의 측정으로 시작한다. 국민경제는 규모가 클 뿐만 아니라 대단히 복잡하기 때문에 국민소득의 측정조차 쉽지는 않다. 실제의 국민경제를 보다 추상화한 모형이 필요한데 이것이 바로 국민경제순환모형이다.

국민경제순환모형

국민경제순환모형은 국민경제가 3개의 경제주체와 2개의 시장으로 이루어져 있다고 가정한다. 3개의 경제주체란 가계, 기업, 정부이며 이들이 2개의 시장, 즉 생산물시장과 생산요소시장에서 거래한다고 추상화 abstraction한다. 생산물시장은 재화와 서비스가 거래되는 시장이며 생산요소시장은 생산요소가 거래되는 시장이다. 또한 생산요소시장은 노동시장과 자본시장으로 구분한다.

〈그림 10.2〉에는 국민경제순환모형과 이에 근거한 국민소득의 측정 방법이 간략하게 그려져 있다. 그 중 (a)가 국민경제순환모형인데 이 그림에서 정부는 빠져 있다. 정부가 포함되면 그림만 복잡해질 뿐이며 이 그림만으로도 국민경제의 순환 또는 국민소득의 측정을 충분히 이해할 수 있을 것이다.

그림 (a)의 생산물시장에서 가계는 재화와 서비스를 구매하고 기업은 재화와 서비스를 생산하여 판매한다. 물론 가계는 기업에게 구매의 대가를 지불한다. 한편 생산요소시장에서 가계는 노동과 자본을 판매하고 기업은 노동과 자본을 구매한다. 이번에는 기업이 가계에게 노동과 자본에 대한 대가를 지불한다.

국민소득 3면 등가의 법칙

복잡하기 짝이 없는 국민경제를 이처럼 간략하게 파악할 수 있다니 정말로 다행이다. 국민소득도 국민경제순환모형에 근거하여 측정한다.

〈그림 10.3〉 국민경제순환모형

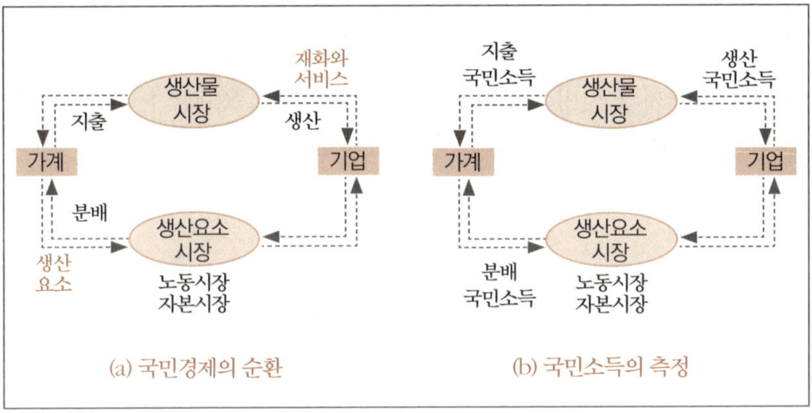

가장 먼저 기업이 생산한 재화와 서비스의 가치를 모두 더하면 국민소득이 된다. 이를 생산국민소득이라고 부른다. 그런데 생산물시장에서 기업이 판매한 재화와 서비스의 가치는 가계가 구매한 재화와 서비스의 가치와 같을 것이다. 따라서 가계가 지출한 금액을 모두 더해도 국민소득이 된다. 이것이 지출국민소득이다. 또 하나 더 있다. 가계가 기업에게 제공한 생산요소로부터 대가를 얻게 될 텐데 이를 모두 더해도 국민소득이 된다. 이를 분배국민소득이라 한다.

이와 같이 국민소득은 3측면으로부터 측정할 수 있다. 하지만 그 크기는 모두 같아야 하는데 이를 국민소득 3면 등가의 법칙이라고 부른다.

생산국민소득은 농림어업, 광공업, 서비스업 등 산업별로 생산물의 가치를 조사하여 모두 더하면 얻을 수 있다. 생산국민소득을 구하면 어떤 산업의 소득이 많고 어떤 산업의 소득이 적은지를 알 수 있다.

지출국민소득은 부문별로 지출의 가치를 조사하여 구하는데 이 때 부문이란 소비, 투자, 정부지출, 순수출(수출-수입)을 말한다. 〈그림 10.2〉에서는 간략한 설명을 위해 가계만이 지출하는 것으로 묘사되었다. 가계의 지출은 주로 소비인데 그렇다고 해서 가계만이 재화와 서비스를 구매하는 것은 아니다. 기업과 정부도 재화와 서비스를 구매하는데 기업과 정부의 지출을 각각 투자와 정부지출이라 부른다. 끝으로 우리나라 기업이 생산한 재화와 서비스를 외국인이 구매할 수도 있다. 이것이 바로 수출인데 수출에서 수입을 뺀 순수출이 반영되어야 할 것이다.

이를 정리하면 유명한 항등식을 얻게 된다.

국민소득 ≡ 소비 + 투자 + 정부지출 + (수출-수입)

이 항등식은 이하에서 여러 번 활용될 것이므로 반드시 기억해 두어야 한다.

끝으로 분배국민소득은 생산요소별로 분배액을 조사하여 구하는데 예를 들면 피용자보수, 기업 및 재산소득, 고정자본소모 등의 합이다. 분배국민소득을 구하면 어떤 생산요소의 소득이 많은지 또는 증감하는지를 판단할 수 있다.

국내총생산과 국민총생산

국민소득은 포함범위에 따라 여러 개념이 있다. 가장 대표적인 것이 국내총생산과 국민총생산이다. 이를 앞에서 설명한 내용과 결부시키면 다음과 같다. 국내총생산에는 생산국내총생산, 지출국내총생산, 분배국내총생산이 있고 국민총생산에도 생산국민총생산, 지출국민총생산, 분배국민총생산이 있다.

우선 국내총생산GDP : Gross Domestic Product은 일정기간 동안 국내에서 생산한 모든 최종 재화와 서비스의 시장가치로 정의된다.

이 정의에서 '일정기간 동안'이란 보통 분기 또는 연간을 말한다. 즉 국내총생산은 분기 또는 연간 단위로 측정하는데 이 기간 동안 생산되고 지출되고 분배된 가치를 국내총생산으로 정의한다.

'국내에서'라는 표현 때문에 국내총생산과 국민총생산이 구분된다. 이 말의 의미는 다음과 같다. 즉 국내에서 외국인이 생산한 것은 국내총생산에 포함되지만 해외에서 내국인이 생산한 것은 국내총생산에 포함되지 않는다.

'모든'이라는 표현은 당연해 보인다. 하지만 모든 재화와 서비스의 생산을 포함하는 일이 쉽지 않다. 국내총생산을 측정할 때 누락되는 대표적인 항목이 지하경제에서 생산된 것과 가사노동에 의해 생산된 것이다. 원칙을 말한다면 이 2가지도 모두 포함되어야 한다. 하지만 그게 그렇게 쉽지 않을 뿐이다.

'최종'이라는 표현은 중간재는 포함하지 않고 최종재만 포함한다는 뜻이다. 예를 들면 자동차부품의 가치는 포함하지 않고 최종적으로 소비자에게 판매된 자동차의 가치만을 포함한다. 왜냐하면 중간재의 가치는 최종재의 가치에 당연히 포함될 것이기 때문이다. 즉 중간재의 가치까지 포함하면 이 값이 중복계산되는 문제가 발생한다. 이렇게 계산된 국내총생산은 부가가치value-added만을 포함한다.

끝으로 시장가치로 측정하는데 수량이 아니라 금액으로 측정한다는 뜻이다. 우리나라의 경우 XXXX조원, 미국의 경우 XXX조달러로 나타낸다.

국민총생산GNP : Gross National Product은 모든 점에서 국내총생산과 같다. 다만 '국내에서'라는 표현이 '국민이'라는 표현으로 바뀌어야 한다. 이 말의 의미는 다음과 같다. 즉 해외에서 내국인이 생산한 것은 포함되지만 국내에서 외국인이 생산한 것은 포함되지 않는다는 뜻이다.

이외에도 포함범위에 따라 여러 가지 국민소득의 측정치가 있다. 그 중에서 가장 많이 이용되는 것은 국내총생산이므로 이하에서 국민소득이라고 말하면 국내총생산을 의미하는 것으로 받아들이기로 한다.

명목국민소득과 실질국민소득

앞에서 설명한 바와 같이 국민소득은 시장가치로 측정한다. 그런데 시장가치를 계산할 때 어떤 가격을 이용하는가에 따라 국민소득이 다르게 계산될 수 있다. 이를 이해하기 위해 다음의 예를 살펴 보자. 국민경제에서 쌀과 옷만이 생산된다고 가정하고 〈표 10.1〉과 같이 각년도별 가격과 생산량이 주어져 있다고 하자.

명목국민소득nominal national income은 해당년도의 가격을 이용하여 시장가치를 계산한다. 즉 각년도의 명목국민소득은 각년도의 가격과 각년도의 생산량의 곱을 구한 후 이를 모두 합산한 것이다. 예를 들어 XXX3년의 국민소득은 3×20+4×10=100이 된다. 나머지 연도의 명목국민소득도 마찬가지로 구한다.

〈표 10.1〉 명목국민소득과 실질국민소득

년도	쌀가격	쌀생산량	옷가격	옷생산량
XXX1	1	10	2	5
XXX2	2	10	3	5
XXX3	3	20	4	10

명목국민소득

XXX1	1×10+2× 5=20
XXX2	2×10+3× 5=35
XXX3	3×20+4× 10=100

실질국민소득 (기준년도 : XXX1년)

XXX1	1×10+2× 5=20
XXX2	2×10+2× 5=20
XXX3	3×20+2× 10=40

명목국민소득은 생활수준의 향상을 판단하는데 단점이 있다. 명목국민소득에는 물가상승의 효과가 섞여 있기 때문이다. 즉 XXX1년에는 쌀이 10개, 옷이 5개 생산되었다. 그리고 XXX2년에도 쌀이 10개, 옷이 5개 생산되었다. 따라서 생산량은 같다. 하지만 명목국민소득은 XXX1년의 20원에서 XXX2년의 35원으로 증가한 것처럼 보인다. 이는 쌀과 옷의 가격이 상승하여 나타난 효과에 불과하므로 명목국민소득이 증가했다고 해서 생활수준이 향상되었다고 판단하기는 어렵다.

명목국민소득이 지닌 문제를 해결하기 위하여 실질국민소득을 이용한다.

실질국민소득real national income은 해당년도의 가격을 이용하지 않고 기준년도의 가격을 이용하여 시장가치를 계산한다. 우선 기준년도를 정해야 하는데 기준년도가 XXX1년이라고 하자. 그렇다면 실질국민소득을 계산할 때 쌀가격과 옷가격은 XXX1년의 가격인 1과 2를 이용한다. 예를 들어 XXX3년의 국민소득은 1×20+2×10=40이 된다. 나머지 연도의 실질국민소득도 마찬가지로 구한다.

실질국민소득을 이용하면 물가상승 때문에 나타나는 효과는 제거된다. 즉 XXX1년과 XXX2년의 경우 쌀과 옷의 생산량이 10개와 5개로 같았기 때문에 실질국민소득은 20원으로 같다. 따라서 XXX2년에는 생활수준의 향상이 없었다고 볼 수 있다. 반면에 XXX2년과 XXX3년의 경우 쌀과 옷의 생산량은 2배로 증가하였기 때문에 실질국민소득은 20원에서 40원으로 2배 증가한다. 따라서 XXX3년에는 생활수준이 2배 향상되었다고 볼 수 있다.

사실 우리가 일상생활에서 접하는 많은 경제변수들은 명목변수nominal variable들이다. 설명한 바와 같이 명목변수에는 물가상승의 효과가 혼재되어 있기 때문에 이로부터 생활수준의 향상과 같은 질적인 문제를 판단하기는 어렵다. 따라서 명목변수를 실질변수real variable로 환산할 수 있어야 하는데 이에 대한 자세한 방법은 13장에서 물가를 배울 때 다시 설명하기로 한다.

한국은행은 분기별로 국민소득의 추정치를 발표하는데 경상가격국민소득과 불변가격국민소득으로 구분하고 있다. 경상가격국민소득이 명목국민소득이고 불변가격국민소득이 실질국민소득이라고 보면 된다.

지하경제의 문제

국민소득에는 모든 재화와 서비스의 생산이 포함되어야 한다고 말한 바 있다. 하지만 그것이 그렇게 쉽지는 않은데 국민소득을 측정할 때 포함하기 어려운 부분이 많기 때문이다. 이를 흔히 지하경제라고 부른다.

지하경제란 합법적으로 생산된 재화나 서비스이지만 신고되지 않은 것, 아예 불법적으로 생산된 재화나 서비스, 그리고 은폐된 현물소득이 있다. 그러나 마약거래나 강도 등 범죄에 의한 비생산적 불법활동은 지하경제에 아예 포함하지 않는다. 범죄에 의한 소득증가를 바람직한 것으로 여길 수는 없기 때문이다.

최근에 조사된 바에 따르면 우리나라의 지하경제 규모는 2008년 기준으로 국내총생산의 17~18%에 이르는 것으로 나타났다. 1980년대만 하더라도 37%에 이르렀지만 1990년대의 금융실명제, 2000년대의 신용카드 및 현금영수증 사용 확대로 지하경제는 크게 감소하였다. 그래도 여전히 지하경제의 규모가 작지 않다는 지적이 많다. 지하경제가 크면 정부의 조세수입감소 등 여러 문제가 발생한다.

물가의 측정

물가는 국민경제에서 거래되는 재화와 서비스 가격의 전반적인 수준을 나타낸다. 물가가 상승하였다는 말은 평균적으로 재화와 서비스의 가격이 상승하였음을 뜻한다. 따라서 특정 재화의 가격은 물가보다 더 많이 상승하였을 수도 있고 또는 물가에 비해 하락하였을 수도 있다. 이처럼 물가는 가격과 구분되는 개념이다.

물가지수

물가는 무엇을 대상으로 측정하는가에 따라 달라진다. 대표적인 것이 소비자물가지수와 생산자물가지수이다. 소비자물가지수consumer price index는 소비자가 구입하는 재화와 서비스의 전반적인 비용을 나타내고 생산자물가지수producer price index는 기업이 구입하는 재화와 서비스의 전반적인 비용을 나타낸다.

두 가지 중 소비자물가지수에 대한 관심이 더 높다. 국민의 생활수준이 생계비에 의존하게 마련인데 생계비를 측정하기에는 소비자물가지수가 더 적합하기 때문이다. 정부가 물가안정을 말할 때 보통은 소비자물가지수의 안정을 말한곤 한다.

정부가 물가동향을 발표할 때마다 언론의 보도내용을 보면 항상 빠지지 않는 것이 있다. 정부는 소비자물가지수가 별로 상승하지 않았다고 발표하지만 가정주부들이 느끼는 장바구니물가는 정부 발표보다 훨씬 더 많이 올랐다는 것이다. 그래서 소비자물가지수의 조사결과에 대해 의문을 제기한곤 한다.

소비자물가지수와 장바구니물가가 다른 이유는 물가지수를 측정할 때 포함되는 품목과 가중치가 다르기 때문이다. 장바구니물가란 가정주부들이 구입하는 식료품 등의 가격만을 반영할 뿐이다. 반면에 소비자물가지수는 소비자가 구입하는 전 품목을 대상으로 조사하여 얻은 것이다. 따라서 소비자물가지수가 잘못되었다는 주장은 성급한 것이다. 그래도 정부는 장바구니물가를 파악하기 위해 노력하고 있다. 즉 소비자물가지수와 함께 장바구니물가에 해당하는 생활물가지수를 발표한다.

물가지수의 계산

물가지수를 계산하는 방법은 다음과 같이 5단계를 거친다. 간략한 설명을 위하여 〈표 10.2〉에는 국민경제에서 오로지 쌀과 옷만이 생산된다고 가정한다.

① 1단계 : 바스켓(basket)의 결정

바스켓이란 물가지수를 계산하기 위한 품목과 가중치를 말한다. 〈표 10.2〉의 예에서는 쌀 1개와 옷 2개가 바스켓이다. 즉 이 두 개의 품목을 대상으로 하며 가중치는 옷이 쌀보다 2배 더 크다는 뜻이다.

② 2단계 : 가격 조사

각년도 쌀과 옷의 가격을 조사한다. 이는 〈표 10.2〉의 상단에 제시되어 있다.

③ 3단계 : 구입비용의 계산

바스켓인 쌀 1개와 옷 2개를 구입할 때 각년도별로 구입비용이 얼마이었는가를 계산한다. 이 과정이 〈표 10.2〉의 하단 좌측에 제시되어 있다. XXX2년의 경우 쌀과 옷의 가격은 각각 2원과 3원이었는데 이 때 쌀 1개와 옷 2개를 구입한다면 구입비용은 2×1+3×2 = 8이 되므로 8원이 될 것이다.

④ 4단계 : 물가지수의 계산

물가지수를 계산할 때는 항상 기준년도를 정한다. 〈표 10.2〉의 하단 우측에 기준년도가 XXX1년으로 되어 있는데 이 말의 의미는 XXX1년의 구입비용 5원을 100으로 환산한다는 뜻이다. 따라서 기준년도인 XXX1년의 물가지수는 100이 된다. 그렇다면 XXX2년의 물가는 어떻게 될까? 간단한 비례식 5 : 100 = 8 : x을 이용하면 100×8 / 5 = 160이 됨을 쉽게 알 수 있다. 즉 XXX1년의 물가지수는 100이고 XXX2년의 물가지수는 160이다.

⑤ 5단계 : 물가상승률의 계산

물가지수를 구하였으므로 이로부터 물가상승률을 계산할 수 있다. XXX2년의 물가지수가 160이고 XXX3년의 물가지수는 220이므로 물가상승률은 다음과 같을 것이다. (220−160)/160 = 0.375. 즉 물가상승률은 37.5%이다.

〈표 10.2〉 물가지수의 계산

년도	쌀가격	쌀생산량	옷가격	옷생산량
XXX1	1	10	2	5
XXX2	2	10	3	5
XXX3	3	20	4	10

연도별 구입비용의 계산

XXX1	1×1+2×2= 5
XXX2	2×1+3×2= 8
XXX3	3×1+4×2=11

물가지수 (기준년도 : XXX1년)

XXX1	100×(5/5)=100
XXX2	100×(8/5)=160
XXX3	100×(11/5) =220

물가지수를 계산할 때 가장 먼저 바스켓을 정한다고 했는데 소비자물가지수와 생산자물가지수가 다른 이유는 바스켓이 다르기 때문이다. 우리나라의 경우 소비자물가지수와 생산자물가지수를 계산할 때 이용하는 바스켓이 〈표 10.3〉에 예시되어 있다. 소비자물가지수는 516개 품목의 가격과 가중치를 조사하여 구하고 생산자물가지수는 923개 품목의 가격과 가중치를 조사하여 구한다.

위에서 설명한 물가지수의 계산방식은 경제통계의 다른 영역에서도 활용되고 있다. 대표적인 것이 종합주가지수KOSPI이다. 종합주가지수도 물가지수와 동일한 개념이며 한국거래소에 상장된 주식가격의 전반적인 수준을 나타낸다. 종합주가지수를 계산할 때에도 바스켓이 있다. 대상품목은 상장종목 전체이며 가중치로는 시가총액에서 차지하는 비중을 이용한다. 물론 기준년도도 있다. 종합주가지수를 계산할 때 기준일자는 1980년 1월 4일인데 그 당시 종합주가지수는 100포인트로 정해져 있다. 물가지수를 계산할 때 기준년도의 물가가 100인 것과 같다.

〈표 10.3〉 소비자물가지수와 생산자물가지수의 바스켓

(a) 소비자물가지수

분류	품목수	가중치
식료품	180	271.2
식표품 이외	336	728.8
주거비	15	156.4
광열, 수도비	8	58.0
가구집기, 가사용품	57	37.1
피복 및 신발	43	56.5
보건의료	42	43.9
교육	33	114.6
교양오락	58	53.6
교통통신	44	159.3
기타잡비	36	49.4

(b) 생산자물가지수

분류	품목수	가중치
상품	846	705.8
농림수산품	55	49.0
광산품	8	2.5
공산품	775	613.4
전력, 수도	8	40.9
…	…	…
서비스	77	294.2
운수	23	52.9
통신	13	42.8
금융	11	21.6
…	…	…

인플레이션효과의 조정

언젠가 한 언론사가 국민들을 상대로 설문조사를 한 적이 있다. 100년 전으로 돌아갈 수 있다면 무엇을 하겠는가? 많은 사람들이 서울의 압구정동에 땅을 사서 농사를 짓겠다고 답변했단다. 후손들이라도 큰 부자가 되도록 해주고 싶었던 것이다. 하지만 100년 전 압구정동 땅값은 아무나 살 수 있을 정도로 쌌을까?

누구나 다 아는 일이지만 10년 전의 1만원과 현재의 1만원은 그 가치가 판이하게 다르다. 화폐가치가 그만큼 변동하였다는 뜻인데 바로 인플레이션 때문이다. 따라서 시점간의 화폐금액을 비교하려면 가장 먼저 물가상승률에 의해 조정해 주어야 한다. 물가상승률을 고려하여 환산해 보면 놀랄 만한 일이 꽤 많다.

우리나라의 전기요금 수준은 OECD 국가들 중 절반이하 수준으로 2010년 기준으로 주택용은 OECD 평균의 47.8%, 산업용은 54.6%라고 한다. 1980년대 이후 전기요금은 거의 오르지 않았다고 하는데 1990년에는 52.9원/kwh이었으며 2010년 12월에는 90.5원/kwh이었다. 소비자물가상승률을 이용하여 전기요금이 얼마나 오르지 않았는가를 확인해 보기로 하자. 1990년과 2010년 12월 소비자물가지수가 각각 53.7과 117.8이었으므로 1990년의 52.9원/kwh은 2010년 12월 현재 52.9×117.8 / 53.7 = 116.0원/kwh에 해당된다. 하지만 실제 전기요금은 90.5원/kwh이었으므로 25.5원이나 인상이 억제되어 왔음을 알 수 있다.

비슷한 계산을 산업별 임금총액에 대해서도 적용해 볼 수 있다. 한국은행이 발표한 통계에 따르면 1993년 4사분기의 임금총액은 1,044,613원이었고 2010년 4사분기의 임금총액은 2,827,592원이었다. 같은 기간 동안 소비자물가지수는 63.9에서 117.6으로 상승했으므로 1993년 4사분기의 임금총액 1,044,613원이 2010년 4사분기 현재 얼마인가를 계산해 볼 수 있다. 1,044,613×117.6 / 63.9 = 1,921,878원이다. 2010년 4사분기의 실제 임금총액이 2,827,592원이었으므로 임금총액은 물가보다 905,714원 더 많이 상승하였음을 알 수 있다.

물가는 생계비를 과장하는가?

2011년 우리나라 정부는 소비자물가지수를 구하는 바스켓을 개편하였다. 소비지출변화에 따라 정상적으로 이루어진 개편이었음에도 불구하고 많은 사람들은 공식인플레이션율을 낮추기 위한 편법으로 받아들이기도 했다. 하지만 바스켓이 어떠하든간에 물가지수로부터 계산된 인플레이션율이 과장된다는 사실은 잘 알려져 있지 않다. 즉 정부가 발표하는 것보다 인플레이션율이 더 낮다는 사실이다.

1990년 당시 PC에 이용되는 하드디스크는 고작해야 20MB 또는

40MB이었다. 가격도 꽤 비쌌는데 1MB가 1만원 정도 되었다. 이후 기술의 발달로 웬만한 PC의 하드디스크 용량은 급속히 커졌고 최근에는 보통 500GB를 이용한다.

만약 1990년 당시 하드디스크의 가격이 현재까지 유지되었다면 요즈음 500GB 하드디스크의 가격은 얼마나 될까? 1MB가 1만원 그대로라면 500GB의 하드디스크의 가격은 50억원이나 될 것이다. 하지만 다행히도 하드디스크의 가격은 엄청나게 하락하였다. 요즈음 500GB의 하드디스크가격은 1990년 20MB짜리와 별 차이가 없다.

물론 이런 효과는 물가계산에 제대로 반영되지 않는다. 다만 1990년에도 100만원대 PC가 있었고 요즈음에도 100만원대 PC가 있다고 생각할 뿐이다. 하지만 그 성능의 차이는 엄청나다. 성능의 차이를 감안한다면 그 동안 PC의 가격은 엄청나게 하락하였고 이를 반영한다면 물가는 우리가 알고 있는 것보다 덜 상승했음이 분명하다. PC성능의 향상으로 우리의 생활수준이 향상되지 않았는가?

이와 같이 물가는 생산기술향상의 효과를 제대로 반영하지 못한다. 이외에도 인플레이션율이 과장되는 많은 이유가 지적되어 왔는데 결론은 다음과 같다. 공식적으로 발표되는 물가를 이용하면 인플레이션율이 과장된다는 것이다. 예를 들면 미국의 경우에는 인플레이션율이 0.5%~1.5% 정도 과장된다고 한다. 우리나라의 경우도 크게 다르지는 않을 것이다. 따라서 소비자물가지수가 3% 상승했다면 소비자의 생계비는 3%보다 적게 상승했다고 보는 것이 옳을 것이다.

경제학자들은 인플레이션을 중요한 문제라고 생각한다. 하지만 인플레이션이 상대적으로 덜 중요하다고 생각하는 경제학자들도 있다. 그 이유 중 하나는 물가지수가 생계비를 과다하게 반영한다고 생각하기 때문이다. 따라서 이들은 지나치게 물가관리에 전념하는 것은 잘못된 것이라고 주장한다. 인플레이션보다 중요한 경제문제들이 많다고 생각하는데 대표적인 문제가 불황이다. 이 경제학자들은 불황을 극복하기 위해서는 어느 정도의 인플레이션은 감수해야 한다고 주장한다.

행복의 경제학

경제학자들도 높은 국민소득이 경제활동의 최종 목표라고 생각하지는 않는다. 최종 목표는 어디까지나 높은 후생(welfare)이다. 그럼에도 불구하고 국민소득을 중시하는 이유는 국민소득이 높을수록 후생수준도 높다고 생각하기 때문이다.

Easterlin의 역설

1974년 리차드 이스털린R.Easterlin은 국민의 행복과 국민소득의 상관관계가 뚜렷하지 않다는 연구결과를 발표하였다. 한 국민경제내에서 부유한 사람은 가난한 사람에 비해 더 행복한 것으로 나타났지만 국가별 비교에서 부유한 나라의 국민이 가난한 나라의 국민보다 더 행복하다고 보기는 어렵다는 것이다.

이 연구결과는 '이스털린의 역설Easterlin paradox'이라 불리워졌는데 어떤 나라의 1인당 국민소득이 높을수록 그 나라 국민의 평균적인 후생수준도 높아지는 것은 아님을 의미한다. 이 견해에 따르면 국민이 더 행복해지기 위해서 경제성장만으로 충분하지 않다고 볼 수 있다. 따라서 국민소득이 경제적 후생을 측정하기 위한 좋은 방법인가에 대해서도 많은 의문이 제기되었다.

하지만 반박도 만만치 않다. 2008년 발표된 벳시 스티벤슨Betsey Stevenson과 저스틴 울퍼스Justin Wolfers의 연구에 따르면 한 나라 국민의 평균적인 행복은 1인당 국민소득에 비례하는 것으로 나타났다. 즉 경제성장이 진행되어 1인당 국민소득이 증가하면 국민의 평균적인 행복도 증가한다는 것이다.

행복의 경제학

행복을 측정하는 방법으로 코카콜라지수Coca-Cola index라는 것이 있다. 경제잡지 Economist가 발표하는 것인데, 콜라를 많이 마시는 나라의 국민이 더 부유하고 삶의 질이 높으며 더 많은 정치적 자유를 누린다는 통계에 근거한다. 물론 콜라를 마시기 때문에 삶의 질이 높다는 인과관계를 주장하는 것은 아니다. 다만 콜라소비와 삶의 질이 높은 상관관계를 가진다는 통계적 사실을 말할 뿐이다.

논란에도 불구하고 행복을 측정하기 위한 시도들이 진행되어 왔다. 이 분야를 행복의 경제학Economics of Happiness이라 부르는데 복지well-being, 삶의 질quality of life, 삶의 만족도life satisfaction 등을 양적으로 측정하려 한다. 현재 가장 많이 인용되는 것은 삶의 만족도지수The Satisfaction with Life Index이다.

행복의 크기를 측정하였다면 다음으로 중요한 질문은 "행복을 결정하는 요인이 무엇인가"이다. 비경제적 요인도 중요하지만 경제적 요인만을 언급하기로 한다.

첫째 요인은 소득의 절대적인 수준이다. 최근의 연구결과를 보더라도 소득이 많을수록 행복하다는 사실은 부인하기 어렵다. 다만 유일한 요인이 아닐 뿐이다.

둘째 요인은 소득의 상대적인 수준이다. 다음과 같은 설문조사가 있었다. A상황에서 당신의 소득은 3,000만원이고 다른 사람의 소득은 2,000만원이다. 또한 B상황에서 당신의 소득은 6,000만원이고 다른 사람의 소득은 9,000만원이다. 당신은 A와 B 중 어느 상황을 선택하겠는가? 설문조사결과에 따르면 다수의 사람들이 A상황을 선택하였다고 한다. 소득의 절대수준은 B상황에서 더 높지만 많은 사람들은 소득의 상대적 수준이 더 높은 A상황을 선택했던 것이다.

셋째 요인은 소득의 증가율이다. 소득이 많더라도 그 증가율이 낮다면 사람들은 정체된다고 느끼고 불행하다고 생각한다. 이에 반해 가난하지만 경제성장률이 높은 나라의 국민들은 희망을 느끼고 행복하다고 생각한다. 우리나라의 1인당 국민소득은 1995년 1만달러를 돌파한 이후 2006년 2만달러를 돌파하였다. 하지만 2006년 한국인이 1995년 한국인보다 더 행복하다고 생각하지는 않았다. 1990년대 전반까지만 해도 10% 가까운 경제성장률을 달성하였기 때문일 것이다.

넷째 요인은 고용이다. 금전적으로만 보면 고용은 소득이 있다는 뜻일 뿐이다. 하지만 고용은 그 이상의 의미를 갖는다. 실업자가 겪는 고통으로 사회와의 단절, 자긍심의 추락을 들 수 있는데 금전적인 것보다 더 사람들을 불행하게 만든다. 그런 이유에서 많은 경제학자들은 실업문제를 가장 나쁜 경제현상으로 다루고 있다.

11
경제성장

COST
+
%
RICE
TO
KOSPI
SNS
A
COST
MONEY
TO
SUPPLY
TO
BASKET
ITIVE
ECONOMY

경제성장과 경기변동

경제에는 장기적 현상과 단기적 현상이 있다. 두 가지가 아무런 관계를 갖지 않는다고 말할 수는 없지만 두 가지를 혼동해서도 안 된다. 경제학에서는 장기적인 것과 단기적인 것을 구분하는 일이 매우 중요한데, 이를 통하여 단기적으로는 좋지만 장기적으로는 좋지 않은 것이 있음을 이해하게 될 것이다.

경제성장과 경기변동 구분하기

장기long term와 단기short term를 구분하는 상식적인 방법은 오랜 시간이면 장기이고 짧은 시간이면 단기라고 보는 것이다. 하지만 경제학은 시간의 길이만으로 장기와 단기를 구분하지는 않는다. 8장에서 이미 설명한 바 있지만 이른바 조정adjustment의 유무에 따라 장기와 단기를 구분한다. 조정이 이루어질 수 있다면 장기적인 문제이고 조정이 이루어질 수 없다면 단기적인 문제에 속한다.

보다 쉽게 장기와 단기를 구분하는 방법도 있다. 장기적 분석은 추세trend를 분석하는 것이고 단기적 분석은 순환cycle을 분석하는 것으로 보는 것이다. 추세란 조정이 이루어진 후 나타나는 현상으로 간주하고 순환이란 조정이 이루어지지 못하기 때문에 나타나는 현상으로 간주하겠다는 뜻이다.

추세는 〈그림 11.1〉에 제시된 것처럼 장기적인 움직임을 보여준다. 반면에 순환이란 추세를 중심으로 오르락내리락하는 현상을 말한다. 이를 국민소득에 적용하면 추세의 분석을 경제성장economic growth의 문제라 부르고 순환의 분석을 경기변동business cycle의 문제라 부른다.

경제성장의 문제는 국민소득의 장기적인 추세를 분석하는 것이다. 즉 장기적으로 상승추세에 있는가 아니면 하락추세에 있는가를 분석한다. 한편 경기변동의 문제는 국민소득, 고용, 생산량 등의 경제지표가 주기적으로 오르내리는 현상을 분석한다. 즉 경기변동의 핵심주제는 호황과 불황의 반복이다.

〈그림 11.1〉 경제성장과 경기변동

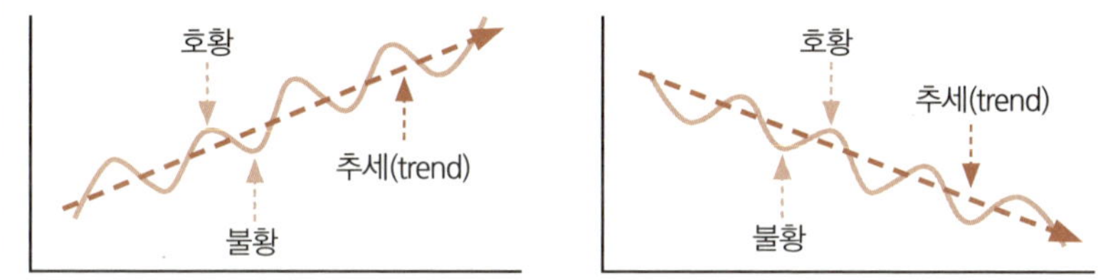

(a) 성장하는 경제 (b) 축소되는 경제

시카고학파와 케인즈학파

경제성장과 경기변동 중에서도 경기변동은 거시경제학의 핵심적인 쟁점이다. 잘 알려진 시카고Chicago학파와 케인즈Keynes학파의 논쟁도 주로 경기변동에 집중되어 왔다. 이에 비하면 경제성장에 관한 논쟁은 상대적으로 적은 편이다.

물론 시카고학파와 케인즈학파의 논쟁은 보다 근본적인 곳에서 출발한다. 시카고학파는 자원배분기구로서 시장이 완전하다complete고 생각한다. 하지만 케인즈학파는 훌륭한 자원배분기구이기는 하지만 시장실패가 발생할 수 있으므로 시장이 완전하다고 생각하지는 않는다. 결국 시카고학파는 정부의 역할이 최소화되어야 한다고 주장하며 케인즈학파는 정부의 적극적인 역할을 지지한다.

경기변동은 시카고학파와 케인즈학파의 거시경제학 논쟁에서 가장 첨예한 문제이다. 경기변동에 관한 두 학파간의 쟁점은 총수요의 안정성과 단기총공급곡선의 형태라고 요약할 수 있다. 즉 시카고학파는 단기총공급곡선이 수직이고 총수요는 안정적이라고 생각한다. 따라서 경기변동은 큰 문제가 아니다. 반면에 케인즈학파는 단기총공급곡선이 우상향하고 총수요는 불안정적이라고 생각한다. 그러므로 총수요의 변화로 인해 경기변동이 발생한다는 것이 케인즈학파의 주장이다.

〈그림 11.2〉 시카고학파와 케인즈학파

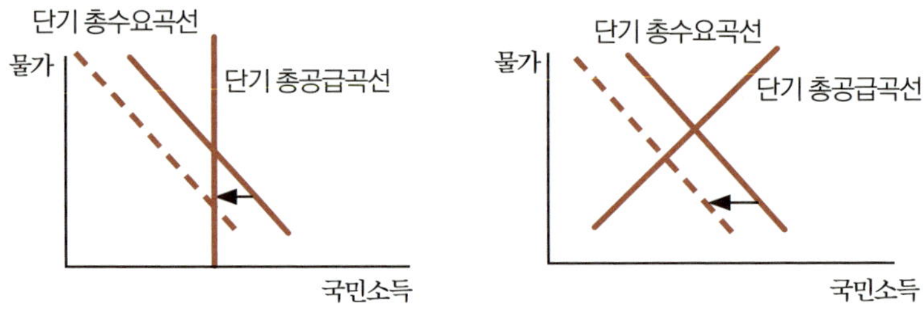

(a) 시카고학파의 견해 (b) 케인즈학파의 견해

〈그림 11.2〉의 (a)는 시카고학파가 생각하는 총수요곡선과 총공급곡선이고 (b)는 케인즈학파가 생각하는 총수요곡선과 총공급곡선이다.

시카고학파의 생각에 따르면 단기총공급곡선이 수직이므로 총수요곡선이 움직인다고 하더라도 국민소득에는 변화가 없다. 다만 물가만 달라질 뿐이다.

하지만 케인즈학파의 생각은 다르다. 단기총공급곡선이 우상향하기 때문에 총수요가 감소하여 총수요곡선이 좌측으로 이동하면 국민소득이 감소하여 불황이 초래된다. 반대로 총수요가 증가하여 총수요곡선이 우측으로 이동하면 국민소득이 증가하여 호황이 나타난다. 즉 호황과 불황의 반복인 경기변동은 총수요의 변동에 의해 초래되고 그 이유는 단기총공급곡선이 수직이 아니라 우상향하기 때문이다.

케인즈학파의 제안

케인즈학파 경제학자에게 가장 중요한 문제는 어떻게 하면 총수요를 안정시킬 수 있는가이다. 총수요를 안정시켜야만 경기변동을 완화할 수 있기 때문이다.

〈그림 11.3〉 케인즈학파의 생각

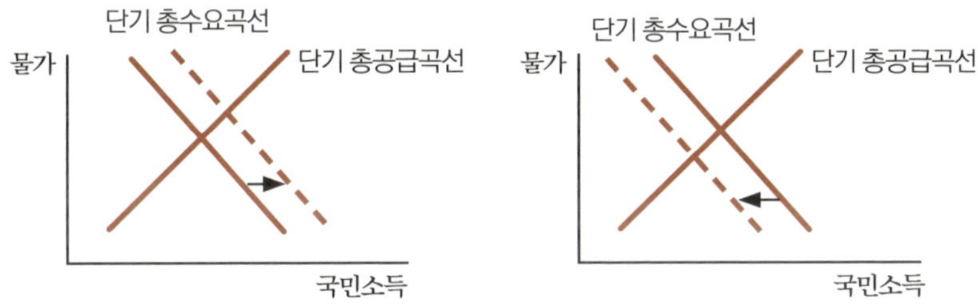

(a) 총수요가 증가하면 국민소득 증가 (b) 총수요가 감소하면 국민소득 감소

총수요는 소비, 투자, 정부지출, 순수출(수출–수입)로 이루어져 있다. 그런데 경제가 불황에 빠졌다고 하자. 그렇다면 이는 총수요가 감소하였기 때문이다. 예를 들어 투자가 감소하였다고 하자. 그렇다면 정부는 무엇을 해야 할까? 소비, 투자, 순수출을 늘리기 위한 정책을 쓰면 된다. 그

리고 그것도 효과가 없다면 정부가 직접 지출을 늘리면 된다. 정부지출이 증가하면 총수요곡선이 우측으로 이동할 것이고 그렇다면 국민소득은 증가하게 된다. 즉 불황에서 벗어날 수 있다.

물론 이 설명은 대단히 간략하게 정리된 것이다. 경제학자들의 논쟁은 훨씬 더 광범위한 영역에서 훨씬 더 복잡한 내용을 담고 있다. 케인즈학파 내부에도 견해차이가 있으며 이들 두 학파 이외에도 많은 새로운 견해들이 제시되어 있다. 이 책이 그 모든 것을 설명할 수 있으리라고 생각하지는 않는다.

강조하고 싶은 것은 견해차이가 주로 단기적인 경기변동에 집중되어 있다는 점이다. 이와 비교할 때 장기적인 경제성장의 문제에 관해서는 비교적 많은 합의가 이루어진 편이다(물론 논쟁이 없다는 뜻은 아니다). 경기변동에 대한 논의는 이즈음에서 마치기로 한다. 경기변동에 대해 관심있는 독자는 거시경제학을 공부하는 것이 좋을 것이다. 이하에서는 장기적인 경제성장에 대한 논의만을 소개한다.

경제성장이론과 따라잡기효과

경제학자들에게 가장 바람직한 경제현상이 무엇이냐고 묻는다면 다수의 경제학자들이 경제성장을 꼽을 것이다. 이외에도 여러 가지 중요한 경제문제가 있지만 경제성장은 가장 중요한 경제문제로 간주된다.

경제성장의 이론

경제성장을 쉽게 정의하면 국민소득이 증가하는 현상이다. 따라서 경제성장의 요인이 무엇인가는 국민소득의 증가를 가져오는 요인이 무엇인가와 같은 질문이다. 국민소득을 보다 많이 그리고 보다 빨리 증가시키는 요인은 무엇일까?

국민소득은 재화와 서비스를 생산하는 능력에 달려 있다. 어떤 나라가 보다 많은 재화와 서비스를 생산한다면 그 나라의 국민소득은 그만큼 더 많다. 또한 국민소득을 인구수로 나누면 1인당 국민소득이 되는데 1인당 국민소득이 높다는 것은 국민 1사람이 더 많은 재화와 서비스를 생산한다는 뜻이다.

결국 국민소득이란 근로자의 생산성productivity에 달려 있음을 알 수 있다. 근로자의 생산성이란 근로자 1명이 1시간 동안 생산할 수 있는 재화와 서비스의 양으로 측정한다. 근로자의 생산성이 높아지면 국민 1명당 생산이 많아지므로 국민소득의 증가, 즉 경제성장이 나타나게 된다. 따라서 근로자의 생산성 향상이 없으면 1인당 국민소득의 증가란 근본적으로 불가능한 일이다.

근로자의 생산성 향상이 경제성장을 가져오는 요인이라는 말인데 너무나 자명한 주장이다. 그렇다면 생산성은 무엇에 의존하는가?

재화와 서비스를 생산하기 위해 이용되는 투입을 생산요소factors of production라고 한다. 생산요소의 투입이야말로 근로자의 생산성을 좌우하는 결정적인 요인이다. 생산성향상을 초래함으로써 경제성장을 촉진하는 생산요소로는 어떤 것이 있을까?

생산성향상을 가져오는 생산요소

첫째, 물적 자본physical capital이다. 우리가 잘 알고 있는 것으로 재화와 서비스의 생산에 사용할 수 있는 건물 및 기계설비 등을 말한다. 물적 자본이 많이 투입된다면 생산성은 향상될 것이다. 예를 들어 트랙터와 헬리콥터를 이용하여 농사짓는 사람과 호미와 낫으로 농사짓는 사람 중 누구의 생산성이 높겠는가?

둘째, 인적 자본human capital이다. 근로자가 교육, 훈련, 경험을 통해 체득한 지식 또는 기술인데 단순한 노동력과는 구분되며 숙련도라고 생각하면 이해하기 쉬울 것이다. 초보 근로자와 비교할 때 능숙한 근로자의 생산성이 높은데 이를 노동력의 차이 때문이라고 보지 않고 인적자본의 유무 때문이라고 보는 것이다.

셋째, 자연자원natural Resources이다. 토지, 광물과 같이 자연에 의해 제공되는 생산요소를 말하는데 이것이 경제성장을 가져올 수 있다는 건 더 이상의 설명이 필요없다. 가능성이 높지 않아서 우리나라에서는 그다지 중요하게 다루어지지 않지만 우리나라에서 대규모의 유전이 발견된다면 어떨까?

넷째, 기술지식technological Knowledge이다. 재화와 서비스를 생산하는 방법에 대한 지식을 말한다. 흔히 첨단의 기술집약적 제품을 생산한다면 기술지식은 그만큼 풍부하다고 생각할 수 있다. 하지만 기술지식에는 그런 것만 있는 게 아니다. 보다 적은 양의 투입으로 보다 많은 재화와 서비스를 생산할 수 있도록 하는 생산공정이나 아이디어 등도 모두 기술지식으로 간주된다.

투자와 저축의 중요성

4가지 생산요소가 생산성향상에 기여한다는 것도 어려운 이야기가 아니다. 오히려 궁금한 것은 이 생산요소들을 증가시키기 위해서 무엇을 해야 하는가?

위의 생산요소를 증가시키는 경제행위를 투자라고 한다. 즉 물적 및 인적자본을 증가시키거나 자연자원을 개발하거나 기술지식을 만들어내는 것이 바로 투자이다. 투자를 주로 담당하는 경제주체는 기업인데 기업의 투자야말로 경제성장을 위한 가장 중요한 요인이다. 그리고 투자만큼이나 중요한 요인, 즉 투자를 가능하게 하는 요인이 바로 저축이다. 누가 보더라도 투자와 저축은 경제성장을 위한 제1의 요인이다. 투자와 저축없는 경제성장은 불가능하다고 단언해도 좋다.

투자와 저축이 경제성장의 제1요인임은 아무리 강조해도 지나치지 않다. 1990년까지 세계에서 연평균 경제성장률이 가장 높은 나라는 우리나라였다. 30%를 넘은 높은 저축률과 저축률을 초과하는 높은 투자율이 30년 평균 7% 고도성장의 비결이었다. 최근 중국의 경제성장도 저축률과 투자율로 설명한다. 중국의 저축률과 투자율은 40%를 상회하는데 우리나라의 예전 수치를 훨씬 뛰어넘는다.

안타까운 일은 우리나라의 경제성장률이 점차 하락하고 있다는 사실이다. 왜 이런 일이 발생할까? 우리나라는 무엇을 잘못하고 있으며 중국은 무엇을 잘 하고 있는 것일까? 우리나라의 저축률이 여전히 높은데도 불구하고 왜 성장률이 높지 못한 것일까?

따라잡기효과

경제성장이론에 따르면 따라잡기효과catch-up effect가 나타난다고 한다. 따라잡기효과란 소득이 낮은 나라의 경제성장률은 높고 소득이 높은 나라의 경제성장률은 낮은 현상을 말한다. 그리고 그 이유는 수확체감의 법칙에 근거한다.

수확체감diminishing returns의 법칙이란 축적된 자본이 증가함에 따라 자본 1단위의 추가투입에 따른 생산량 증가는 감소한다는 것이다. 〈그림 11.4〉의 (a)에는 생산함수가 그려져 있다. 물론 자본투입이 많아질수록 생산량은 증가한다. 하지만 자본이 적을 때 자본1단위 추가투입에 따른 생산량의 증가는 크고 자본이 많을 때 자본1단위 추가투입에 따른 생산량의 증가는 작음을 알 수 있다.

수확체감의 법칙이 성립하면 따라잡기효과를 쉽게 도출할 수 있다. 〈그림 11.4〉의 (b)를 보기로 하자. 1인당 국민소득이 적은 후진국의 경우 축적된 자본은 적을 것이므로 그림 (b)에서 좌측에 위치할 것이다. 반면에 1인당 국민소득이 많은 선진국의 경우 축적된 자본은 많을 것이므로 그림 (b)에서 우측에 위치할 것이다.

〈그림 11.4〉 수확체감의 법칙과 따라잡기효과

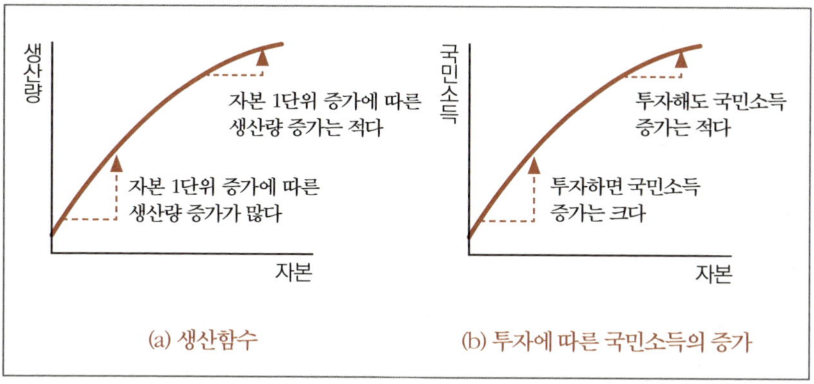

이제 선진국과 후진국이 동일한 크기의 투자를 한다고 하자. 그렇다면 선진국과 후진국 모두에서 생산량이 증가한다. 생산량의 증가란 곧 국민소득의 증가이므로 투자는 모든 나라에서 경제성장을 가져 온다. 이것이 앞에서 설명했던 것이다.

하지만 생산량의 증가가 같은 크기로 나타나지는 않는다. 선진국과 후진국이 동일한 크기의 투자를 한다고 하더라도 이로 인해 나타나는 생산량의 증가, 즉 국민소득의 증가는 선진국의 경우보다 후진국의 경우 훨씬 더 크다. 그 이유는 명확한데 수확체감의 법칙이 성립하기 때문이다. 그렇다면 후진국의 경제성장률은 선진국의 경제성장률보다 훨씬 더 크게 마련이다. 이것이 바로 따라잡기효과이다.

정리하면 다음과 같다. 첫째, 투자는 모든 나라에서 경제성장을 가져온다. 둘째, 하지만 경제성장률은 후진국의 경우가 선진국의 경우보다 높다.

최근 중국과 인도 등의 나라들이 높은 경제성장률을 보이고 있는데 이 현상도 따라잡기효과로 설명할 수 있다. 그 이유는 그냥 그 나라들이 후진국이기 때문이다. 반면에 스웨덴, 스위스 등 선진국의 경제성장률은 대단히 낮은 편이다. 하지만 그 나라 국민들이 무언가를 잘못하고 있기 때문이 아니다. 단순히 선진국이기 때문에 경제성장률이 낮을 뿐이다. 그런 의미에서 보면 어쩔 수 없는 일이다.

경제성장논쟁

따라잡기효과에 따르면 경제성장에 관한 흥미로운 현상을 설명할 수 있다. 대표적인 것이 선진국에 가까워질수록 경제성장률이 하락하는 현상이다. 즉 후진국에서 출발하여 선진국이 된 나라를 생각해 보자. 경제성장의 초기에는 대단히 높은 경제성장률을 기록한곤 한다. 아직 후진국이기 때문이다. 하지만 1인당 국민소득이 증가하여 선진국이 되면 경제성장률은 높지 않다. 그 이유는 이미 선진국이 되었기 때문이다. 최근 우리나라의 경제성장률 하락이 따라잡기효과에 따른 것이라면 어느 정도 성장률의 하락은 불가피한 것으로 받아들이는 것이 좋다.

이 가설에 따르면 궁극적으로 모든 나라의 1인당 국민소득은 수렴하게 될 것이다. 이를 수렴가설convergence hypothesis이라고 하는데 따라잡기효과에 따르면 당연한 주장이다. 후진국은 빨리 성장하고 선진국은 느리게 성장할 것이기 때문이다. 우리나라의 예를 보기로 하자. 1970년 우리나라의 1인당 국민소득은 255달러였고 미국의 1인당 국민소득은 5,060달러였다. 약 19.8배의 차이가 있었다. 하지만 2010년 우리나라의 1인당 국민소득은 20,759달러이고 미국의 1인당 국민소득은 47,394달러이므로 한미간 격차는 2.3배로 줄어들었다.

이상의 이론은 로버트 솔로우R.Solow 등 많은 경제학자들의 주장이다. 이들의 주장처럼 따라잡기효과가 옳다면 선진국에게는 슬픈 일이다. 달리 방도가 없다는 뜻이기 때문이다. 하지만 또 다른 경제학자들인 로버트 루카스R.Lucas와 폴 로머P.Romer 등은 수확체감의 법칙의 성립에 대해 의문을 제기한다. 그들은 수확체감의 법칙이 아니라 규모에 따른 수익체증increasing returns에 주목하였고 그 경우에는 성장률의 하락이 나타나지 않을 수 있다고 주장한다. 이들의 논쟁은 경제성장의 문제가 적어도 두 가지 측면을 가지고 있음을 보여 준다. 선진국에게 높은 경제성장률이 쉽지는 않지만 그래도 달리 방도가 없는 것은 아니라는 뜻이다.

성장을 위한 정부정책

경제성장이 중요한 만큼 이를 위한 정부정책도 중요하게 다루어져 왔다. 경제성장을 촉진하기 위한 정부의 정책에 대해 살펴 보기로 하자.

저축과 투자의 장려

저축과 투자가 경제성장의 제1요인인 것은 충분히 강조한 듯하다. 따라서 경제성장을 촉진하려면 저축과 투자가 증가하도록 정부는 각종 정책을 써야 한다.

다만 따라잡기효과가 있음을 염두에 두어야 한다. 위대한 경제학자 폴 새뮤엘슨P.Samuelson은 따라잡기효과에 대해 재미있는 비유를 들었다. 평소 40점을 받던 학생이 80점까지 성적을 무려 2배나 올리는 것은 어렵지 않다. 열심히 노력하면 된다는 것이다. 하지만 80점을 받던 학생이 90점까지 불과 10점을 올리는 것은 꽤 어려운 일이다. 열심히 노력하는 것만으로는 부족하기 때문이다. 선진국이 되려면 열심히 일하는 것으로 부족하며 이제는 비법을 찾아야 한다는 뜻이다.

외국자본의 유치

내국인의 국내투자만큼이나 외국인의 국내투자도 중요하다. 내국인이 하든 외국인이 하든 국내에 투자를 하기만 한다면 경제성장이 나타날 것이기 때문이다. 우리나라도 경제성장의 초기에는 외국자본의 유치가 중요한 역할을 하였다. 물론 중국의 성장과정을 보더라도 외국인의 투자는 효과적인 방법임에 틀림없다.

아일랜드는 1990년대 연평균 9%의 경제성장을 달성하였다. 서유럽의 환자에서 켈틱타이거Celtic Tiger로 변신하였다고 해서 아일랜드모형으로 불리워지기도 했다. 그들의 성장전략은 외국자본유치, 사회연대협약, 산업구조조정으로 요약된다. 아일랜드모형에서 나타나듯이 외국자본의 유치는 매우 효과적이었다.

교육과 연구개발

교육과 연구개발이 중요하다는 건 새삼 강조하지 않아도 될 듯하다. 이를 통하여 인적자본과 기술지식이 축적되기 때문이다. 흥미로운 것은 교육과 연구개발이 긍정적 외부효과를 갖고 이를 통해 창출된 기술과 지식이 공공재인 경우가 많다는 점이다. 그렇다면 민간의 노력만큼이나 정부의 정책이 대단히 필요할 것이다.

두 가지만 언급하려 한다. 첫째, 여러 학문분야의 교육이 모두 중요하지만 그 중에서도 과학교육과 공학교육이 특별히 더 중요하다는 점이다. 경제학자들의 연구에 따르면 노동력 중 과학자와 공학자의 비중이 클수록 경제성장률이 더 높았다고 한다. 최근 우리나라에서 이공계 기피현상이 나타나고 있는데 경제성장에도 좋지 않은 현상이다. 이에 대한 정부의 정책이 뒤따라야 할 것이다.

둘째, 경제성장이론의 대가인 폴 로머P.Romer는 기술변화의 속도가 부분적으로는 내생적endogeneous이라고 주장한다. 즉 연구개발투자의 결과로 기술혁신이 이루어졌다는 것이다. 따라서 신기술을 얻기 위해서는 더 많은 돈을 투자해야 한다고 말한다. 물론 그 중에는 성공하는 것도 있고 실패하는 것도 있다. 따라서 성공가능성이 높은 연구개발을 발굴하는 탐색전략이 필요하겠지만 어쨌든 민간기업과 정부가 연구개발투자를 늘리는 것은 기술혁신을 위해 반드시 필요한 정책이다.

재산권의 확립

후진국의 경제성장률이 높다면 왜 북한의 경제성장률은 높지 않을까? 북한의 교육수준과 우리 민족의 우수성에 비추어 볼 때 북한도 경제성장에 매진하기만 한다면 높은 경제성장을 달성하리라 확신한다. 하지만 현재의 경제체제를 유지하는 한 북한은 경제성장을 위해 진정으로 노력한다고 말할 수 없다. 사회주의경제체제의 잘못 중 하나는 사유재산권을 인정하지 않는 것이다.

사회주의경제체제를 보면 재산권의 확립이 얼마나 중요한 문제인가를 실감하게 된다. 지금은 해체된 사회주의 종주국 소련에서도 소규모의 사적 경작지가 허용되었다고 한다. 소련 당국은 사적 경작지에서 일하는 시간을 제한하였지만 전체 경작지 중 3%도 안 되는 사적 경작지의 생산량이 전체 농업생산의 25%를 차지하였다고 한다. 사적 경작지의 생산성이 비교할 수 없을 정도로 높았던 것이다.

자유무역

자유무역의 효과를 이야기할 때 우리나라를 포함한 동아시아 나라들과 중남미 나라들을 비교하곤 한다. 동아시아 나라들은 외부지향적 경제정책을 채택하였고 이를 통하여 더 높은 경제성장률을 달성할 수 있었다. 중국의 예를 보면 국제무역의 효과는 뚜렷이 드러난다. 중국은 1980

년대 이후 개혁만이 아니라 동시에 개방을 추진하였다. 잘 알려진 것처럼 개방은 개혁만큼이나 중요한 효과를 가져왔다.

한 나라 안에서도 내륙지방보다는 해안지방의 소득이 높다고 한다. 미국의 경우 뉴욕이나 캘리포니아가 내륙지방보다는 소득이 높은데 지리적 이점으로 인해 무역이 더 활발하기 때문이다. 물론 국가간에도 지리적 위치에 따른 차이가 있다. 굳이 예를 들지 않더라도 해안에 접한 나라들에 비해 내륙국가들의 국민소득이 높지 않음을 쉽게 알 수 있을 것이다. 무역의 효과가 작용해 왔던 셈이다.

인구와 고령화문제

인구가 많을수록 국민소득은 크다. 국민소득이란 전국민의 소득을 더한 것이기 때문이다. 예를 들면 중국의 국민소득은 룩셈부르크의 국민소득보다 크다. 하지만 생활수준을 좌우하는 것은 국민소득이 아니라 1인당 국민소득이다. 룩셈부르크의 1인당 국민소득은 중국의 1인당 국민소득보다 훨씬 더 많다.

반론이 없는 것은 아니지만, 과도한 인구증가는 1인당 국민소득에 부정적인 영향을 미친다고 알려져 있다. 인구증가율이 높을수록 근로자 1인당 자본이 작아질 것이고 이로 인해 생산성도 하락할 것이기 때문이다. 근로자의 생산성이 하락한다면 1인당 국민소득은 당연히 낮아진다. 중국을 포함한 여러 개도국이 추진하는 산아제한정책은 인구증가 억제를 통해 1인당 국민소득을 올리기 위한 것이다.

인구감소와 비슷하게 들릴지 모르지만 인구고령화aging는 엄연히 다른 현상이다. 고령화는 전체 인구 중 젊은 세대의 비중이 감소하고 노인세대의 비중이 증가하는 현상이다. 소득증가와 의학의 발달로 인간의 수명이 연장된 덕분이기도 하지만 고령화가 나타나는 주된 이유는 저출산이다. 저출산이 지속되면 고령화가 초래되고 시간이 흘러 저출산세대가 노인이 될 때쯤에는 인구감소로 이어진다.

인구감소와 달리 인구고령화는 경제성장에 부정적 영향을 미친다고 알려져 있다. 아무리 근로자의 생산성이 향상된다고한들 생산가능인구가 감소하는데 1인당 국민소득이 증가할 리 없기 때문이다. 1990년 가미가제버블bubble이 꺼지면서 일본경제는 잃어버린 10년이라는 장기불황을 겪었다. 하지만 2000년대에 들어서도 여전히 저성장에 머물러 있다. 그러니 아직도 버블의 후유증이라고 할 수는 없을 것이다. 일본경제를 이처럼 어렵게 만든 여러 요인 중 하나는 고령화이다.

보통 65세 이상이 되면 노인이라고 간주한다. 그리고 노인인구가 전체인구에서 차지하는 비중이 7% 이상이면 고령화사회aging society, 14% 이상이면 고령사회aged society, 20% 이상이면 초고령사회hyper-aged society라고 한다.

프랑스는 1864년 고령화사회에 진입한 이후 2019년 초고령사회가 되었고, 스웨덴은 1887년 고령화사회에 진입한 이후 2020년 초고령사회가 되었다. 고령화사회에서 초고령사회가 되는데 프랑스는 155년, 스웨덴은 133년 걸렸던 셈이다. 진행속도가 빠르지 않았으므로 이 나라들은 고령화에 대비할 여유가 있었다. 반면에 일본은 1970년 고령화사회에 진입한 이후 2008년 세계 최초로 초고령사회에 진입하였다. 고령화사회에 진입한 지 38년만에 초고령사회가 되었으므로 일본의 고령화속도는 매우 빠른 편이었다.

하지만 고령화의 속도면에서 우리나라는 단연 독보적이다. 2000년 고령화사회에 진입한 이후 2018년 고령사회가 되었고, 2025년 초고령사회가 될 것이라고 한다. 이 예측에 따르면 고령화사회에 진입한 이후 불과 25년만에 초고령사회에 이르는 신기록을 세울 전망이다. 따라서 우리나라가 프랑스나 스웨덴처럼 고령화에 대비할 만한 여유를 누리기는 어렵다. 일본보다 빠른 속도로 진행되었고 일본보다 약 20년 늦게 초고령사회에 진입한다는 사실을 감안하면 현재 일본경제로부터 20년 후 한국경제의 모습을 찾아볼 수 있을지도 모른다. 장기적인 저성장, 천문학적인 정부부채 등등 일본의 예를 보면 고령화에 대해 대비해야 할 이유는 넘쳐난다.

재정적자의 문제

논쟁에도 불구하고 불황을 완화시키는 방안으로 정부지출을 늘리는 정책이 활용될 수 있음을 설명한 바 있다. 그런데 정부지출이 증가하면 이로 인해 재정적자가 발생할 수 있다. 이렇게 발생한 재정적자가 호황기의 재정흑자를 통해 상환된다면 장기적으로 재정은 균형을 이루게 될 것이다. 문제는 재정적자가 줄지 않고 계속 누적되는 것이다. 그렇다면 그 영향은 대단히 심각하다.

중요 항등식

항등식identity이란 항상 성립하는 식을 말한다. 따라서 항등식이 깨지면 계산에 착오가 있다는 뜻이다. 즉 계산만 제대로 한다면 항등식은 항상 성립한다.

국민소득에 관한 항등식은 다음과 같다.

국민소득 ≡ 소비 + 투자 + 정부지출 + (수출 - 수입)

이 식에서 이항과 정리를 반복하면 다음과 같다.

(국민소득 - 조세 - 소비) + (조세 - 정부지출) ≡ 투자 + (수출 - 수입)

좌변의 첫째 항은 민간저축private savings이고 둘째 항은 정부저축government savings이다. 그리고 이 둘을 더하면 국민저축national savings이 된다.

따라서 우리가 최종적으로 얻게 되는 항등식은 다음과 같다.

중요 항등식 : 민간저축 + 정부저축 ≡ 투자 + 순수출(또는 경상수지)

위 식에서 순수출과 경상수지가 같은 것으로 되어 있는데 순수출에 서비스거래까지 포함시킨다고 생각했기 때문이다. 자세한 논의는 14장에서 하기로 한다.

이미 강조한 바와 같이 이 항등식은 항상 성립한다. 그럴 때도 있고 그렇지 않을 때도 있는 것이 아니다. 따라서 학파에 따라 견해차이가 있을 수 있는 것이 아니다. 누가 보더라도 위의 항등식은 항상 성립해야 한다.

이 항등식의 의미는 다음과 같다. 국민저축이 많으면 투자가 활발하거나 또는 경상수지가 개선되고, 국민저축이 적으면 투자가 부진하거나 또는 경상수지가 악화된다. 저축이 투자를 지탱하는 중요한 요소임을 이미 설명한 바 있으므로 당연한 것처럼 보인다. 잊지 말아야 할 것은 국민저축과 투자, 그리고 경상수지가 항등적인 관계를 가진다는 사실이다. 이에 관해서 생각해 볼 차례이다.

재정적자는 (−)의 정부저축

위의 항등식으로부터 재정적자budget deficit의 경제적 효과를 쉽게 이해할 수 있다. 재정적자는 장기적인 경제성장에 악영향을 미칠 가능성이 대단히 높다.

재정적자란 정부지출에서 정부수입을 뺀 것으로 정의한다. 재정적자가 (+)이면 정부수입보다 정부지출이 더 많이 집행되었다는 뜻이고, 재정적자가 (−), 즉 재정흑자budget surplus이면 정부수입보다 정부지출이 더 적게 집행되었다는 뜻이다. 바꾸어 말하면 재정적자는 (−)의 정부저축이고 재정흑자는 (+)의 정부저축이다.

그렇다면 정부는 어떻게 (-)의 저축을 할 수 있는 것일까? 정부가 (-)의 저축을 했다는 것은 정부지출을 충당하기 위한 자금이 부족했음을 의미한다. 이를 위해 정부는 누군가로부터 자금을 빌렸을 것이고 이로 인해 정부부채가 발생했을 것이다. 즉 정부는 국채를 발생하여 자금을 조달하고 (-)의 정부저축을 집행한다.

재정적자가 (-)의 정부저축이므로 재정적자는 국민저축에 악영향을 미치게 마련이다. 그 이유는 간단하다. 위의 항등식으로부터 알 수 있듯이 국민저축은 민간저축과 정부저축의 합이다. 그런데 정부저축이 (-)가 된다면 국민저축은 당연히 감소하게 된다. 결국 재정적자는 국민저축을 감소시키는 요인이다.

재정적자의 효과

재정적자가 국민저축을 감소시킨다는 사실에 주의해야 한다. 위의 항등식으로부터 알 수 있듯이, 국민저축의 감소는 투자의 감소 또는 경상수지의 악화를 초래하기 때문이다. 이 즈음 되면 심각성을 느낄 만한데 재정적자로부터 부정적인 영향을 받게 되는 것은 다름아닌 투자이다. 투자는 경제성장을 위한 제1의 요인이므로 재정적자는 장기적으로 경제성장을 훼손하는 주요 요인으로 작용한다.

재정적자의 악영향에 관한 가장 유명한 예는 1980년대 미국의 대규모 쌍둥이적자twin deficit이다. 대규모의 재정적자와 경상수지적자가 동시에 나타났다고 해서 붙여진 명칭이다. 경상수지적자도 걱정거리였지만 이에 대해서는 14장에서 더 논의하기로 하고 여기에서는 재정적자가 경제성장에 악영향을 초래하였다는 사실에 주목하자. 당시 많은 경제학자들은 재정적자의 악영향을 우려하였으며 경제성장을 위한 근본적인 대책으로 재정적자감축을 그토록 강조했던 것이다.

미국 재정적자의 추이에도 반전은 있었다. 1990년대 중반 이후 재정적자가 감소하더니 1998년에는 재정흑자를 달성하였다. 그러자 재정적자감소의 효과가 뚜렷하게 나타났다. 잘 알려진 클린턴Bill Clinton 시절의 번영이 찾아왔던 것이다. 하지만 2000년대 이후 재정적자는 다시 증가하였다. 게다가 2007년 금융위기로 인해 재정적자는 위험수위에 이르게 되었고 미국경제는 다시 침체에 빠졌다. 최근 30여년간 보여준 미국경제의 동향은 재정적자의 문제를 분명히 보여준 예이다.

궁금한 것은 1990년대에 미국의 재정적자가 감소한 이유이다. 어떻게 그런 일이 일어나게 되었을까? 경제학계에서는 퍼즐처럼 다루어지고 있는 주제인데, 거시경제학자들의 연구에 따르면 높은 세율이 적용되는 부유층의 소득이 급격하게 증가하였고 이로 인해 정부의 조세수입이 급격하게 증가하였기 때문이라고 한다. 더 놀라운 것은 부유층의 소득과 조세납부가 증가한 이유이다. 주요 이유는 1990년대 주식가격의 상승이었다. 주식가격의 상승으로 부유층의 소득이 증가하였고 이에 따라 이들의 조세납부도 증가하였던 것이다. 1990년대 주식가격의 상승은 이상과열이라 비판받기도 하였지만 역설적으로 좋은 역할도 했던 모양이다.

12

실업과 소득분배

노동시장과 임금

노동시장에 대한 분석을 먼저 배우기로 한다. 노동시장은 노동력이라는 생산요소가 거래되는 시장이므로 그 자체로서도 매우 중요하다. 또한 실업의 발생원인과 소득분배문제를 이해하기 위해서는 반드시 거쳐야 하는 관문이기도 하다.

경쟁적 노동시장과 임금

노동시장이 8장에서 배운 완전경쟁시장과 같다면 이를 경쟁적 노동시장이라고 부른다. 따라서 경쟁적 노동시장의 조건은 첫째, 다수의 수요자(기업)와 공급자(근로자)가 있어야 하고, 둘째, 근로자가 노동시장에 쉽게 진입할 수 있고 이탈할 수 있어야 하며, 셋째, 모든 근로자는 동질적이어야 한다.

노동시장도 시장이므로 노동수요와 노동공급이 있을 것이다.

노동수요는 한계생산가치value of marginal product에 의해 결정된다고 말하는데 한계생산가치는 생산물의 가격과 근로자의 한계생산(생산성)의 곱과 같다. 즉 노동수요를 좌우하는 요인은 생산물의 가격과 근로자의 한계생산이다.

생산물의 가격과 근로자의 한계생산이 상승할 경우 노동수요가 증가하는 이유는 간단하다. 2장에서 배운 바와 같이 어떤 생산물의 가격이 상승하면 이 생산물의 공급이 증가할 것이다. 또한 근로자의 한계생산,

즉 2장에서 말한 바 있는 생산성이 향상되면 생산물의 공급이 증가할 것이다. 그렇다면 이 생산물을 생산하기 위한 생산요소의 투입도 증가할 것이다. 따라서 노동수요는 당연히 증가한다.

노동공급은 여러 요인에 의해 좌우된다. 일과 여가에 대한 판단, 의식의 변화 등이 노동공급에 영향을 미친다. 사람들이 일을 중시하면 노동공급은 증가할 것이고 여가를 중시하면 노동공급은 감소할 것이다. 또한 의식의 변화도 중요한 몫을 한다. 최근 여성근로자의 증가는 여성의 사회활동에 대한 인식개선에서 비롯되었다. 이처럼 노동공급은 문화적인 요인에 의해 크게 좌우된다.

〈그림 12.1〉 노동시장의 균형

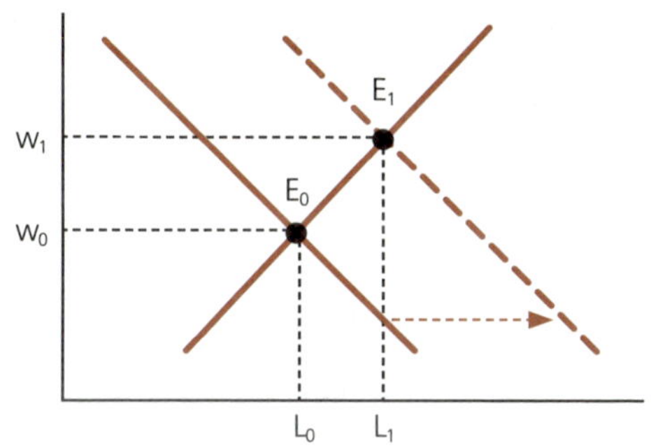

〈그림 12.1〉에는 노동시장분석의 한 예가 제시되어 있다. 예를 들어 근로자의 생산성이 향상되었다고 하자. 그렇다면 노동수요는 증가할 것이고 노동수요곡선은 우측으로 이동할 것이다. 최종적으로 노동시장의 균형은 E_0에서 E_1으로 바뀔 것이고 균형임금은 w_0에서 w_1으로 상승하며 고용은 L_0에서 L_1으로 증가할 것이다. 정리하면 근로자의 생산성향상은 임금을 높이고 고용을 증가시킨다.

이와 같이 임금상승과 고용증가는 생산물의 공급증가로부터 수반되는 현상이다. 쉽게 말하면 고용증가는 경제성장으로부터 비롯된다. 이를 두고 우리는 흔히 일자리창출이라고 부르는데 생산물의 공급증가 없이 새로운 일자리가 창출되기는 매우 어려운 것임을 알 수 있다. 미국 대통령이 외국기업의 미국내 투자를 그렇게도 반기는 것은 미국내의 일자리를 창출하는 매우 확실한 방법이기 때문이다.

실제의 노동시장

실제의 노동시장이 완전경쟁시장이라면 문제는 매우 간단하다. 모든 근로자의 임금은 같을 것이고 실업은 존재할 수 없다. 하지만 실제의 노동시장은 완전경쟁시장이라고 보기 어렵다. 크게 두 가지 이유를 들 수 있다. 하나는 9장의 앞 부분에서 설명한 바와 같이 노동수요와 노동공급에 독점적 요소가 존재하기 때문이고, 다른 하나는 모든 근로자가 동질적이지 않기 때문이다. 따라서 실제의 노동시장에는 근로자 간 임금격차가 존재하고 실업이 발생하게 된다.

실업의 발생에 대해서는 다음 절에서 자세하게 설명하기로 한다. 여기에서 강조하고 싶은 것은 노동시장의 불완전경쟁이 실업을 초래한다는 점이다. 노동수요와 노동공급이 독점이 될 가능성이 높고, 근로자의 진입과 이탈도 쉽지 않으며, 근로자가 동질적이지 않기 때문이다. 그렇다면 실업은 발생할 수밖에 없다.

임금격차의 원인

노동시장의 불완전경쟁은 실업과 함께 근로자간 임금격차를 초래한다. 임금격차의 발생요인은 여러가지가 있지만 근로자의 이질성 때문이라고 볼 수 있다.

첫째, 보상적 임금격차compensating differential가 그것이다. 즉 근로행위에는 금전적으로 따질 수 없는 속성의 차이가 있다. 따라서 비금전적 속성의 차이를 보상해 주기 위하여 임금의 차이가 발생한다. 예를 들면 야간 근무자들이 주간 근무자들에 비해 임금을 더 받는 현상을 들 수 있다.

둘째, 인적 자본human capital의 차이 때문이다. 교육이나 직업훈련과 같이 사람에 대한 투자가 축적되면 이로부터 인적 자본이 형성되는데 인적 자본이 많을수록 보다 더 많은 임금을 받게 되는 것은 당연한 현상이다.

셋째, 교육은 인적 자본이 아니더라도 그 자체로 임금격차를 초래하는 요인이다. 왜냐하면 교육은 인적 자본을 보여 줄 뿐만 아니라 근로자의 또 다른 특성에 대한 신호signal의 기능을 갖는다고 보기 때문이다. 우리나라에는 학력을 중시하는 풍토가 대단히 강하다. 학력을 중시하는 이유는 근로자의 능력과 노력을 판단하기 어려울 때 학력이 손쉬운 판별기준이 되기 때문일 것이다.

넷째, 슈퍼스타superstar현상이라는 것이 있다. 흔히 승자독식이라고 부르는 것인데 최정상의 야구선수는 100위권의 선수보다 100배 더 뛰어나다고 볼 수 없지만 임금은 100배 더 받는 일이 흔하다.

실업의 원인

가장 먼저 실업과 관련된 주요 지표의 측정방법부터 알아 보기로 한다. 이어서 실업이 발생하는 이유들에 대해 살펴 보기로 한다. 여러가지 개념의 실업을 배워야 하는 이유는 실업이 발생하는 이유가 매우 다양하기 때문이다.

실업의 측정

실업과 관련된 기초조사는 3단계에 걸쳐 이루어진다.

① 1단계 : 성인인구의 조사

성인인구란 15세 이상인 자를 말한다.

② 2단계 : 경제활동인구 조사

비경제활동인구란 전업주부, 학생, 일을 할 수 없는 연로자 및 심신장애인 등이며 이에 해당되지 않으면 경제활동인구로 분류된다.

③ 3단계 : 취업자와 실업자 조사

취업자란 조사대상주간에 수입을 목적으로 1시간 이상 일한 자 또는 동일가구내 가구원이 운영하는 농장이나 사업체의 수입을 위하여 주당 18시간 이상 일한 무급가족종사자를 말하며 이에 해당하지 않으면 실업자로 분류된다.

위의 조사결과를 이용하면 실업 관련 주요 지표를 구할 수 있다. 경제활동참가율, 실업률, 고용률은 각각 다음과 같이 구한다.

① 경제활동참가율 = 경제활동인구 / 성인인구
② 실업률 = 실업자 / 경제활동인구
③ 고용률 = 취업자 / 성인인구

실업통계의 문제점

실업통계로 가장 많이 이용되는 것은 실업률이다. 우리나라의 실업률 조사방법은 국제기준을 따른 것이므로 나라별 비교에는 적합하다고 볼 수 있다. 하지만 이 기준은 실업문제를 과소평가한다고 알려져 있다. 그 이유는 다음과 같다.

첫째, 경제활동인구를 정의하는 일이 쉽지 않다. 대표적인 문제는 실망실업자를 비경제활동인구로 분류하는 것이다. 실망실업discouraged unemployment은 구직활동을 해왔지만 취업이 되지 않아 취업을 포기한 사람들을 일컬을 때 쓰는 개념이다. 처음부터 취업의 의사가 없었던 사람들과 구분하기 어렵기 때문에 비경제활동인구로 분류되기는 하지만 실망실업자는 실업자에 가깝다고 볼 수 있다.

둘째, 불완전고용자는 사실상 실업자에 가깝지만 취업자로 분류된다. 불완전고용자란 조사대상 주간에 수입을 목적으로 1시간 이상 일하였지만 충분한 시간 동안 안정적인 수입을 얻을 정도로 일하지 못한 사람들을 말한다. 예를 들어 1주일 동안 단 하루인 8시간만을 일한 일용직 근로자는 불완전고용자라고 볼 수 있다. 실업률 조사방법에 따르면 이들은 취업자로 분류되지만 안정적인 수입이 보장되지 않는다는 점에서 불완전고용자는 사실상 실업자에 가깝다.

이와 같이 각국 정부가 발표하는 공식실업률은 실업문제를 과소평가하는 문제점을 안고 있다. 실망실업자와 불완전고용자등을 실업자에 포함시키면 실업률은 더 높아질 것이다. 이에 대해 미국의 한 경제학자는 다음과 같이 말하였다고 한다. “9% are unemployed. But 16% are out of work.” 실업률은 9%이지만 일자리가 없는 사람은 실업률의 1.8배인 16%나 된다는 것이다.

고용률을 이용하면 첫째 문제는 완화시킬 수 있다. 실업률과 달리 고용률은 취업자를 성인인구로 나눈 값이기 때문에 경제활동인구를 이용하지 않는다. 그런 의미에서 보면 고용률은 첫째 문제를 해결한다기보다 회피하는 지표라고 볼 수 있을 것이다. 하지만 둘째 문제에 대해서는 고용률도 실업률과 같은 문제점을 안고 있다. 따라서 고용률도 실업률에 대한 충분한 대안이라고 보기는 어렵다.

경기적 실업과 자연실업

실업이 발생하는 요인은 실로 다양하다. 발생요인에 따라 다양한 개념의 실업이 있는데, 가장 먼저 구분하는 것은 경기적 실업과 자연실업이다.

경기적 실업cyclical unemployment은 경기변동에 의해 나타나는 실업이다. 즉 불황일 때 증가하는 실업을 경기적 실업이라고 한다. 경기적 실업이 발생하는 이유는 자명하다. 불황일 때 노동수요가 감소하기 때문이다. 노동수요가 감소한다는 말은 일자리가 줄어든다는 뜻이므로 당연히 실업이 발생할 것이다.

경기적 실업은 경기변동에 의해 초래되는 단기적인 현상이다. 따라서 경기적 실업을 줄이기 위해서는 불황을 완화시키도록 노력해야 한다. 하지만 자연실업은 보다 더 구조적인 요인에 의해 초래되는 장기적인 현상이다.

자연실업natural unemployment은 실업의 장기적 추세를 말한다. 경기적 실업을 설명할 때 호황일 때 실업률은 하락하고 불황일 때 실업률은 상승한다고 말한 바 있다. 이와 같이 실제의 실업률은 상승과 하락을 반복하게 되는데 상승과 하락의 기준이 되는 실업률이 바로 자연실업률이다. 즉 호황이 되면 실제 실업률은 자연실업률보다 낮아지고 불황이 되면 실제 실업률은 자연실업률보다 높아지게 된다.

앞에서 노동시장의 불완전경쟁이 실업을 초래한다고 말한 바 있다. 노동시장의 불완전경쟁 때문에 나타나는 실업이 자연실업이라고 보면 된다. 따라서 자연실업을 줄이려면 노동시장의 불완전경쟁을 해소하려는 근본적인 정책이 필요하다.

물론 경기적 실업을 줄이는 것도 매우 어려운 일이다. 하지만 구조적인 요인 때문에 발생하는 자연실업은 훨씬 더 다루기 어려운 문제이다.

언제나 그렇듯이 단기적인 현상보다는 장기적인 현상이 더 중요하기 마련이다. 즉 경기적 실업보다 자연실업이 더 중요하게 다루어지곤 한다. 하지만 경기적 실업이 반복되면 자연실업이 증가한다는 견해도 있다. 이를 이력현상hysteresis이라고 하는데 이에 관한 내용은 보다 고급의 책을 보는 것이 좋을 듯하다.

경기적 실업에 관한 설명은 이 정도로 마치고 이하에서는 자연실업에 대하여 자세하게 다루려 한다. 자연실업에는 마찰적 실업과 구조적 실업이 있다.

마찰적 실업

마찰적 실업frictional unemployment이란 구직자들이 일자리를 찾는 데 시간이 걸리기 때문에 발생하는 일시적 실업을 말한다. 직장을 옮기는 근로자의 경우 곧바로 새로운 직장을 구할 수도 있지만 보통의 경우 어느 정도의 시간이 걸리곤 한다. 새로운 직장을 구하기 전까지 이 근로자는 마찰적 실업상태에 있게 된다.

자연실업의 한 종류이기는 하지만 마찰적 실업은 불가피한 현상으로 간주된다. 근로자의 이직이 발생하게 된다면 마찰적 실업은 언제든지 있을 수 있기 때문이다. 예를 들어 더 좋은 직장으로 옮기기 위해서 퇴사한 후 직업훈련을 받는 사람이 있다고 하자. 이들은 직업훈련기간 동안 실직상태에 놓이게 되는데 이것도 마찰적 실업이다. 또한 대학졸업자들이 직장을 구하는 데에도 일정한 기간이 걸리는 것으로 알려져 있다. 대학졸업자의 취업난도 일종의 마찰적 실업이다.

일시적이고 불가피하다고 해서 마찰적 실업이 고통스럽지 않다는 것은 아니다. 새로운 직장을 구하는데 오랜 기간이 걸린다는 것은 그만큼의 고통을 초래하기 때문이다. 따라서 마찰적 실업을 줄이기 위해서 가장 필요한 것은 원활한 직업탐색job search이며 이를 통하여 실업기간을 단축하도록 노력해야 한다.

정부는 직업탐색을 용이하게 하기 위하여 각종 정책을 실시한다. 대표적인 정책은 일자리에 대한 정보를 제공하고 직업훈련 프로그램을 운영하는 것이다. 또한 구직기간 동안의 생계비 지원정책도 실시하고 있다. 실업보험이 그것인데 우리나라의 경우 고용보험으로 불리워지며 퇴직 후 일정 기간 동안 실업급여를 받는다.

앞에서 노동시장의 불완전경쟁이 나타나는 특징 중 하나로 근로자의 진입과 이탈이 용이하지 않다고 말한 바 있다. 마찰적 실업이 존재하는 이유는 근로자의 진입과 이탈이 용이하게 이루어지지 못하기 때문이다. 따라서 근로자의 진입과 이탈이 용이하게 이루어진다면 마찰적 실업은 줄어들 것이다. 그럼에도 불구하고 어느 정도의 마찰적 실업은 불가피하며 정부정책도 이를 완화하는 데 집중되고 있다.

하지만 다음에 설명하게 될 구조적 실업은 다르다. 구조적 실업은 시장임금이 균형임금보다 높기 때문에 발생하는 실업으로 훨씬 더 심각한 문제이다.

〈그림 12.2〉 노동시장의 균형과 불균형

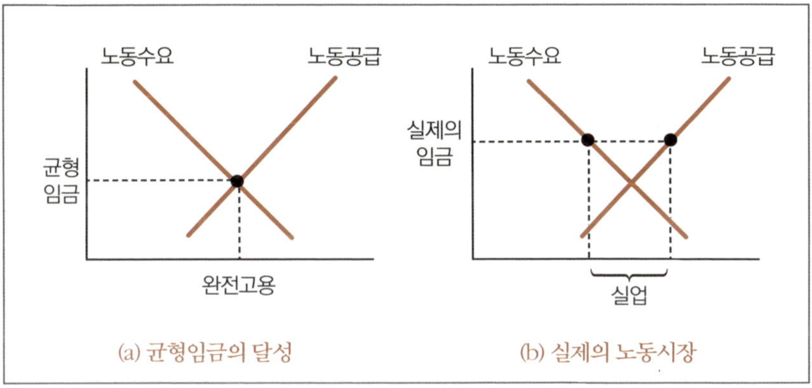

구조적 실업

〈그림 12.2〉의 (a)처럼 임금이 균형에서 결정된다면 노동수요와 노동공급이 같아져서 실업은 발생할 수 없다. 하지만 실제의 노동시장은 이와 같지 않다.

구조적 실업structural unemployment은 임금이 균형임금보다 높아지기 때문에 발생한다. 〈그림 12.2〉의 (b)와 같이 실제의 임금이 균형임금보다 높아서 실제의 임금에서 노동공급이 노동수요를 초과하게 되면 실업이 발생하게 되는데 이것이 바로 구조적 실업이다. 평균 실업기간이 긴 것은 주로 구조적 실업 때문이다.

구조적 실업의 원인은 균형임금보다 높은 임금 때문인데 노동수요 또는 노동공급의 어딘가에서 불완전경쟁이 작용한다는 뜻이다. 그 이유는 크게 세 가지이다.

첫째, 최저임금제minimum-wage laws이다. 최저임금제에 대해서는 4장에서 정부의 가격통제를 논의할 때 이미 설명한 바 있다. 가격통제 중에서 가격하한제에 해당되며 임금을 최저수준 이상으로 끌어 올리기 위한 정책이다. 우리나라에서는 노, 사, 공익위원으로 구성된 최저임금위원회에서 최저임금을 정한다.

근로자의 이익을 보호하기 위한 것이지만 실제의 임금이 균형임금보다 높게 만드는 요인이므로 구조적 실업의 원인 중 하나로 지적되어 왔다. 하지만 최저임금제의 효과가 모든 근로자에게 작용하는 것은 아니다. 최저임금제는 주로 10대의 젊은 시간제근로자 또는 파트타임근로자에게 적용된다. 따라서 최저임금제의 효과는 이들에게 나타날 가능성이 높은데 대표적인 예가 유럽의 청년실업이다. 유럽의 청년실업률은 매우 높은 편인데 주요 원인은 최저임금제라고 알려져 있다.

둘째, 노동조합unions이 구조적 실업의 원인으로 지적되어 왔다. 9장에서 독점의 3가지 형태를 설명할 때 공급독점의 예로 노동조합을 언급한 바 있다. 노동조합은 노동력의 공급독점으로서 단체교섭권 등을 사용하여 조합원의 임금을 균형임금에 비해 높게 설정한다. 미국의 경우 조합원의 평균임금은 비조합원에 비해 10~20% 정도 높은 것으로 알려져 있다. 이와 같이 노동조합으로 인해 임금이 균형임금보다 높아진다면 이로 인해 구조적 실업이 초래될 수밖에 없다.

노동조합에 대해서는 다양한 견해가 있다. 긍정적인 견해로는 노동조합이란 사용자의 부당한 처사로부터 근로자를 보호하는 장치이며 기업이 근로자의 관심사를 이해하고 이에 반응하는 데 도움이 되도록 하는

조직이다. 물론 비판적인 견해도 있다. 공급독점이기 때문에 노동력의 배분이 비효율적이게 만들 소지가 크고, 임금을 균형임금보다 높게 설정하여 실업을 초래하기 때문이다.

셋째, 일부 기업들이 자발적으로 근로자에게 균형임금보다 더 높은 임금을 지급하기도 하기 때문이다. 이를 효율임금efficiency wage이라고 부르는데 균형임금보다 높은 임금이 지급되기 때문에 효율임금은 구조적 실업을 초래하는 요인이다.

궁금한 것은 왜 기업이 스스로 균형임금보다 높은 효율임금을 지불하려 할까? 그 이유는 효율임금을 통해 근로자의 생산성을 높일 수 있기 때문이다. 임금이란 생산성에 대한 보상이기도 하지만 역으로 생산성을 향상시킬 수 있는 유력한 수단이기도 하다. 예를 들면 높은 임금은 이직률 감소, 근로열의 증가, 근로자의 자질향상을 통하여 생산성을 높이는 것으로 알려져 있다. 따라서 높은 효율임금을 지불하는 것은 사용자에게도 유리한 결과를 가져다 준다. 어쨌든 기업 스스로 균형임금보다 높은 임금을 지불함으로써 노동시장에 불완전경쟁을 도입한 셈이다.

소득분배

사람들은 소득분배가 공평하여야 한다고 생각한다. 물론 공평성(equity)이란 그렇게 간단한 개념이 아니다. 평등성(equality)과 공평성을 동일시하는 경향이 있지만 공평성은 꽤 복잡한 개념이다. 동일한 소득이 공평하지 않을 수도 있기 때문인데, 그렇다고 해서 심각한 빈부격차가 공평성과 어울린다고 볼 수도 없다.

소득분배의 측정

공평성은 어느 정도의 평등성을 포함하는 개념이다. 즉 빈부격차가 심각한 수준에 이르렀다면 공평성은 훼손되었다고 생각할 수밖에 없을 것이다. 따라서 소득분배가 공평하다고 말할 수 있기 위해서는 빈부격차가 심각하지는 않아야 한다.

소득이 얼마나 균등하게 배분되었는가를 측정하기 위한 2가지 방법을 소개한다.

첫째는 빈곤율poverty rate이다. 빈곤율을 구하려면 우선 빈곤선poverty line부터 정의해야 한다. 빈곤선은 소득이 그 이하이면 가계가 빈곤상태에 있다고 판단되는 소득수준이며, 이를 측정하는 방법으로 여러가지가 있다. 그리고 빈곤율은 빈곤선 이하의 소득을 버는 인구가 총인구에서 차지하는 비율을 말한다.

우리가 많이 듣는 용어 중에 최저생계비가 빈곤선에 해당하는 개념이다. 우리나라에서는 주거비, 식료품비, 보건의료, 교육, 교양오락 등 13개 항목을 조사하여 중앙생활보장위원회가 최저생계비를 정한다. 최저생계비를 빈곤선으로 보았을 때, 한국보건사회연구원의 조사에 따르면 2010년 빈곤율은 시장소득기준으로 10.0%, 경상소득기준으로 6.3%, 가처분소득을 기준으로 7.1%이었다.

최저생계비는 주요 정부정책의 기준으로 활용되기도 한다. 예를 들어 국민기초생활보장제도에 따르면 소득인정액이 최저생계비의 100% 이하이면 기초생활수급자이고, 100~120%이면 차상위계층, 120~150%이면 차차상위계층이 된다. 하지만 빈곤선인 최저생계비와 공공부조의 기준선이 같다는 점이 논란이 되고 있다.

〈그림 12.3〉 지니계수의 계산

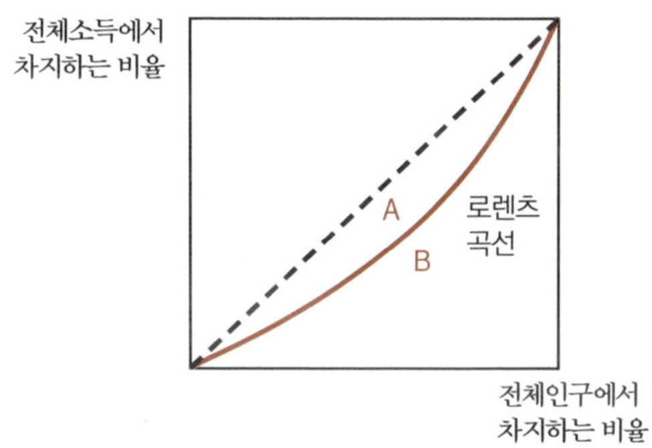

둘째 방법은 지니계수Gini coefficient이다. 지니계수는 로렌츠곡선Lorenz curve으로부터 구한다. 로렌츠곡선은 〈그림 12.3〉에 제시되어 있다. 소득이 가장 작은 사람에서 시작하여 소득이 많은 사람의 순서대로 나열했을 때, 가로축에는 전체 인구에서 차지하는 비율을 표시하고 세로축에는 전체 소득에서 차지하는 비율을 표시한 그림이다. 예를 들어 소득이 하위

50%에 속하는 인구의 소득이 전체 소득에서 24.5%를 차지한다면 가로축의 값은 50%, 세로축의 값은 24.5%가 된다. 따라서 로렌츠곡선은 45도 기울기의 직선보다 반드시 아래에 있게 된다.

〈그림 12.3〉에서 A는 45도 직선과 로렌츠곡선 사이에 있고 B는 로렌츠곡선 아래에 있다. A의 면적을 A+B의 면적으로 나누어 구한 값이 바로 지니계수다.

지니계수가 클수록 소득분배는 불균등하다. 우선 로렌츠곡선이 45도 직선과 같다고 하자. 이는 모든 사람의 소득이 같다는 뜻인데 이 경우 A의 면적이 0이 되므로 지니계수도 0이 된다. 하지만 로렌츠곡선이 45도 직선보다 아래에 있을수록 A의 면적은 커진다. 이에 따라 지니계수도 커지는데 소득은 보다 더 불균등해진다는 뜻이다. 극단적인 경우이지만 A의 면적이 커져서 B가 없어지면 지니계수는 1이 되고 이는 한 사람이 모든 소득을 독차지한다는 뜻이다.

OECD의 최근 통계에 따르면 우리나라의 지니계수는 0.316으로 양호한 편이다. 지니계수가 작은 나라는 주로 북유럽국가들인데 덴마크는 0.247, 스웨덴은 0.25로 세계에서 가장 낮은 수준이고 독일은 0.30이다. 캐나다와 프랑스의 경우 0.326과 0.327로 우리나라보다 약간 높은 편이고, 이탈리아는 0.36, 미국은 0.408, 중국은 0.415이다. 중남미와 아프리카의 경우 지니계수는 매우 높은 편인데 브라질의 경우 0.55나 된다. 끝으로 북한의 지니계수는 0.31로 우리나라와 별 차이가 없다.

소득재분배를 둘러싼 논쟁

지니계수는 세전 개념과 세후 개념으로 구할 수 있다. 즉 조세와 소득이전이 이루어지기 전에 계산한 것을 세전 지니계수라 부르고 조세와 소득이전이 이루어진 이후에 계산한 것을 세후 지니계수라고 부른다. 조세와 소득이전이 소득의 재분배를 의미하므로 세후 지니계수란 소득재분배 이후 구한 지니계수라고 볼 수 있다.

세전 지니계수와 세후 지니계수를 비하면 소득재분배정책이 얼마나 강력하게 시행되고 있는가를 알 수 있다. 우리나라의 경우 세전 지니계수는 0.334로 세후 지니계수 0.316과 약간의 차이만을 보인다. 반면에 스웨덴의 경우 세전 지니계수는 0.43으로 매우 높지만 세후 지니계수는 0.25로 큰 차이를 보인다. 우리나라에 비해 스웨덴의 소득재분배정책이 보다 더 강력하게 시행되어 왔음을 알 수 있다.

하지만 이 수치를 조금 다른 각도에서 해석해 볼 수도 있다. 만약 스웨덴의 소득재분배정책을 줄인다면 어떻게 될까? 세전 지니계수와 세후 지니계수의 차이가 소득재분배의 정도를 의미하므로 소득재분배정책이 줄어든다면 그 차이는 줄어들 것이 분명하다. 즉 세전지니계수가 변하지 않는다고 하더라도 세후지니계수는 증가할 것이 확실하기 때문이다. 궁금한 것은 세전 지니계수가 하락할 것인가에 있다. 즉 소득재분배정책이 줄어든다면 소득재분배 이전의 빈부격차는 줄어들까?

이 문제는 소득재분배정책의 약점, 즉 근로동기의 약화를 시사하고 있다. 즉 소득재분배는 일할 인센티브를 줄이는 부정적 효과를 갖고 있다. 이에 따르면 스웨덴에서 세전 지니계수가 0.43으로 높았던 것은 소득재분배정책이 매우 강력했기 때문에 사람들이 열심히 일하려 하지 않았고 그로 인해 소득재분배 이전의 빈부격차가 크게 나타났다는 것이다. 따라서 소득재분배를 줄이면 사람들이 보다 더 열심히 일하려 할 것이므로 세전 지니계수는 하락하게 되리라고 예상할 수 있다.

진보적인 견해를 가진 사람들은 빈부격차의 완화를 중시한다. 반면에 보수적인 견해를 가진 사람들은 근로인센티브의 약화를 근거로 소득재분배정책을 반대하곤 한다. 이처럼 소득재분배정책은 빈부격차의 완화와 함께 근로인센티브의 유지라는 두 가지 중요한 목표를 달성해야 하는 어려움을 안고 있다. 이하에서 설명하는 여러 정책들은 빈부격차를 완화하고 근로인센티브를 유지하도록 설계된 것들이다.

빈부격차완화를 위한 정책

첫째는 정부가 빈곤층에게 보조금을 지급하는 공공부조public assistance를 들 수 있다. 우리나라에는 국민기초생활보장제도에 의해 생계급여, 의료급여, 주거급여, 교육급여 등 7가지 급여가 있다. 최근에는 국민기초생활보장제도 외에도 노인과 장애인을 위한 기초노령연금과 장애인연금이 도입되어 시행되고 있다.

둘째는 소득연계복지프로그램으로 소득이 증가할수록 복지혜택을 줄이는 방식이다. 우리나라 국민기초생활보장제도의 경우 이 방식을 따른다. 이를 보충급여방식이라 부르는데 우선 소득인정액을 구한다. 소득인정액이 최저생계비보다 낮으면 최저생계비와 소득인정액의 차액을 급여로 지급한다. 이 방식에 따르면 소득인정액이 증가할수록 최저생계비와의 차이가 적어질 것이므로 급여액은 작아진다.

위의 두 가지 정책이 소득재분배정책의 근간이지만 역효과도 적지 않다고 한다. 푸드스탬프food stamp는 2011년 미국인구의 15%가 수령할 정도로 광범위하게 활용되었다고 한다. 하지만 이에 대한 부작용도 적지 않았는데 일부 사람들은 푸드스탬프를 수령하기 위해 예금이나 은퇴연금을 해약하기도 했던 것이다.

셋째는 마이너스소득세negative income tax로 근로인센티브를 촉진하기 위한 정책이다. 이 제도에 따르면 소득과 관계없이 일정 금액의 소득공제를 받게 된다. 즉 소득이 정해진 금액 이상이 될 때에는 소득공제의 혜택을 받게 되고, 소득이 정해진 금액 이하가 될 때에는 그 차액을 환급받는다. 우리나라에서는 근로소득공제제도와 근로장려세제 등이 시행되고 있다. 근로소득공제제도에 의해 모든 근로자는 소득공제의 혜택을 누리고, 근로장려세제에 의해 저소득근로자는 추가로 근로장려금을 받게 된다. 홑벌이가구를 예로 들면, 근로장려금은 총급여액 등이 700만원 이하일 때 총급여액 등의 260/700, 총급여액 등이 700~1,400만원일 때 260만원, 총급여액 등이 1,400만원을 넘으면 점차 감소하여 총급여액 등이 3,200만원일 때 근로장려금은 0이 된다.

넷째는 근로인센티브를 유지하기 위한 정책 중 하나로 최저임금제를 활용한다. 이를 통해 지나치게 낮은 임금을 높일 수 있다면 빈부격차의 완화에는 도움이 될 수 있다. 하지만 앞에서 설명한 바와 같이 문제점이 없는 것은 아니다. 근본적인 이유는 최저임금제가 가격통제이고 그것으로 인해 자원배분의 효율성을 훼손할 수 있기 때문이다. 즉 최저임금제는 구조적 실업을 초래하는 요인으로 작용한다.

소득분배와 경제성장

경제란 자원배분의 과정이라고 볼 수 있고 자원배분에서 중요한 것은 효율성이다. 흔히 파이pie를 크게 만드는 것에 비유하곤 한다. 하지만 자원배분의 효율성이 달성되었다고 해서 모든 문제가 끝난 것은 아니다. 효율성과는 엄연히 다른 공평성의 문제가 남아 있기 때문이다. 파이가 커진 것은 분명하지만 이것을 나누는 방법 또한 사회적으로는 중요한 문제이다. 소득분배란 바로 이 문제이다.

경제학자들은 효율성의 문제와 공평성의 문제를 구분하여 생각하는 경향이 있다. 소득재분배가 필요하다고 생각하는 경제학자들도 두 가지 문제는 서로 다른 차원의 문제이므로 구분하여 다루는 것이 좋다고 생각한다.

이 말은 공평성의 문제로 인해 자원배분의 효율성이 심각하게 침해되지는 않아야 함을 의미한다. 공평성을 잘못 추구하면 효율성이 깨지는 경우가 많기 때문이다. 파이가 작아지면 그것을 분배하는 일도 어렵지 않을까? 따라서 우선 자원배분의 효율성을 추구하여 파이를 최대한 크게 만들기로 하자. 그 다음에 빈부격차가 크다고 판단되면 소득재분배정책으로 분배의 공평성을 추구하기로 하자는 것이다. 이것이 많은 경제학자들이 효율성과 공평성에 대해 갖는 사고방식인 듯하다.

소득분배의 정치철학

소득재분배란 이미 분배된 소득을 재분배하는 것이다. 물론 그 재원은 부유층에 대한 과세를 통해 이루어질 것이다. 그렇다면 과세를 통해 거두어들인 소득을 어떻게 재분배해야 할까? 쉽게 말하면, 누구에게 재분배해야 할까?

공리주의(Utilitarianism)

벤담J.Bentham, 밀J.S.Mill 등이 주장한 것으로 이에 따르면 정부는 사회 구성원 전체의 총효용을 극대화하는 정책을 선택해야 한다. 따라서 어떤 정책이 일부 구성원의 효용을 100만큼 증가시키고 다른 구성원의 효용을 50만큼 감소시킨다면 이 정책은 바람직하다고 본다. 총효용이 50만큼 증가하기 때문이다.

경제학자들에게는 익숙한 개념이지만 공리주의는 꽤 많은 비판을 받아 왔다. 하지만 역설적이게도 공리주의는 가장 극단적인 소득재분배를 지지한다. 모든 사람의 효용함수가 같고 한계효용체감diminishing marginal utility의 법칙이 성립한다면 모든 사람의 소득이 같아지도록 소득을 재분배해야 한다고 주장하기 때문이다.

그 이유는 다음과 같다. 재산이 100억원인 부유층과 재산이 한 푼도 없는 빈곤층에게 100만원의 한계효용은 얼마나 될까? 한계효용체감의 법칙이 성립한다면 부유층에게 100만원의 한계효용은 작고 빈곤층에게

100만원의 한계효용은 클 것이다. 그렇다면 부유층에게 100만원을 세금으로 거두어 빈곤층에게 100만원을 주면 사회의 총효용은 증가된다. 부유층에게 100만원을 세금으로 걷으면 효용이 감소하겠지만 그 크기가 별로 크지 않고, 빈곤층에게 100만원을 재분배하면 효용이 증가할 텐데 그 크기가 클 것이기 때문이다. 이런 식으로 소득을 재분배하다 보면 사회 구성원 전체의 총효용은 모든 구성원의 소득이 같을 때 가장 커진다.

이 주장의 근거는 크게 두 가지이다. 하나는 모든 사람의 효용함수가 같다는 것이고 다른 하나는 한계효용체감의 법칙이 성립한다는 것이다. 두 가지 가정에 대한 비판이 많은 것은 사실이지만 이 주장의 장점은 이해하기 쉽다는 데 있다.

자유지상주의(Libertarianism)

노직Robert Nozik, 프리드만M.Friedman은 소득재분배에 관한 논의 자체가 불필요하다고 주장한다. 극단적인 견해라고 생각하기 쉬운데 이들의 주장은 나름대로 충분한 근거를 갖고 있다. 자유지상주의자들은 경제활동의 결과outcome에 주목할 것이 아니라 결과가 나오게 된 과정process에 주목해야 한다고 생각한다. 즉 중요한 것은 소득이 분배된 결과가 아니라 소득이 분배되는 과정이라는 것이다. 따라서 소득분배과정이 정당했다면 소득분배결과도 정당한 것이다.

다음과 같이 생각하면 이 주장을 이해하기 쉽다. 학생들에게 학점이라는 '결과'를 부여하는 정당한 '과정'을 생각해 보자. 어떻게 학점을 주어야 하는가? 시험공부를 열심히 했는지의 '과정'과 관계없이 학점이라는 '결과'를 공평하게 부여해야 할 것인가? 아마도 시험공부를 열심히 했는지의 '과정'과 상관없이 학점이라는 '결과'를 부여해야 한다고 생각하는 사람은 없을 것이다.

소득분배도 이와 같다는 것이다. 소득분배과정이 정당했다면 소득분배결과도 정당한 것이다. 따라서 소득재분배란 애초부터 불필요한 논의이다.

이 주장을 처음 접하는 사람들에게는 참으로 이상하게 들릴 것이다. 하지만 이들의 주장을 조금 바꾸어 보기로 하자. 즉 소득분배과정이 정당하지 않았다면 소득분배결과도 정당하지 않을 수 있다는 것이 된다. 따라서 소득분배결과가 정당하지 않다면 바꾸어야 하는 것은 소득분배의 결과가 아니라 소득분배의 과정이다.

이처럼 자유지상주의자들은 소득분배과정에 주목한다. 그리고 어떠한 소득분배과정이 정당한가에 대해서 논의할 것이다. 하지만 이 문제가 결과를 문제삼는 소득재분배의 논의와는 분명히 다른 것임을 알아야 한다.

언제부터인가 우리나라 사람들은 반칙이라는 표현을 사용하기 시작하였다. 부유층이 반칙을 이용하여 많은 부를 쌓았다는 것이다. 그렇다면 결과가 아니라 과정을 문제삼는 것이고 자유지상주의자들이 보기에는 정당한 문제제기이다.

자유주의(Liberalism)

공리주의와 자유지상주의의 중간에 있다고 볼 수 있는 견해이다. 롤즈J.Rawls가 주장한 것으로 정부는 '무지의 베일veil of ignorance' 뒤에 있는 공정한 제3자가 만든 것과 같은 공정한 정책을 선택해야 한다고 주장한다. 그리고 이 원칙을 적용한다면 소득재분배정책은 최소극대화기준maximin criterion, 즉 사회 최빈민의 복지를 극대화해야 한다는 기준에 따라 이루어져야 한다.

결론은 최소극대화인데 이 결론에 도달하기 위해 롤즈는 다음과 같은

가상의 사고실험을 하였다. 즉 우리가 태어나기 전에 사회를 지배하는 공정한 법칙을 논의한다고 하자. 이 시점에서는 어느 누구도 자신이 부유층이 될지 또는 빈곤층이 될지 알 수 없는데 이를 가리켜 무지의 베일 뒤에 있다고 말한다. 그렇다면 모든 사람은 같은 입장에 있으므로 공정한 합의와 협상의 결과로 정의의 원칙을 도출할 수 있을 것이다. 그런데 원초적으로 평등한 사람들은 자신이 소득분배의 최하위층에 처하게 되는 것을 걱정한다. 따라서 사회 최빈민의 복지를 극대화하는 것이 공정한 법칙이다. 즉 최소극대화기준이 정의의 원칙이다.

철학적 논쟁에도 불구하고 롤즈의 견해를 지지하는 경제학자들이 많다. 경제학자들은 최소극대화기준을 일종의 사회보험social insurance으로 이해하고 있다. 화재로 인해 모든 재산을 잃어버릴 수도 있음을 걱정하여 화재보험을 드는 것처럼 무지의 베일 뒤에서 소득분배의 최하위층에 처하게 되는 것을 걱정하여 최소극대화기준이라는 사회보험에 합의하게 된다는 해석이다.

롤즈의 견해는 소득재분배와 관련하여 다음과 같은 시사점을 제공한다. 어차피 세금이란 부유층으로부터 거둘 수밖에 없으므로 남는 문제는 누구에게 재분배할 것인가이다. 이 문제에 대하여 최소극대화기준은 중간계층이 아니라 사회 최빈민층에게 재분배되어야 한다고 주장한다. 따라서 사회 최빈민층이 아닌 중간계층에게도 소득이 재분배되어야 한다는 공리주의적 견해와는 분명히 다르다.

13

화폐와 인플레이션

COST
+
%
Q
RICE
TO
KOSPI
SNS
A
COST
MONEY
TO
TO
SUPPLY
BASKET
ITIVE
ECONOMY

화폐제도

화폐도 하나의 상품이다. 따라서 화폐의 수요자와 공급자가 있고 이들이 거래하는 화폐시장이 존재한다. 매우 추상적인 것처럼 들리지만 화폐를 사용하는 순간 우리 모두는 화폐의 수요자가 되기도 하고 화폐의 공급자가 되기도 한다.

화폐의 정의와 기능

화폐money란 재화와 서비스 거래에 사용할 수 있는 모든 자산을 말한다. 화폐가 거래되는 시장이 화폐시장money market인데 화폐시장은 여러 시장 중에서도 가장 중요한 시장이라고 볼 수 있다. 화폐란 상품 중에서 가장 중요한 상품이다.

화폐가 중요한 이유는 그 기능을 살펴 보면 쉽게 알 수 있다. 화폐의 기능으로는 첫째, 교환의 매개수단medium of exchange을 들 수 있다. 우리는 재화와 서비스를 거래할 때 화폐를 이용한다. 즉 재화를 구매하였다면 화폐를 주고 재화를 판매하였다면 화폐를 받는다. 화폐의 가장 기본적인 기능인데 그 덕분에 자급자족경제나 물물교환경제로부터 교환경제의 최고단계인 화폐경제로 이행할 수 있었다.

둘째는 회계의 단위unit of account로서의 기능을 수행한다. 화폐가치가 특정 상품의 가치를 표시하는 단위가 된다는 뜻이다. 길이를 표시할 때 미터를 쓰고 무게를 표시할 때 킬로그램을 쓰듯이 상품의 가치를 표시할 때 우리나라는 원Won이라는 단위를 쓴다. 2만원짜리 상품은 1만원짜리 상품보다 2배 비싸다고 말하며 가격이 1만원에서 2만원으로 올랐다면 가격이 2배 올랐다고 말한다.

셋째, 화폐는 가치의 저장수단store of value이기도 하다. 화폐가 교환의 매개수단이 된다고 말한 바 있는데 이는 화폐가 일정한 가치를 지님을 의미한다. 예를 들어 보기로 하자. 주식이나 채권의 투자가 위험하다고 판단되면 사람들은 주식과 채권을 팔고 그 대신 화폐를 보유하려 한다. 그렇다면 화폐도 투자의 대상이라고 볼 수 있을까? 그렇다. 화폐란 주식과 채권처럼 부를 보유하는 하나의 방법이다.

중앙은행제도

화폐의 수요자와 공급자는 대단히 많다. 우리나라 원화의 경우 내국인 뿐만 아니라 외국인도 거래한다. 따라서 이들 모두는 원화라는 화폐의 수요자이자 공급자이다. 재화를 판매하고 그 대가로 화폐를 받으면 우리는 화폐의 수요자가 되고, 재화를 구매하고 화폐를 그 대가로 지불한다면 우리는 화폐의 공급자가 된다.

하지만 궁극적으로 법정화폐의 공급자는 중앙은행뿐이다. 우리나라에서 한국은행은 발권력을 지닌 유일한 중앙은행이다. 한국은행이 공급하는 화폐를 본원통화라고 하는데 은행 등 금융기관을 통해 본원통화를 시중에 공급한다.

흥미로운 것은 한국은행으로부터 본원통화를 공급받은 금융기관이 본원통화만을 시중에 공급하는 것이 아니라는 점이다. 이들 금융기관은 본원통화뿐만 아니라 스스로 창출한 파생통화를 추가로 시중에 공급한다. 쉽게 말하면 이들 금융기관들도 화폐를 창출할 수 있고 이를 공급하는 보조적인 역할을 수행한다고 보면 된다.

화폐는 우리 몸의 혈액에 비유할 수 있는데 이 비유에 따르면 중앙은행은 심장에 해당하는 기관이고 금융기관들은 대동맥에 해당하는 기관이다. 중앙은행과 정부는 일상적으로 금융기관을 감독하고 어떤 때에는 경영에 직접 개입하거나 자금을 지원하는 경우를 볼 수 있다. 그만큼 금융기관이 중요하기 때문이다.

파생통화까지 포함하면 화폐의 양을 측정하기가 쉽지 않다. 그래서 화폐의 양을 여러 가지 방법으로 측정하는데 중요한 지표로는 다음과 같은 것이 있다.

① 본원통화
② 통화(M1) = 본원통화 + 요구불예금
③ 총통화(M2) = 본원통화 + 요구불예금 + 저축성예금

통화는 본원통화에 요구불예금만을 더한 것이다. 한편 총통화는 본원통화에 요구불예금과 저축성예금을 더한 것이다. 통화란 요구불예금만을 파생통화로 간주하겠다는 뜻이며 총통화란 요구불예금과 저축성예금도 파생통화로 간주하겠다는 뜻이다. 한국은행은 적절한 양의 화폐를 시중에 공급해야 할 책임을 지니는데, 총통화를 이용한다면 적절한 양의 총통화를 공급하려고 노력해야 한다.

〈그림 13.1〉 중앙은행제도

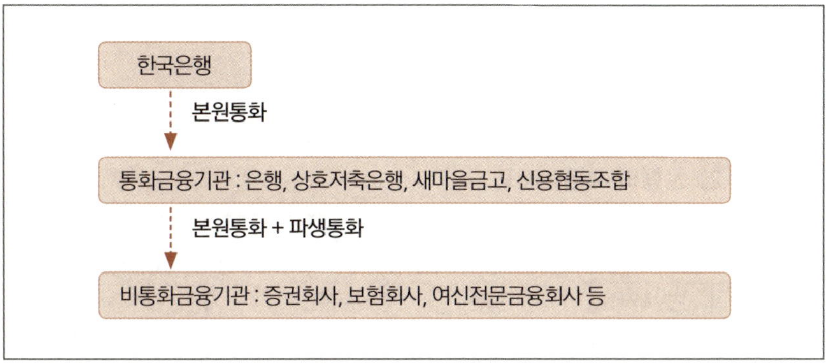

화폐의 공급경로

중앙은행이 본원통화의 공급량을 바꾸면 이에 따라 파생통화의 공급량도 바뀔 것이다. 따라서 중앙은행은 본원통화의 공급량만을 조절하는 것이 아니라 본원통화와 파생통화 전체의 공급량을 효과적으로 조절할 수 있어야 한다.

그렇다면 금융기관은 어떤 방식으로 파생통화를 창출할까?

최초에 중앙은행이 100원의 본원통화를 공급하였다고 하자. 그리고 중앙은행은 이 100원을 A은행에 예금하였다고 하자. 그러면 〈그림 13.2〉의 재무상태표에 표시된 바와 같이 A은행의 예수금은 100원 증가하게 된다.

다음으로 A은행은 100원을 대출하여 수익을 얻으려 할 것이다. 하지만 A은행은 100원 모두를 대출할 수 없다. 이하에서 설명할 것이지만, 은행은 일정 비율의 지급준비금을 보유하고 있어야 하기 때문이다. 지급준비율이 10%일 때 A은행은 10원을 지급준비금으로 보유하고 있어야 하며 남는 90원만을 대출할 수 있다.

이제 A은행이 갑에게 90원을 대출하였다고 하자. 물론 90원 대출받은 갑은 90원을 어디엔가 지출하게 될 것이다. 하지만 지출이 이루어지기 전까지 은행에 예금하여 두기로 하자. 즉 갑은 90원을 일단 B은행에 예금한다고 하자.

〈그림 13.2〉 은행의 재무상태표

A은행		B은행		C은행	
자산	부채/자본	자산	부채/자본	자산	부채/자본
지준금 10 대출금 90	예수금 100	지준금 9 대출금 81	예수금 90	지준금 8.1 대출금 72.9	예수금 81
자산 100	부채/자본 100	자산 90	부채/자본 90	자산 81	부채/자본 81

이제 B은행의 재무상태표를 보기로 하자. 일단 갑의 예금으로 인해 90원의 예수금이 증가하였음을 알 수 있다. 그렇다면 B은행도 90원 중 10%인 9원을 지급준비금으로 보유하고 나머지 81원을 대출하려 할 것이다.

이번에는 을이 81원을 대출받았다고 하자. 81원을 대출받은 을도 일단은 은행에 예금할 것이다. 그래서 C은행에 81원을 예금하였다고 하자.

동일한 과정이 반복된다. C은행의 예수금은 81원 증가하며 81원 중 10%인 8.1원을 지급준비금으로 보유하고 나머지 72.9원을 대출한다.

이번에는 병이 C은행으로부터 72.9원을 대출받았다고 하자. 그리고 병은 72.9원을 다른 은행에 예금할 것이다. 이러한 과정은 무한히 반복된다.

그렇다면 시중의 화폐는 모두 얼마일까? 우선 한국은행은 100원을 쓸 수 있다. 그리고 갑은 90원, 을은 81원, 병은 72.9원을 쓸 수 있다. 물론 이 말은 갑의 재산이 90원이라는 뜻이 아니다. 다만 갑이 재화와 서비스의 구매에 쓸 수 있는 화폐가 90원이라는 뜻이다. 그렇다면 시중의 화폐는 아래와 같이 계산할 수 있다.

$$100 + 90 + 81 + 72.9 + \cdots = \frac{100}{1-0.9} = 1{,}000$$

흥미로운 것은 한국은행이 100원의 본원통화를 공급했음에도 불구하고 그것의 10배인 1,000원이 시중에 유통된다는 점이다. 그 이유는 파생통화가 창출되었기 때문이다. 이 때 10이라는 숫자가 바로 예금통화승수money multiplier이다. 예금통화승수가 10이면 본원통화의 10배인 화폐가 시중에 공급된다. 물론 시중에 유통되는 화폐 1,000원 중 본원통화는 100원이고 나머지 900원이 파생통화이다.

위의 계산과정으로부터 쉽게 알 수 있지만 예금통화승수는 1/지급준비율이다. 따라서 지급준비율이 평균 3.5%인 경우 예금통화승수는 1/0.035=28.6이 된다. 즉 우리나라에서 한국은행이 본원통화를 1조원 공급하면 시중에는 파생통화를 포함하여 총 28.6조원의 화폐가 공급된다는 뜻이다.

화폐공급의 수단

중앙은행이 국민경제에서 차지하는 역할은 대단히 중요하다. 가장 중요한 상품인 화폐의 독점적 공급을 담당하고 있기 때문이다. 따라서 중앙은행의 역할 중 가장 중요한 것은 적절한 양의 화폐를 공급하는 일이다. 그렇다면 한국은행은 어떤 방식으로 시중의 화폐를 조절할까? 크게 3가지 정책을 이용한다.

첫째는 지급준비율reserve requirement을 조절함으로써 화폐공급을 조절한다. 지급준비율이란 각 은행이 의무적으로 보관해야 하는 지급준비금의 비율을 말하는데 이 비율을 중앙은행이 조절함으로써 시중에 유통되는 화폐의 양을 조절하는 것이다. 앞에서 설명한 화폐의 공급경로를 보면 지급준비율을 높일수록 화폐의 공급이 억제됨을 알 수 있다. 반대로 지급준비율을 낮추면 화폐공급은 증가한다.

둘째는 재할인율discount rate의 조절을 통하여 화폐공급을 조절한다. 이와 관련된 개념이므로 어음할인과 어음재할인의 개념도 알아 두기로 하자.

은행의 일상적 업무 중 어음할인이라는 것이 있다. 〈그림 13.3〉에 나타난 바와 같이 기업이 보유하고 있는 어음을 할인하여 매입하고 그 대가를 기업에게 공급하는 일이다. 어음할인을 통하여 은행은 기업에게 화폐를 공급하는 역할을 담당한다. 이 때 적용하는 이자율을 할인율이라고 하는데 할인율이 높을수록 더 많은 이자를 공제하고 대가를 지급하기 때문에 화폐공급은 줄어든다.

〈그림 13.3〉 상업어음의 할인

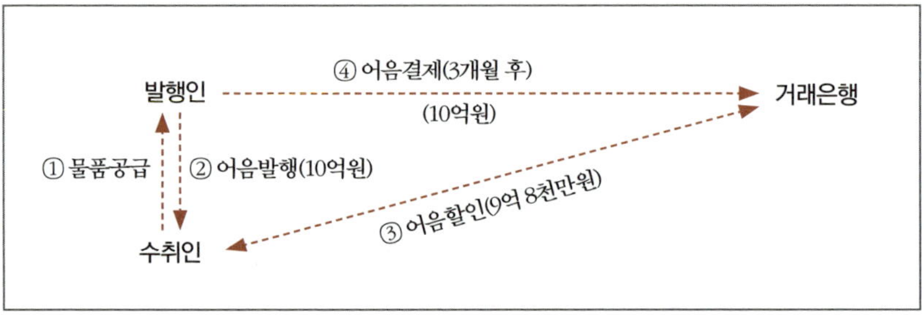

은행이 보유한 어음을 중앙은행에 다시 할인할 때 이를 어음재할인이라고 하며 이 때 적용하는 이자율이 재할인율이다. 물론 재할인율이 높을수록 중앙은행이 어음재할인의 대가로 은행에게 지급하는 금액은 작아질 것이다. 즉 재할인율이 높을수록 화폐의 공급은 억제되고 재할인율이 낮을수록 화폐의 공급은 증가한다.

어음재할인은 일종의 대출이다. 즉 중앙은행이 재할인이자를 받고 은행에게 대출하는 것과 같다. 물론 어음재할인이 아니더라도 중앙은행은 은행에게 대출할 수 있다. 이를 통칭하여 재할인대출discount loan이라 하는데 이 때 적용되는 이자율도 재할인율이다. 따라서 재할인율을 올리면 시중에 유통되는 화폐량은 감소하게 되고 재할인율을 낮추면 시중에 유통되는 화폐량은 증가하게 된다.

셋째, 가장 많이 이용되는 정책은 공개시장조작Open-Market Operations이다. 공개시장조작이란 중앙은행이 금융시장에서 채권을 매입하거나 매각함으로써 시중에 유통되는 화폐의 양을 직접 조절하는 방식이다. 즉 중앙은행이 채권을 매입하면 그 대가로 화폐가 금융시장에 공급될 것이므로 시중의 화폐량은 증가한다. 반대로 중앙은행이 채권을 매도하면 그 대가로 화폐가 금융시장으로부터 중앙은행으로 환수될 것이므로 시중의 화폐량은 감소한다.

우리나라의 경우 공개시장조작에 주로 이용되는 채권은 한국은행이 발행하는 통화안정증권과 환매조건부채권repurchase agreement : RP이다. 한국은행은 이 채권을 금융기관과 거래함으로써 화폐의 공급량과 기준금리를 조절한다.

화폐수량설

인플레이션을 초래하는 원인은 대단히 많다. 해외의 석유가격이 상승해도 인플레이션이 초래되며, 태풍이나 홍수가 나서 농산물의 작황이 나빠져도 인플레이션이 초래된다. 하지만 장기적인 관점에서 볼 때 인플레이션의 주요 원인은 과다한 화폐공급이다. 화폐수량설은 화폐공급이 인플레이션의 주요 원인이라는 견해이다.

화폐수량설

인플레이션inflation은 물가가 지속적으로 상승하는 현상을 말한다. 따라서 일시적으로 물가가 상승했다고 해서 인플레이션이라고 부르지는 않는다. 반대로 디플레이션deflation은 물가가 지속적으로 하락하는 현상을 말한다.

인플레이션을 이해하는 관건은 물가의 상승과 화폐가치의 하락이 같은 현상임을 이해하는 것이다. 예를 들어 빵 1개의 가격이 100원에서 200원으로 상승하는 것과 1원의 화폐가치가 빵 1/100에서 빵 1/200로 하락하는 것은 정확히 같다. 그러므로 인플레이션이란 지속적인 화폐가치의 하락과 같은 현상이다.

화폐수량설quantity theory of money은 경제 내에 존재하는 화폐의 양이 물가수준을 결정한다고 본다. 즉 화폐공급이 증가하여 화폐의 양이 증가하면 물가가 상승하고, 화폐공급이 감소하여 화폐의 양이 감소하면 물가는 하락한다고 주장한다.

화폐수량설은 화폐시장에 대한 분석으로부터 쉽게 이해할 수 있다. 화폐시장은 〈그림 13.4〉와 같이 화폐수요곡선과 화폐공급곡선에 의해 분석할 수 있다. 화폐공급곡선은 수직의 형태를 지니는데 이는 중앙은행이 화폐공급을 독점하기 때문이다. 중앙은행은 화폐가치와 관계없이 정책적 판단에 따라 화폐를 공급한다는 뜻이다. 반면에 화폐수요곡선은 매우 복잡한 문제인데, 이 책에서는 보통의 수요곡선처럼 우하향하는 형태를 지닌다고 생각하기로 하자. 즉 화폐가치가 높으면 화폐수요량은 적고 화폐가치가 낮으면 화폐수요량은 많다는 뜻이다.

〈그림 13.4〉 인플레이션의 발생

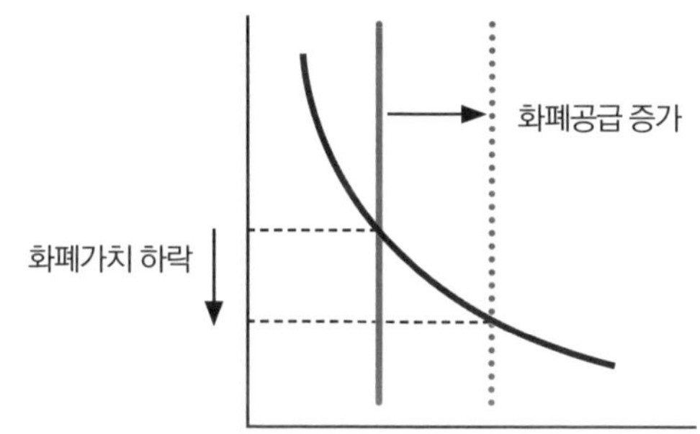

중앙은행이 화폐공급을 증가시키면 화폐공급곡선은 우측으로 이동할 것이다. 그러면 새로운 균형에서 화폐가치가 결정될 것인데 당연히 화폐가치는 하락한다. 그런데 화폐가치의 하락이란 곧 물가의 상승이다. 그렇다면 정리해 보자. 화폐공급의 증가는 물가의 상승을 초래한다. 화폐수량설이란 이처럼 자명한 이론이다.

화폐수량설을 활용한 정책

물가상승의 원인은 많다. 예를 들어 국제석유가격의 상승이나 기상상태도 인플레이션을 초래하곤 한다. 하지만 이 요인들은 대부분 외생적인 exogeneous 것들이어서 우리나라의 정책당국으로서도 어쩔 수 없는 요인들이다.

화폐수량설은 다른 요인들에 의한 인플레이션의 대처방법을 제공한다. 즉 화폐공급을 조절하는 것이다. 인플레이션이 발생하면 화폐공급을 억제하는 긴축정책을 사용함으로써 인플레이션을 완화시킬 수 있다. 반대로 디플레이션이 발생하면 화폐공급을 늘리는 확장정책을 사용함으로써 디플레이션을 완화시킬 수 있다.

예를 들어 국제석유가격이 상승하였다고 하자. 그렇다면 국내물가는 상승하게 마련이다. 이 때 중앙은행은 어떤 정책을 펼쳐야 하는가? 화폐수량설에 따르면 중앙은행은 긴축적 통화정책을 쓰면 된다. 화폐공급의 증가를 억제하면 화폐가치가 상승압력을 받을 것이므로 화폐가치가 크게 하락하지는 않는다. 이는 인플레이션이 완화됨을 의미한다. 즉 국제석유가격상승으로 인한 인플레이션에는 화폐공급의 조절로 대처할 수 있다. 이것이 중앙은행인 한국은행이 하는 일이다.

외환위기의 교훈

외환위기의 와중에 있던 1999년 우리나라의 소비자물가상승률은 채 1%가 되지 않았다. 당시 IMF의 요구에 따라 화폐공급의 증가율을 낮추는 극도의 긴축정책을 실시했기 때문이다. 화폐공급의 증가를 억제하면 물가상승을 낮출 수 있다는 화폐수량설의 주장이 사실임을 확인해 주는 예라고 볼 수 있다.

이처럼 물가를 조절하기 위하여 화폐정책을 활용하는 것은 효과가 있다. 하지만 문제가 그렇게 간단한 것은 아니다. 물가안정을 위한 것이지만 지나친 긴축정책은 경기침체를 초래할 수 있기 때문이다. 실제로 외환위기 때 통화긴축정책은 원화가치의 회복에는 기여했을지 모르지만 심각한 경기침체를 가져 왔다. 그 때나 지금이나 외환위기 당시 IMF의 정책처방이 비판받는 것도 이 때문이다.

긴축정책이 경기침체를 초래함을 보여 주는 좋은 예는 대공황이다. 1929년 시작된 대공황의 초기 미국 연방준비제도이사회는 통화긴축정책을 실시하였는데 이로 인해 경제활동이 크게 위축되었고 대공황은 더욱 더 악화되었다. 이를 두고 저명한 경제학자 밀턴 프리드만은 대공황의 원인이 긴축정책 때문이었다고 주장하기도 하였다. 적절한 양의 화폐가 공급되었어야 하는데 그렇지 못했다는 것이다.

2008년 금융위기가 터지자 미국에서는 부동산가격 폭락 등 디플레이션의 우려가 있었다. 이에 미국 연방준비제도이사회는 화폐공급을 늘리는 확장정책을 시행하였다. 그래도 디플레이션 우려가 해소되지 않자 양적 완화Quantitative easing라는 초유의 정책을 사용하였다. 양적 완화란 엄청난 양의 화폐를 일거에 공급하는 정책이다. 이를 통하여 물가 하락을 막고 경기를 진작시키려 했던 것이다.

명목변수와 실질변수

인플레이션은 경제주체들에게 혼란을 가져다 주는 현상이다. 즉 인플레이션이 발생하면 재화나 서비스의 정확한 가치를 파악하기 어려워진다. 인플레이션이 있을 때 가치를 정확히 파악하려면 명목변수가 아닌 실질변수를 이용하여야 한다.

명목변수와 실질변수

명목변수nominal variables는 화폐단위로 측정된 변수인 반면에 실질변수real variables는 실물단위로 측정된 변수이다. 10장에서 설명한 바 있는 명목국민소득과 실질국민소득도 명목변수와 실질변수라는 점에서 구분된다. 명목변수에는 인플레이션의 효과가 혼재되어 있기 때문에 정확한 가치를 파악하는데 어려움이 있다.

하지만 일상생활에서 접하는 거의 모든 통계숫자는 명목변수라고 생각해도 좋다. 예를 들어 우리가 임금이라고 표현하지만 정확히 말하면 명목임금이다. 이자율도 마찬가지이다. 은행의 예금이자율이 5%라고 할 때 이것도 명목이자율이다.

실질변수의 대표적인 예는 생산량이다(물론 화폐단위로 측정된 생산액은 명목변수이다). 이처럼 실물단위로 쉽게 나타낼 수 있는 변수도 있지만 임금이나 이자율과 같은 변수는 그렇지 못하다. 우리가 흔히 이용하는 명목임금과 명목이자율을 실질임금과 실질이자율로 바꾸려면 다음과 같이 방식을 이용하면 된다.

① 금액인 경우 : 실질변수 = 명목변수 / 물가
② 비율인 경우 : 실질변수 = 명목변수 - 인플레이션율

〈그림 13.5〉에 제시된 예를 살펴 보기로 하자. XXX1년의 명목임금이 3,000만원이었는데 1년 후 명목임금이 3,300만원으로 올랐다고 하자. 명목임금으로만 보면 임금은 300만원 상승하였으며 임금상승률은 10%나 될 것이다. 하지만 이로 인해 생활수준이 10% 향상되었는지를 판단할 수는 없다. 명목변수에는 인플레이션의 효과가 혼재되어 있기 때문에 이 효과가 제거된 실질임금을 알아야 한다.

〈그림 13.5〉 실질변수 구하기

	XXX1년	XXX2년
명목임금	3,000만원	3,300만원
물가	100	110
실질임금	30	30

	XXX1년	XXX2년
명목임금상승률		10%
인플레이션율		10%
실질임금상승률		0%

XXX1년의 물가가 100이고 XXX2년의 물가가 110이라면 금액에 대한 공식에 의해 XXX1년의 실질임금은 30이고 XXX2년의 실질임금도 30임을 알 수 있다. 결국 실질임금은 같다. 비율에 대한 공식을 이용해도 마찬가지이다. 위 공식에 따르면 명목임금상승률은 10%이지만 인플레이션율도 10%이므로 실질임금상승률은 0%가 된다. 실질임금의 변화는 없으므로 생활수준의 향상도 없다는 뜻이다.

인플레이션조세와 화폐환상

명목임금이 10% 상승했음에도 불구하고 실질임금에 변화가 없다는 것은 근로자가 10%의 비용을 지불했다는 뜻이다. 이를 인플레이션조세 inflation tax라고 하는데 인플레이션은 그 자체로 조세부과와 같다. 위의 예에서 인플레이션율이 10%이기 때문에 10%의 세율로 300만원을 조세로 납부한 것과 같다.

문제는 경제주체들이 인플레이션의 효과를 제대로 파악하기 어렵다는 점이다. 예를 들어 어떤 기업의 매출액이 5% 증가했다고 하자. 이는 엄연히 명목변수이다. 즉 물가가 4% 상승하였다면 실질적인 매출액은 1% 증가한 것에 불과하다. 매출액 증가 5% 중 4%는 조세로 납부한 것과 같기 때문이다. 하지만 이 기업의 경영자는 매출액이 5% 증가하였다고 착각하고 기업을 경영하곤 한다.

이런 현상을 화폐환상money illusion이라고 한다. 화폐환상이 없다면 경제주체들은 명목변수와 인플레이션의 움직임을 꿰뚫어 보고 실질변수에 따라 합리적으로 행동할 수 있다. 하지만 화폐환상이 있다면 경제주체들은 인플레이션으로 인해 혼란을 겪게 된다. 즉 화폐환상이 경제주체들의 합리적 행동을 방해하곤 한다.

화폐환상이 없을 때 경제주체들은 실질변수에 따라 합리적으로 행동하게 되므로 인플레이션은 실질변수에 아무런 영향을 미치지 못하게 된다. 즉 화폐가치의 변동은 실질변수에 영향을 미치지 못한다. 이것이 바로 화폐의 중립성neutrality of money이다. 화폐의 중립성이 성립한다면 인플레이션은 큰 문제가 아니다.

피셔효과

화폐환상이 없다 또는 화폐의 중립성이 지켜진다는 주장을 처음 들으면 거부감을 느끼기 쉽다. 하지만 황당한 주장은 아니다. 이렇게 생각해 보자. 어떤 사람이 자신이 가진 아파트를 임대하려 한다. 그런데 앞으로 물가가 많이 상승할 것으로 예상된다. 그렇다면 임대료도 올리려 하지 않을까? 이 때의 임대료란 명목변수이므로 이를 올려야 실질임대료가 유지될 것이기 때문이다.

비슷한 예를 하나 더 들기로 하자. 현재 명목이자율이 5%이고 향후 인플레이션율은 3%로 예상된다고 하자. 그렇다면 실질이자율은 2%이다. 그런데 향후 인플레이션율에 대한 예상이 바뀌었다. 3%에서 4%로 올라갈 것이란다. 그렇다면 자금을 빌려주는 사람은 명목이자율을 5%에서 6%로 올리려 하지 않겠는가? 그래야 실질이자율 2%가 유지되기 때문이다. 충분히 가능한 이야기이다.

이와 같이 명목이자율은 실질이자율과 향후 인플레이션율에 대한 예상치의 합과 같다. 따라서 향후 인플레이션에 대한 예상이 바뀌면 명목이자율도 그에 따라 바뀔 것이다. 명목이자율의 움직임이 향후 인플레이션율에 대한 예상치를 반영하므로 실질이자율이 고정된다는 견해를 피셔효과Fisher effect라고 부른다.

피셔효과에 따르면 우리가 보통 쓰고 있는 명목이자율은 실질이자율뿐만 아니라 향후 인플레이션에 대한 예상에 의해서도 영향을 받는다. 그런데 알려진 바에 따르면 실질이자율의 변동은 그다지 크지 않다고 한다. 그렇다면 명목이자율의 변동은 주로 예상인플레이션에 의해서 좌우된다는 것이 피셔효과의 시사점이다.

인플레이션의 폐해

1차 세계대전 직후의 독일과 1980년대 중남미에서는 1천%가 넘는 무시무시한 인플레이션이 발생하기도 하였다. 이를 초인플레이션(hyper-inflation)이라 하는데 이런 심각한 경우가 아니라면 인플레이션은 우리가 생각하는 것보다 심각하지 않으리라는 주장도 있다. 그래도 인플레이션의 폐해를 무시할 수는 없을 것이다.

구두창비용

인플레이션하에서는 구두창비용shoeleather cost이 커진다고 말한다. 인플레이션이 있을 경우 현금이 많이 필요하므로 그만큼 자주 은행에서 현금을 인출해야 하기 때문에 이로 인해 구두창이 많이 닳는다고 해서 붙여진 명칭이다.

우스운 이야기로 들릴지 모르지만 그렇지 않다. 예를 들어 월급을 받는 근로자를 생각해 보자. 월급을 받으면 일정 금액은 현금으로 보유하고 나머지 금액은 수익을 얻을 수 있는 예금 등에 투자할 것이다. 따라서 현금을 많이 보유하면 그만큼 손해이다. 수익을 얻을 수 있는 투자기회를 상실하기 때문이다. 그런데 인플레이션율이 높다면 보다 자주 많은 현금을 인출해야 하고 그로 인해 보다 많은 현금을 보유해야 하기 때문에 인플레이션으로 인한 손실이 발생하게 된다.

메뉴비용

인플레이션으로 인해 메뉴비용menu cost이 발생한다고 말한다. 메뉴비용이란 상품의 가격을 변동시키는데 드는 일체의 비용이다. 즉 새로운 가격을 정하는데 드는 비용, 포장지와 제품목록을 인쇄하는데 드는 비용, 이를 배포하고 광고하는데 드는 비용 등이 모두 메뉴비용이다. 인플레이션이 있다면 이러한 일을 보다 자주 해야 할 것이므로 메뉴비용은 증가하기 마련이다.

얼핏 생각해 보면 메뉴비용이 커봐야 얼마나 되겠는가라고 생각하기 쉽다. 하지만 메뉴비용은 의외로 크다고 한다. 미국의 연구결과에 따르면 1년 동안 발생하는 메뉴비용이 무려 GDP의 1.93%나 된다고 한다.

혼란과 불편

인플레이션은 혼란과 불편을 초래한다. 인플레이션이 초래하는 혼란과 불편은 이미 설명한 화폐환상만 보아도 충분히 이해할 수 있을 것이다. 기업의 예를 들면 인플레이션하에서는 수입, 비용과 이윤을 계산하는 일이 훨씬 더 어려워진다.

상대가격의 왜곡

인플레이션은 상대가격의 왜곡을 초래한다. 본래 인플레이션이란 전반적인 가격의 상승을 의미한다. 쉽게 말하면 모든 상품의 가격이 '평균적으로' 상승한다는 뜻이다. 하지만 그렇다고 해서 모든 상품의 가격이 정확히 같이 상승하지는 않는다. 어떤 상품의 가격은 인플레이션율보다 많이 상승하고 또 다른 상품의 가격은 인플레이션율보다 적게 상승한다. 이로 인해 상품간의 상대가격이 바뀌게 되는데, 이와 같은 상대가격의 변화는 자원배분에 무시못할 영향을 미친다.

재산의 자의적 배분

인플레이션으로 인해 재산의 자의적 배분이 초래된다. 어떤 사람은 이익을 얻고 어떤 사람은 손해를 본다. 예를 들어 채권자가 채무자에게 1억원을 빌려 주었다고 하자. 그렇다면 만기일에 채무자가 채권자에게 돌려 주어야 하는 원금은 1억원이다. 하지만 인플레이션이 있을 때 만기일 1억원의 가치는 빌려 주었을 때 1억원의 가치보다 적다. 인플레이션으로 인해 화폐가치가 하락하였기 때문이다. 이처럼 인플레이션은 채권자에게 불리하고 채무자에게 유리하도록 재산을 배분한다.

〈그림 13.6〉 조세왜곡의 예

	물가가 안정적일 때	인플레이션이 있을 때
XXX1년 가격	6,000만원	6,000만원
XXX5년 가격	6,000만원	1억원
양도차익	0원	4,000만원
양도소득세	0원 = 0.4 × 0원	1,600만원 = 0.4 × 4,000만원
세후 현금	6,000만원	8,400만원
결과	100㎡ 아파트로 이사갈 수 있다	100㎡ 아파트로 이사갈 수 없다

조세왜곡

조세는 실질소득이 아니라 명목소득에 대해 부과된다. 따라서 인플레이션이 있을 때 인플레이션만으로도 조세부담은 증가하게 된다. 이를 조세왜곡이라고 하는데 심지어 실질소득이 없는 경우에도 인플레이션이 있으면 조세부담은 증가한다.

XXX1년에 100㎡인 아파트가 6,000만원이었다고 하자. 이 아파트에 살던 김씨는 XXX5년에 이사를 하게 되었는데 같은 크기의 아파트를 구하려 한다.

우선 인플레이션이 없는 경우를 생각해 보기로 하자. 인플레이션이 없었으므로 100㎡인 아파트는 XXX5년에도 여전히 6,000만원일 것이다. 그렇다면 김씨는 기존의 아파트를 팔고 같은 크기의 새로운 아파트로 이사할 수 있다.

하지만 인플레이션이 있었다면 이야기는 다르다. 예를 들어 100㎡인 아파트의 가격이 상승하여 1억원이 되었다고 하자. 그렇다면 양도차익이 4,000만원 발생하였으므로 아파트를 팔 때 김씨는 양도소득세를 내야 한다. 예를 들어 양도소득세율이 40%라면 1,600만원을 세금으로 내야 한다. 이제 양도소득세를 납부한 후 남은 돈은 8,400만원이다. 하지만 이 돈으로는 100㎡인 아파트로 이사할 수 없다.

14

외환시장과 환율

COST
+
%
RICE
TO
KOSPI
SNS
A
COST
MONEY
TO
TO
SUPPLY
BASKET
ITIVE
ECONOM

외환시장

개방경제(open economy)란 외국과 자유롭게 교류하는 경제를 말하고, 폐쇄경제(closed economy)란 외국과 교류하지 않는 경제를 말한다. 폐쇄경제와 달리 개방경제에는 대외균형의 문제가 존재하며, 대외균형은 외환시장에서 이루어진다.

외환시장

외환시장foreign exchange market도 하나의 시장이다. 즉 외환시장에서는 외환의 수요자와 공급자가 외환을 거래한다. 이 시장에서 거래되는 상품을 외환이라 부르는데 외국의 화폐, 예를 들면 미국달러라고 생각하면 쉽다.

그렇다면 외환의 수요자와 공급자는 누구일까?

외환의 수요자는 외국화폐가 필요한 경제주체일 텐데 우선 수입업자를 들 수 있다. 수입업자는 해외로부터 상품을 수입하는 사람인데 수입대금을 외국화폐로 지불해야 하기 때문에 외환시장에서 외국화폐를 구매하려 한다. 이와 비슷한 경제주체로 해외자산을 구입하려는 내국인을 들 수 있다. 이들도 해외자산을 구입하기 위하여 외환시장에서 외국화폐를 구매하려 한다.

외환의 공급자는 외환시장에서 외국화폐를 판매하려는 경제주체이다.

대표적으로 수출업자를 들 수 있는데 이들은 상품을 해외에 수출하여 수출대금으로 받은 외국화폐를 외환시장에서 판매하여 원화로 바꾸려 한다. 이와 비슷한 경제주체로 국내자산을 구입하려는 외국인을 들 수 있다. 국내자산을 구입하려면 외환시장에서 국내화폐인 원화를 구입하기 위하여 외국화폐를 판매하려 한다.

정리하면 외환수요는 수입과 해외자산구입에 의해 발생하며 외환공급은 수출과 국내자산구입에 의해 발생한다. 이 중 수출과 수입을 경상거래current transaction라 부르고 국내자산거래와 해외자산거래를 자본거래capital transaction라 부른다.

환율

외환시장의 균형이 달성되면 균형가격과 균형거래량이 결정된다. 외환시장에서 결정되는 가격이 바로 환율exchange rate이다. 환율은 한 나라의 화폐와 다른 나라 화폐의 교환비율로 정의된다. 예를 들면 미국 1달러 = 1,000원으로 나타낸다.

일단 환율이라는 개념에 익숙해져야 한다. 다음과 같이 생각하면 편하다. 환율은 1달러 = 1,000원이라고 나타내는데 이 표현과 김밥 1개 = 1,000원이 같은 표현임에 주목하기로 하자. 1,000원이 김밥1개의 가격인 것처럼 환율1,000원도 1달러의 가격이라고 생각할 수 있다. 쉽게 표현하면 환율이란 달러의 가치이다.

환율이 1달러 = 1,000원에서 1달러 = 1,500원이 되면 환율이 상승하였다고 말한다. 반대로 환율이 1달러 = 1,000원에서 1달러 = 900원이 되면 환율이 하락하였다고 말한다. 환율이 (원화로 표시된) 달러의 가치이므로 환율이 상승한다는 말은 달러가치가 상대적으로 상승한 것이다. 마치 김밥 1개 = 1,500원이 되면 김밥의 가치가 (원화 가치에 비해) 상대적으로 상승한 것처럼 1달러 = 1,500원이 되면 달러가치가 (원화 가치에 비해) 상대적으로 상승한 것이다.

외환시장의 균형과 그 의미

외환시장의 분석이 복잡한 이유는 외환거래가 2가지로 이루어져 있기 때문이다. 2가지 거래는 성격이 다른데, 하나는 수출과 수입에 따른 경상거래이고 다른 하나는 국내자산거래와 해외자산거래에 따른 자본거래이다.

〈그림 14.1〉의 (b)에는 경상거래에 따른 외환의 수요와 공급이 표시되어 있고 (c)에는 자본거래에 따른 외환의 수요와 공급이 표시되어 있다. 경상거래에 따른 외환의 수요는 수입에 의한 것이며 외환의 공급은 수출에 의한 것이다. 한편 자본거래에 따른 외환의 수요는 해외자산구입에 따른 것이며 외환의 공급은 국내자산구입에 따른 것이다. (b)의 외환수요와 (c)의 외환수요를 더하면 (a)의 외환수요가 되고 (b)의 외환공급과 (c)의 외환공급을 더하면 (a)의 외환공급이 된다.

〈그림 14.1〉 외환시장의 균형

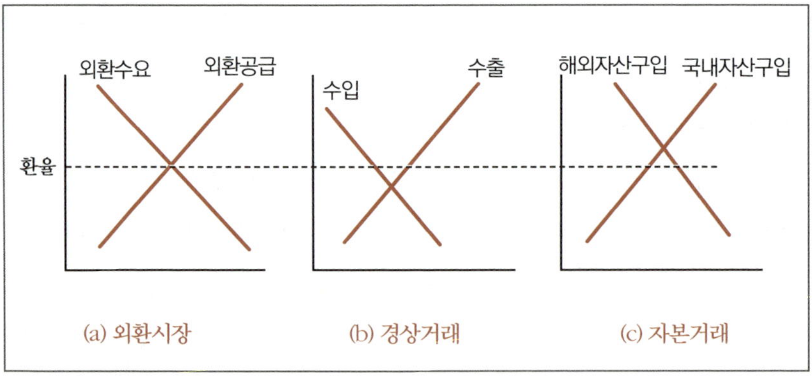

반드시 알아야 할 것은 외환시장의 균형이 (b) 또는 (c)에서 달성되는 것이 아니라 (a)에서 달성된다는 점이다. 즉 외환거래가 경상거래와 자본거래의 합이기는 하지만 외환시장의 균형은 경상거래의 균형 또는 자본거래의 균형을 보장하지 않는다. 따라서 외환시장의 균형이 달성되더라도 (b)와 (c)에서는 균형이 달성되지 않을 수 있다. 〈그림 14.1〉을 보면 (a)에서는 균형이 달성되지만 (b)에서는 외환의 초과공급이 발생하며 (c)에서는 외환의 초과수요가 발생한다.

경상거래에 따라 (b)에서는 외환의 초과공급이 발생하는데 이를 경상수지흑자라고 부른다. 반면에 자본거래에 따라 (c)에는 외환의 초과수요가 발생하는데 이를 자본수지적자라고 부른다. 물론 이와 반대로 경상수지적자와 자본수지흑자가 발생할 수도 있다. 하지만 경상수지와 자본수지의 합은 항상 균형을 이룬다.

경상수지와 자본수지의 합을 국제수지balance of payment라고 부르는데 국제수지는 항상 0이 된다. 그 이유는 간단하다. (a)에서 외환시장의 균형이 달성되기 때문이다. 외환시장에서 균형이 달성되면 균형환율에서 외환의 수요량과 공급량이 같아지므로 그 차이에 해당하는 국제수지는 0이 될 수밖에 없다. 즉 경상수지와 자본수지는 균형이 되지 않을 수 있지만 그 합인 국제수지는 항상 균형이 된다.

대외균형

외환시장도 시장이므로 수요공급분석을 적용할 수 있다. 제2장에서와 같은 방식으로 외환시장에 대한 수요공급분석을 배우기로 한다.

수요공급분석 복습

수요공급분석을 배울 때 곡선상의 이동과 곡선자체의 이동을 구분한 바 있다. 가격이 변화하여 수요량 또는 공급량이 변화하게 되면 (수요곡선 또는 공급곡선 자체는 움직이지 않고) 수요곡선 또는 공급곡선 위에서 이동한다고 말한 바 있다. 그리고 소득이나 취향 등 가격 이외의 요인이 변화하여 수요 또는 공급이 변화하게 되면 수요곡선 또는 공급곡선 자체가 이동한다고 말한 바 있다.

이를 외환시장에 적용하면 다음과 같다. 환율이 변화하여 외환의 수요량 또는 외환의 공급량이 변화하게 되면 (외환수요곡선 또는 외환공급곡선 자체는 움직이지 않고) 외환수요곡선 또는 외환공급곡선 위에서 이동한다. 한편 환율 이외의 요인이 변화하여 외환의 수요 또는 외환의 공급이 변화하게 되면 외환수요곡선 또는 외환공급곡선 자체가 이동한다.

흔히 환율이 변화할 때 나타나는 효과와 환율 이외의 요인이 변화할 때 나타나는 효과를 혼동하곤 하는데 수요공급분석의 기본개념을 활용하면 두 가지 효과를 쉽게 구분할 수 있다. 우리는 수요공급분석을 그대로 따라 하기만 하면 된다.

환율의 영향 : 수요곡선 및 공급곡선상의 이동

외환시장에서 환율은 가격이다. 따라서 수요공급분석에 따르면 환율이 변동할 때 외환수요량 및 외환공급량은 당연히 바뀌게 된다. 하지만 환율이 변동한다고 해서 외환수요곡선과 외환공급곡선이 움직이는 것은 아니다.

〈그림 14.2〉 환율상승의 효과

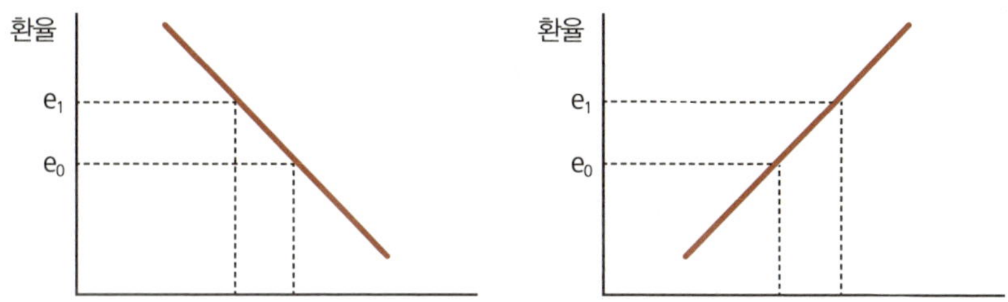

(a) 외환수요의 감소 (b) 외환공급의 증가

우선 수요에 대해 살펴 보자. 환율이 상승하면 외환수요는 감소한다. 이 효과는 경상거래와 자본거래에서 각각 다음과 같이 나타난다. 환율이 상승하면 경상거래에서 수입이 감소하며, 자본거래에서는 해외자산구입이 감소한다.

공급에 대해서도 마찬가지이다. 환율이 상승하면 외환공급은 증가한다. 이 효과는 경상거래와 자본거래에서 각각 다음과 같이 나타난다. 환율이 상승하면 경상거래에서 수출은 증가하고, 자본거래에서 국내자산구입은 증가한다.

따라서 환율이 상승하면 경상수지와 자본수지는 모두 개선된다. 환율이 상승할 때 수입(외환수요)이 감소하고 수출(외환공급)이 증가하기 때문에 경상수지는 개선된다. 또한 환율이 상승할 때 해외자산구입(외환수요)이 감소하고 국내자산구입(외환공급)이 증가하기 때문에 자본수지도 개선된다.

중요한 것은 환율상승의 효과가 수요공급분석에서 배웠던 가격의 효과임을 이해하는 것이다. 환율의 상승이란 상대적으로 원화가치가 하락한다는 뜻이다. 즉 원화로 표시된 것은 상품이든 자산이든 모두 값이 하락하고, 외화로 표시된 것은 상품이든 자산이든 모두 값이 상승한다. 따라서 국내의 상품과 자산에 대한 수요가 증가하고 해외의 상품과 자산에 대한 수요는 감소하는 것이다. 이처럼 환율상승에 따른 경상수지와 자본수지의 개선은 가격의 효과일 뿐이다.

〈그림 14.3〉 소득증가의 효과

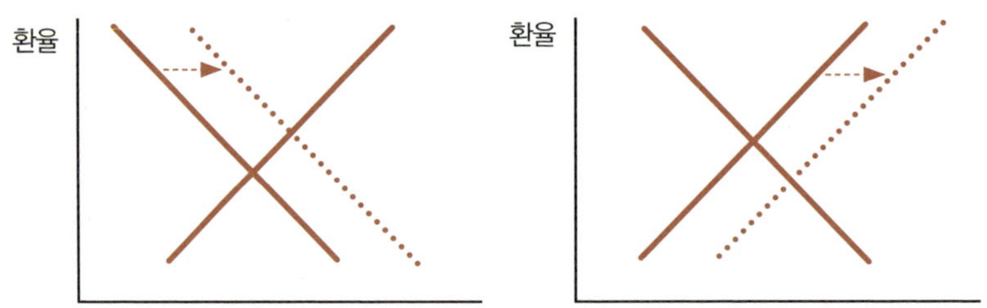

(a) 내국인의 소득증가　　(b) 외국인의 소득증가

환율 이외 요인의 영향 : 수요곡선 및 공급곡선 자체의 이동

2장에서 배운 바와 같이 가격 이외에 수요에 영향을 미치는 요인으로는 소득, 취향 등이 있고 공급에 영향을 미치는 요인으로는 생산기술, 미래에 대한 기대 등이 있다. 이러한 요인들은 외환시장에도 그대로 적용되는데, 중요한 것은 이 요인들이 변화할 때 외환수요곡선과 외환공급곡선 자체가 움직이게 된다는 점이다.

예를 들어 내국인의 소득이 증가하였다고 하자. 이는 (열등재가 아니라면) 외국상품에 대한 수요증가를 초래할 것이다. 따라서 수입은 증가하고 이는 외환수요곡선의 우측 이동으로 나타난다. 다른 요인의 변화가 없다면 경상수지는 악화된다.

반면에 외국인의 소득이 증가하였다고 하자. (열등재가 아닌) 국내상품에 대한 해외수요의 증가를 초래할 것이다. 따라서 수출은 증가하고 이는 외환공급곡선의 우측 이동으로 나타난다. 결국 다른 요인의 변화가 없다면 경상수지는 개선된다.

취향의 효과도 수요공급분석을 그대로 적용하면 된다. 해외상품에 대한 내국인의 취향이 좋아지면 수입은 증가하고 외환수요곡선은 우측으로 이동하며 경상수지는 악화된다. 또한 국내상품에 대한 외국인의 취향이 좋아지면 수출은 증가하고 외환공급곡선은 우측으로 이동하며 경상수지는 개선된다.

〈그림 14.4〉 외환시장의 수요공급분석

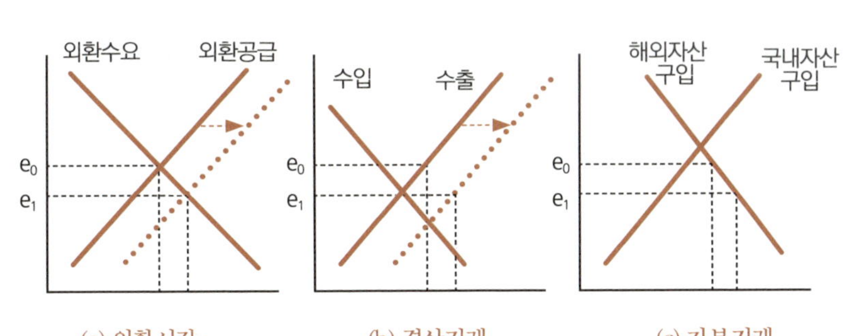

(a) 외환시장 (b) 경상거래 (c) 자본거래

외환시장에 대한 3단계 균형분석

이제 수요공급분석에서 배운 3단계 균형분석을 외환시장에 적용하기로 한다. 간단한 예로 국내기업의 생산기술이 향상되었다고 하자. 최초의 환율은 e_0이었으며 다른 요인의 변화는 없다고 가정한다. 그렇다면 생산기술의 향상은 외환시장에 어떤 변화를 초래할 것인가? 〈그림 14.4〉에 그 과정이 잘 요약되어 있다.

생산기술향상의 효과는 가장 먼저 (b)에서 나타난다. 1단계 분석에 따르면 생산기술향상으로 국내상품의 공급이 변화하고 수출의 변화로 이어질 것이며 경상거래의 외환공급을 변화시킨다. 2단계 분석에 따르면 수출이 증가할 것이므로 경상거래의 외환공급곡선을 우측으로 이동시킨다. 3단계 분석에 따르면 균형이 바뀌게 된다. (a)에서와 같이 균형환율은 e_0에서 e_1으로 하락하고 균형거래량은 증가한다.

그렇다면 국제수지, 경상수지, 자본수지에는 어떤 영향이 있을까? 우선 국제수지에는 아무런 영향이 없다. 외환시장에서 균형이 달성되기 때문이다. 물론 경상수지는 개선된다. 흥미로운 것은 자본수지에 대한 영향이다. 〈그림 14.4〉의 (c)를 보면 자본수지는 악화되는데 그 이유는 환율이 하락하기 때문이다.

환율

수요공급분석에 따르면 환율은 외환의 수요량과 공급량을 일치시키는 균형에 의해 결정된다. 이외에도 환율에 대한 멋진 설명들이 제시되어 왔다. 근본적으로는 수요공급분석에 근거하고 있지만 가장 기본적인 이론이 구매력평가설이다.

빅맥지수

경제잡지 Economist는 빅맥지수Big Mac index라는 것을 발표한다. 빅맥이라는 햄버거가 여러 나라에서 팔리기 때문인데 각국의 화폐로 표시된 빅맥가격을 조사하여 발표하는 것이다. 예를 들어 동일한 빅맥이 미국에서는 3달러에 팔리고 일본에서는 300엔에 팔리며 한국에서는 3천원에 팔린다는 식이다.

흥미로운 것은 빅맥지수로부터 환율을 계산할 수 있다는 점이다. 여기에는 이른 바 일물일가(一物一價)의 법칙이 전제되고 있는데, 다른 나라에서 팔리더라도 동일한 제품이라면 각국 화폐로 표시된 빅맥의 가격은 같아야 한다는 것이다.

예를 들어 빅맥의 가격이 한국에서는 3천원이고 미국에서는 3달러라고 하자. 일물일가의 법칙에 따르면 동일한 제품의 가격은 같아야 한다. 즉 3달러 = 3,000원이 되어야 한다. 그래서 1달러 = 1,000원이 된다. 이것이 바로 환율이다.

만약 미국의 물가는 그대로인데 한국의 물가만 상승하여 빅맥이 4,500원이 되었다고 하자. 그렇다면 이제는 3달러 = 4,500원이 되며 이로부터 계산된 환율은 1달러 = 1,500원이 된다. 즉 한국의 물가만 상승한다면 환율은 상승한다.

구매력평가설

위의 예에서 환율이 상승한 이유는 간단하다. 미국의 물가에 비해 한국의 물가가 상승하였기 때문이다. 이처럼 환율은 각국 물가의 상대적 수준에 의해 결정된다는 것이 구매력평가설Purchasing Power Parity이다.

구매력평가설은 각국 화폐가 갖는 구매력의 상대적 수준에 의해 환율이 결정된다고 주장한다. 물론 화폐가 갖는 구매력이란 화폐가치와 같은 말이다. 그리고 13장에서 배운 바와 같이 화폐가치는 물가와 반비례한다. 따라서 구매력평가설을 다르게 표현하면 각국 물가의 상대적 수준에 의해 환율이 결정된다는 견해이다.

즉 해외물가에 비해 국내물가가 상승하면(해외화폐가치에 비해 국내화폐가치가 하락하면) 환율은 상승하고, 해외물가에 비해 국내물가가 하락하면(해외화폐가치에 비해 국내화폐가치가 상승하면) 환율은 하락한다.

환율정책과 외환위기

구매력평가설에 따르면 외환당국의 환율정책을 쉽게 이해할 수 있다. 예를 들어 환율이 너무 낮다고 가정하자. 그래서 환율을 올리려 한다. 그렇다면 어떤 정책을 이용해야 할까? 원화의 공급을 증가시키면 된다. 원화의 공급이 증가하면 국내물가가 상승(원화가치가 하락)할 것이므로 환율은 상승하게 된다. 반대로 환율이 너무 높다고 판단되어 환율을 낮추려 한다면 원화의 공급을 억제하면 된다.

1997년 우리나라에서 외환위기가 발생하였을 때 미국달러환율은 900원대에서 최고 2,000원 가까이 폭등하였다. 달러가치에 비해 우리나라의 원화가치가 1/2 이하로 폭락하였던 것이다. 당시 IMF는 구매력평가설에 근거한 정책을 처방하였다. 원화가치의 회복(환율의 하락)이 시급하였기 때문에 국내물가를 안정시켜야 했고 이를 위해 원화의 공급을 억제하는 긴축정책을 시행하도록 했던 것이다.

물론 IMF의 처방에 대해 많은 비판이 제기되어 왔다. 긴축정책이 환율의 하락에는 기여했을지 모르지만 그것으로 인해 심각한 경기침체가 초래되었기 때문이다. 환율의 하락을 위해 초유의 경기침체를 감수한 셈인데 이것이 환율의 하락을 방해했다는 주장도 만만치 않게 제기되어 왔다. 하지만 구매력평가설의 옹호자들은 환율의 하락을 위해 긴축적 화폐정책이 반드시 필요했다고 주장할 것이다.

국제수지의 제문제

국제수지야말로 외환시장에서 가장 관심있는 주제가 아닐까 생각한다. 하지만 이에 대한 오해도 적지 않다.

국제수지표

한국은행은 국제거래를 집계하여 국제수지표를 작성한다. 국제수지표의 간단한 요약이 〈그림 14.5〉에 예시되어 있다. 국제수지표는 크게 경상수지, 자본수지, 준비자산의 증감으로 이루어져 있다.

경상수지에서 큰 비중을 차지하는 것은 상품수지와 서비스수지인데 이 중 상품수지가 보통 말하는 무역수지와 거의 비슷한 개념이다. 경상수지의 대부분이 상품수지이므로 이하에서는 수출과 수입의 차이를 경상수지라고 부르기로 한다.

준비자산의 증감은 외환당국(한국은행과 외국환평형기금)이 보유하고 있는 준비자산의 증감을 말한다. 누적된 외환당국의 준비자산을 외환보유고라고 하는데, 외환당국이 보유한 외화자산이므로 민간이 보유한 외화자산은 포함되지 않는다.

앞에서 경상수지와 자본수지는 균형이 되지 않을 수 있지만 그 합인 국제수지는 항상 균형이 된다고 말한 바 있다. 하지만 보다 정확하게 말하면 항상 균형이 되는 국제수지란 경상수지, 자본수지 그리고 준비자산의 증감의 합을 말한다. 다만 간략한 설명을 위해 경상수지와 자본수지의 합을 국제수지로 간주했을 뿐이다.

중요 항등식 1

항등식identity이란 항상 성립하는 식을 말한다. 항등식이 깨지면 계산에 착오가 있다는 뜻이고 계산만 제대로 한다면 항등식은 항상 성립한다.

〈그림 14.5〉 국제수지표

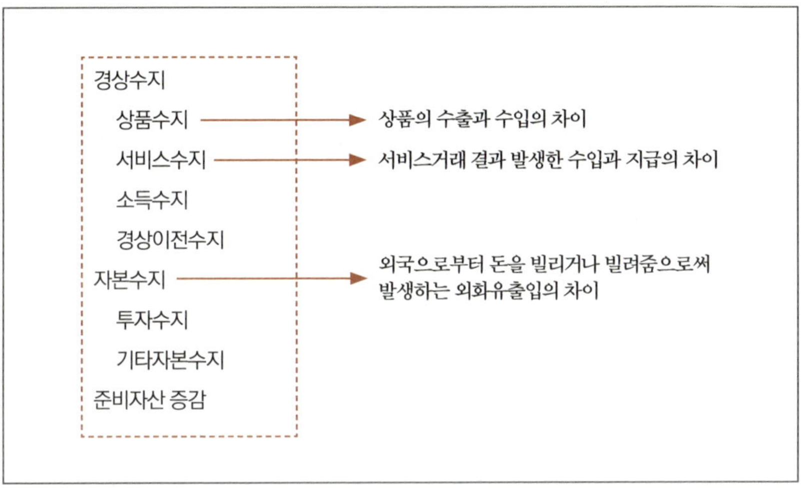

외환시장에는 중요한 항등식이 2개 있다. 첫째 항등식은 다음과 같다.

중요 항등식 1 : 순수출 ≡ 순자본유출

순수출은 수출에서 수입을 뺀 것으로 경상수지와 같다. 또한 순자본유출은 내국인에 의한 해외자산 구입액에서 외국인에 의한 국내자산 구입액을 뺀 것으로 자본수지와 크기는 같고 부호만 반대이다.

이 항등식이 성립하는 이유는 〈그림 14.6〉을 보면 쉽게 이해할 수 있다. 우선 환율은 국제수지가 균형, 즉 0이 되도록 결정되므로 경상수지와 자본수지의 합은 항등적으로 0이다. 따라서 경상수지+자본수지≡0이며 경상수지는 순수출과 같고 자본수지는 (-1)×순자본유출과 같으므로 순수출≡순자본유출이 됨을 알 수 있다.

이 항등식은 경상수지흑자가 발생하면 같은 크기의 자본수지적자가 발생하고, 반대로 경상수지적자가 발생하면 같은 크기의 자본수지흑자가 발생함을 의미한다.

〈그림 14.6〉 중요한 항등식 1

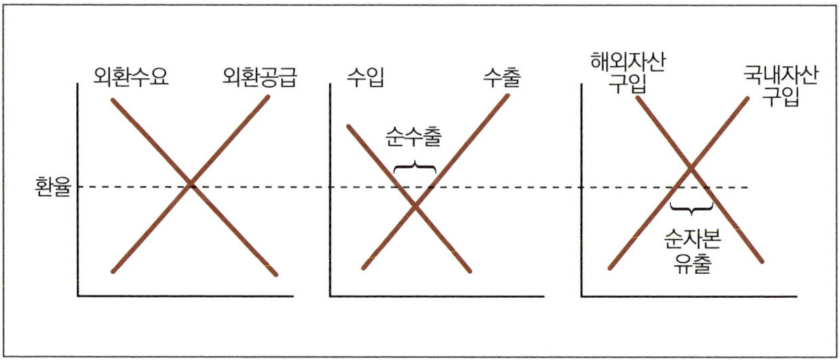

경상수지도 흑자이고 자본수지도 흑자일 수 있지 않을까? 하지만 그런 경우는 있을 수 없다. 경상수지와 자본수지가 모두 흑자라는 말은 국제수지가 흑자라는 뜻인데 이렇게 되면 환율이 하락하게 된다. 결국 국제수지는 균형에 도달하게 되고 경상수지든 자본수지든 둘 중의 하나는 흑자가 되고 다른 하나는 적자가 되게 마련이다(물론 경상수지와 자본수지가 모두 균형이 될 수는 있다).

중요 항등식 2

11장에서 배운 항등식 '국민저축≡국내투자+순수출'에 중요 항등식 1을 이용하여 순수출 대신 순자본유출을 대입하면 다음과 같이 중요 항등식 2를 얻는다.

중요 항등식 2 : 국민저축 ≡ 국내투자 + 순자본유출

이 항등식의 의미는 다음과 같다. 국내투자에 비해 국민저축이 많으면 순자본유출 > 0가 되고 국내투자에 비해 국민저축이 적으면 순자본유출 < 0가 된다. 물론 순자본유출 < 0이면 순자본유입이 있다는 뜻이다.

중요 항등식의 의의

지루할지 모르지만 이어지는 결론이 매우 중요하므로 조금만 더 참기로 하자.

흥미로운 것은 항등식2와 항등식1을 동시에 생각해 보는 것이다. 그렇다면 다음과 같이 정리할 수 있다. 국내투자에 비해 국민저축이 많으면 순자본유출 > 0이 되므로 중요항등식 1에 의해 순수출 > 0이 되고, 국내투자에 비해 국민저축이 적으면 순자본유출 < 0이 되므로 중요항등식 1에 의해 순수출 < 0이 된다.

이제 순수출과 순자본유출을 경상수지와 (−1)×자본수지로 대치하면 다음과 같다. 국내투자에 비해 국민저축이 많으면 자본수지는 적자이고 경상수지는 흑자이며, 국내투자에 비해 국민저축이 적으면 자본수지는 흑자이고 경상수지는 적자이다.

어려운 이야기는 다 끝났다. 이제 너무나 멋진 중요항등식의 의의를 배워 둘 차례이다. 이를 명확히 하기 위해 두 가지 경우를 나누어 살펴보기로 하자.

첫째, 국내투자에 비해 국민저축이 많으면 자본수지는 적자이고 경상수지는 흑자가 되는 경우이다. 이런 나라의 대표적인 예는 일본일 것이다. 일본은 오랫 동안 경상수지흑자를 거두어 왔는데 그 이면에는 자본수지적자가 있었고 그렇게 되었던 이유는 다른 게 아니라 국내투자에 비해 국민저축이 많았기 때문이다.

둘째, 국내투자에 비해 국민저축이 적으면 자본수지는 흑자이고 경상수지는 적자가 되는 경우이다. 이런 나라의 대표적인 예는 미국일 것이다. 미국은 오랫 동안 경상수지적자를 겪어 왔는데 그 이면에는 자본수지흑자가 있었고 그렇게 되었던 이유는 다른 게 아니라 국내투자에 비해 국민저축이 적었기 때문이다.

우리는 경상수지흑자에 지대한 관심을 갖는다. 10장에서 이미 살펴보았듯이 경상수지흑자는 국민소득의 증가를 가져오는 주요 항목 중 하나이기 때문이다. 그리고 많은 사람들은 경상수지흑자가 국가간 경쟁력의 차이 때문에 나타난다고 생각한다. 하지만 중요항등식은 이러한 상식이 오해임을 정확히 보여 준다. 경상수지흑자란 국내투자와 국민저축의 상대적인 크기에 의존하는 현상일 뿐이다.

경상수지흑자가 바람직하다고 생각한다면 우리는 자본수지적자를 받아들일 수 있어야 한다. 그것을 위해 국내투자보다 국민저축이 많아지도록 노력해야 한다.

미국의 쌍둥이 적자

이 즈음에서 다시 한번 더 재정적자의 효과에 대해 살펴 보기로 하자. 11장에서 설명한 바 있지만 재정적자가 증가하면 국민저축은 감소한다. 그리고 국민저축의 감소는 국내투자의 감소를 초래하거나 또는 경상수지의 악화를 초래한다. 국내투자의 감소와 경상수지의 악화는 성장률의 하락으로 이어질 수 있으므로 위험한 일이다. 어쨌든 대규모의 재정적자는 경상수지의 악화를 수반할 가능성이 높다.

1980년대 미국은 대규모의 경상수지적자와 재정적자에 시달렸다. 이 현상을 쌍둥이적자twin deficit라고 불렀는데 미국경제가 장기간 경기침체를 겪는 주요 원인이 되었다. 당시 경상수지적자의 상대국이 일본이었기 때문에 클린턴B.Clinton이 대통령에 취임하였던 1990년대 초 미국의 여론은 일본 비판 일색이었다. 엉뚱하게도 미국사람들은 경상수지적자의 책임을 일본에게 전가하였던 것이다.

하지만 크루그만P.Krugman, 크루거A.Krueger 등 경제학자들의 생각은 달랐다. 그들은 미국의 경상수지적자가 대규모 재정적자의 결과일 뿐이라고 말했다. 그 이유는 위의 항등식 2가지에 의해 설명할 수 있다. 미국정부의 막대한 재정적자가 국민저축을 감소시켰으며 이로 인해 경상수지적자가 초래되었다는 것이다.

1990년대 미국은 10년 동안의 번영을 누렸다. 그 이유는 중요항등식만으로 충분히 설명할 수 있다. 1990년대 미국의 높은 경제성장률은 다름아닌 재정적자의 감소에 의해 나타난 현상이다. 재정적자가 감소함에 따라 투자가 늘어나고 경상수지도 개선되는 선순환이 이어졌던 것이다. 경제학자들의 주장이 입증된 셈이다.

1980년대 이래 미국경제는 재정적자가 증가하면 침체에 빠지고 재정적자가 감소하면 회복되는 패턴을 반복하는 듯하다. 이런 예는 부지기수로 많다. 2007년 금융위기를 간신히 넘긴 미국경제가 침체의 늪에서 쉽게 빠져나오지 못하는 현상도 알고 보면 재정적자에 원인이 있다. 2010년 이후 전세계경제를 또 다른 위기로 몰고 갔던 남유럽의 재정위기도 그 중의 하나이다. 과도한 재정적자는 그리스, 스페인, 이탈리아의 경제를 위기에 빠뜨렸고 그 여파는 유럽과 세계경제에 미쳤다. 경제학자들이 재정적자에 그토록 예민하게 반응하는 이유를 알았으면 좋겠다.

찾아보기

ㄱ

가격상한제 80, 83, 94, 95
가격설정자 221
가격수용자 198
가격의 배분기능 76, 211
가격의 자원할당기능 137
가격의 할당기능 76, 210
가격차별 231~235
가격통제 79~81, 86, 95, 238, 240, 245, 306
가격하한제 80~82
가변비용 176, 177
가설 17, 19
가정 17, 19
거시경제학 248
경기변동 273~276, 302
경기적 실업 302, 303
경상거래 343~345, 347, 350
경상수지 292, 345, 348~350, 354~359
경제성장 273, 276
경제적 부가가치 173
경제적 이윤 173~175, 208
경제활동인구 300~302
경제활동참가율 301
경합성 154, 155, 159
계획경제 77, 78
고령화 29, 287, 288
고용률 301, 302
고정비용 176, 177, 242~245
공개시장조작 327
공공부조 312
공공재 155, 157, 158
공급독점 220, 307
공급의 가격탄력성 55, 68, 69, 92, 93, 96
공급의 법칙 34, 115, 116
공리주의 315, 317
공유자원 155, 159, 161, 162, 165, 166
공유자원의 비극 159, 160, 164, 165
공짜점심free lunch 14
공평성 100~102, 308, 313, 314
과점 190, 193
광고 193
교토의정서 164
구두창비용 336
구매력평가설 352, 353
구조적 실업 305, 306, 313
국내총생산 255
국민경제순환모형 252, 253
국민소득 3면 등가의 법칙 254
국민저축 290, 292, 357~359
국민총생산 256
국제수지 345, 350
국제수지표 354
규모에 따른 수익불변 181

규모에 따른 수익체증 283
규모의 경제 181, 182, 222, 223, 239, 240
규모의 불경제 181, 183, 184
규범경제학 20, 21, 101
균형 38, 42~44, 46
균형가격 38, 42~44, 46
균형거래량 38, 42~44, 46
근로자의 생산성 277
긍정적 외부효과 140, 144, 147, 149
기술지식 279
기펜재Giffen goods 31
기회비용 15, 117, 119, 120, 168~172, 208
기회비용마케팅 170
기후거래소 153, 165

ㄴ

내셔널트러스트 163
노동조합 220, 306

ㄷ

담합 193, 194
당기순이익 173, 174
대체재 27, 54, 63, 64, 74, 221, 233, 234
독점 190
독점이윤 237
독점적 경쟁 190
독점적 경쟁시장 192
따라잡기 효과 280~282, 284

ㄹ

로렌츠곡선 309

ㅁ

마이너스소득세 312
마찰적 실업 304
매몰비용 185, 186, 188
매몰비용오류 186, 187
메뉴비용 337
면허 221
명목국민소득 256, 257, 332
명목변수 258, 332, 333
명목이자율 335
명시적 비용 172
모형 18
무임승차문제 156, 164
무지의 베일 317, 318
문간에 발 들여놓기 187
물적 자본 278
미시경제학 248
민간저축 290

ㅂ

바스켓 263, 265
배제성 154, 155, 159
보상적 임금격차 299
보완재 27, 45~47, 51
보이지 않는 손 41

보조금 151
복지 269
본원통화 321~323, 325
부가가치 255
부정적 외부효과 140, 144, 147, 149
분배국민소득 253, 254
불완전경쟁 138, 191, 298, 303, 307
불완전고용자 301
브랜드 193
비경제활동인구 300
비교우위 117, 119~122, 131
빅맥지수 351
빈곤선 308
빈곤율 308

ㅅ

사장손실 127
사적 비용 141, 142
사적 재화 154
사적 편익 141, 142, 144
사치세 97
사치재 63, 64, 66, 67
사회보험 318
사회적 비용 141, 142
사회적 최적 143
사회적 편익 141, 142, 144
산업생태계 51
산출output 35
삶의 만족도 269
삶의 질 269
상품수지 354, 355
생산국민소득 253, 254
생산기술 35
생산요소 35, 45, 47, 278
생산의 효율성 184, 211
생산자물가지수 260, 263
생산자잉여 104, 108~114, 126, 128, 131
서비스수지 354, 355
석유수출국기구 71
소득분배 318
소득연계복지프로그램 312
소득재분배 311, 315, 317, 318
소비자물가지수 260, 261, 263, 265
소비자잉여 104, 105, 107, 108, 112, 114, 126, 128, 131, 210
소비자주권 48, 50
수량통제 81, 86
수렴가설 282
수요공급의 법칙 39, 41
수요독점 220
수요의 가격탄력성 55~57, 62~64, 73, 92, 93, 96, 97, 199, 232~235
수요의 교차탄력성 55
수요의 법칙 25, 115
수요의 소득탄력성 55, 66, 67
수확체감diminishing returns 280
수확체감의 법칙 281, 282
순환 272
슈퍼스타superstar현상 299

승자의 저주 242
시장세분화 235
시장실패 136, 137, 143, 144, 148, 273
시장지배력 190
시카고학파 273, 274
신고전학파종합neoclassical synthesis 16
실망실업 301
실업 82
실업률 301, 302
실업보험 304
실업자 301
실증경제학positive economics 20, 21, 101
실질국민소득 257, 258, 332
실질변수 258, 332, 333
실질이자율 335
실질임금 333
쌍둥이적자 292, 359
쌍방독점 220

ㅇ

아이리버 50
아이튠즈 51
아이팟 50
아이폰 51
아파트분양가규제 83, 85, 86
암묵적 비용 172
애그플레이션 133
양적 완화 331
연방준비제도이사회 331
열등재inferior goods 26, 66, 349
예금통화승수 325
오염배출권 151, 152, 164, 165
오일쇼크 71
완전경쟁 190
완전경쟁시장 201, 207
외부효과 139, 142, 143, 164
외부효과의 내부화 148
외환위기 330
유인incentive구조 148
이력현상 303
이스털린의 역설 268
인적 자본 278, 299
인플레이션조세 334
임대료통제 95

ㅈ

자본거래 343~345, 347
자본수지 345, 348, 350, 354~358
자연독점 155, 222, 223, 240
자연실업 303, 304
자연자원 278
자원배분의 효율성 102~104, 112, 137, 138, 313, 314
자원의 효율적 배분 13
자원의 희소성scarcity of resources 13, 15
자유무역 286
자유주의 317
자유지상주의 316, 317

자유지상주의자들 317
장바구니물가 261
장학금 235
재산권 161, 162, 166, 286
재정적자 291~293, 358, 359
재정흑자 291
재할인율 326, 327
저작권 221
절대우위 117, 118, 120, 121
정부실패 138
정부저축 290~292
정상이윤 175
정상재 26, 66
제3의 길 166
제품의 이질성 192
조세 79, 151
조세귀착 88, 91, 97
종합주가지수 263
주파수경매 241
준비자산 증감 354, 355
중상주의 132
중앙은행 321, 325, 329, 330
지급준비금 323~325
지급준비율 325
지니계수 309~311
지출국민소득 253, 254
지하경제 258, 259
직업탐색 304
진입장벽 191, 192, 197, 212, 221, 223

ㅊ

초과공급 39
초과수요 39, 94, 95
총공급 250, 251
총수요 249, 251
총잉여 128
최소극대화기준 317, 318
최저생계비 308, 312
최저임금제 80~83, 306, 313
추세 272, 303
취업자 300, 301
취향tastes 28

ㅋ

카르텔 194
케인즈학파 273~276
코즈의 정리 149
코카콜라지수 269
쿼터 81

ㅌ

탄력성 54
투입input 35
특허권 221

ㅍ

파레토우월 103, 114, 115, 127
파레토효율 103, 114

파생통화 321, 322, 323, 325
평균비용 177~180, 204, 205, 211, 214, 216, 217, 236, 237, 240, 242, 243
피구세 151
피셔효과 335
필수재 66, 67

ㅎ

한계기업 207, 211
한계비용 178~180, 202~205, 214~217, 227~230, 236, 240, 242~244
한계생산가치 296
한계수입 201~205, 215, 216, 227~230, 243~245
한계주의 217, 244, 245
한계효용체감 315
한계효용체감의 법칙 316
할인쿠폰 235
행복 268~270
행복의 경제학 269
화폐 320
화폐수량설 328, 330
화폐의 중립성 334
화폐환상 334, 337
환율 343, 346~348
회계적 이윤 173~175, 208
효율성 100~103, 184, 313, 314
효율임금 307
효율적 생산량 183, 208

FTA 131
X-비효율성 238

• 저자의 논문

Big Data의 통계기법을 이용한 기업고용 성장요인 분석, 경영경제연구, 2020
기업 고용의 성장과 지브라의 법칙, 경제학연구, 2019
중소기업의 고용이 더 빠르게 성장하는가?, 산업조직연구, 2019
Has The Labor Income Share Decreased in Korea?, 로고스경영연구, 2019
우리나라 소득분배의 연령효과와 코호트효과에 대한 연구, 경제학연구, 2018
소득집중도와 소득분포함수, 통계연구, 2018
생애소득에 의한 소득분배 실증연구: 코호트효과에 초점을 맞추어, 재정학연구, 2017
우리나라 가계저축에 대한 코호트분석, 재정학연구, 2016
우리나라 비금융법인의 현금보유는 과다한가, 한국경제학회 한국경제포럼, 2016
환노출의 추정 및 결정요인 분석의 재검토, 무역학회지, 2015
매매가격 대비 전세가격 비율에 대한 재산세효과의 실증연구, 대한경영학회지, 2015
간주임대료의 추정과 조세효과에 대한 시론적 연구, 재정학연구, 2014
점프확산과정을 이용한 주요국 환율의 국제 비교 분석, 무역학회지, 2014
The Maturity Structure of Volatility and Trading Activity in the KOSPI200 Futures Market, International Journal of Digital Content Technology and its Applications(JDCTA), 2013
신용등급이 자본구조에 미친 영향, 대한경영학회지, 2013
환율변동의 정규분포혼합 추정과 체제에 따른 환위험관리, 무역학회지, 2012
깁스샘플러를 이용한 정규분포혼합 및 VaR의 추정과 사후검정, 통계연구, 2011
극치분포와 부트스트래핑을 이용한 키코의 분석, 무역학회지, 2009
모멘텀전략과 반대전략에 대한 사실성체크검정, 재무관리연구, 2009
한일 주가지수는 동조화되어 있는가, 국제경제연구, 2008
상장폐지율과 생존자편의에 관한 실증연구, 금융안정연구, 2008
아시아 주요주가지수수익률의 극치분포분석, 국제경영리뷰, 2008
韓 · 米 · 日株価指数の極値分布分析, 日本グローバルマーケティング学会, 2008
국제비교를 통한 한미주식시장 동조화의 평가, 금융연구, 2007
KOSPI200과 KOSPI200선물수익률 변동성의 만기효과에 관한 실증연구, 선물연구, 2006
분산비검정에 대한 스펙트럴분석, 재무연구, 2006
외 다수

저자 소개 | 윤종인

• 약력

1990 서울대학교 국제경제학과 졸업(학사)

1998 서울대학교 경제학부 졸업(박사)

1999~현재 백석대학교 경상학부 교수

이코노미21 편집기획위원

• 저서

기독교 경제학자들이 쓴 경제학입문, 무역경영사, 2015 (7인 공저)

성공투자의 신화는 없다, 신론사, 2009

원리로 배우는 주가지수200선물옵션 투자, 신론사, 2006

우리나라 기업의 자기자본수익률 : 1980~1996년을 중심으로, 한국학술정보, 2008

개정판 경제학 읽기 값20,000원

2014년 3월 5일 초판 발행
2016년 3월 25일 초판 2쇄
2019년 3월 5일 초판 3쇄
2022년 3월 27일 개정판 1쇄
2025년 5월 30일 개정판 2쇄

저 자 윤 종 인
발행인 김 혜 숙
발행처 새문사
등록번호 제2018-000259호(1977.9.19)

주소 : 서울시 서초구 강남대로 309, 코리아비지니스센터 1611호
전화 : (02)715 - 7232(代) Fax : (02)715 - 7235
E-mail : hmgbp@hanmail.net
website : www.saemoonbook.com
ISBN : 978-89-7411-543-2 93320